REGIME LEGAL DA CONCORRÊNCIA

ADALBERTO COSTA
Advogado

REGIME LEGAL DA CONCORRÊNCIA

TÍTULO:	REGIME LEGAL DA CONCORRÊNCIA
AUTOR:	ADALBERTO COSTA
EDITOR:	LIVRARIA ALMEDINA – COIMBRA www.almedina.net
LIVRARIAS:	LIVRARIA ALMEDINA ARCO DE ALMEDINA, 15 TELEF.239 851900 FAX. 239 851901 3004-509 COIMBRA – PORTUGAL livraria@almedina.net LIVRARIA ALMEDINA ARRÁBIDA SHOPPING, LOJA 158 PRACETA HENRIQUE MOREIRA AFURADA 4400-475 V. N. GAIA – PORTUGAL arrabida@almedina.net LIVRARIA ALMEDINA – PORTO R. DE CEUTA, 79 TELEF. 22 2059773 FAX. 22 2039497 4050-191 PORTO – PORTUGAL porto@almedina.net EDIÇÕES GLOBO, LDA. RUA S. FILIPE NERY, 37-A (AO RATO) TELEF. 21 3857619 FAX: 21 3844661 1250-225 LISBOA – PORTUGAL globo@almedina.net LIVRARIA ALMEDINA ATRIUM SALDANHA LOJAS 71 A 74 PRAÇA DUQUE DE SALDANHA, 1 TELEF. 21 3712690 atrium@almedina.net LIVRARIA ALMEDINA – BRAGA CAMPUS DE GUALTAR UNIVERSIDADE DO MINHO 4700-320 BRAGA TELEF. 253 678 822 braga@almedina.net
EXECUÇÃO GRÁFICA:	G.C. – GRÁFICA DE COIMBRA, LDA. PALHEIRA – ASSAFARGE 3001-453 COIMBRA Email: producao@graficadecoimbra.pt MARÇO, 2004
DEPÓSITO LEGAL:	208144/04

Toda a reprodução desta obra, por fotocópia ou outro qualquer processo, sem prévia autorização escrita do Editor, é ilícita e passível de procedimento judicial contra o infractor.

Haverá mercado sem concorrência, mas nunca poderá haver concorrência sem mercado.
É da dicotomia entre o mercado e a concorrência que nasce a lealdade entre os concorrentes.

ABREVIATURAS

A.C.	Autoridade da Concorrência
A.c.	Acórdão
A.c.	Acordo de empresa
A.R.	Assembleia da República
C.C.	Código Civil
C.P.T.A.	Código de Processo nos Tribunais Administrativos
C.E.E	Comunidade Económica Europeia
C.P.A.	Código de Processo Administrativo
C.E.	Comunidade Europeia
Cf.	Confrontar
C.P.C	Código do Processo Civil
C.P.	Código Penal
C.P.E.R.E.F.	Código dos Processos Especiais de Recuperação da Empresa e de Falência
C.P.I.	Código da Propriedade Industrial
C.P.P.	Código de Processo Penal
C.R.P.	Constituição da República Portuguesa
D.C.	Direito Comunitário
D.L.	Decreto – Lei
E.T.A.F.	Estatuto dos Tribunais Administrativos e Fiscais
J.O.C.E.	Jornal Oficial das Comunidades
R.G.C.O.	Regime Geral das Contra-Ordenações
S.T.A.	Supremo Tribunal Administrativo
S.T.J.	Supremo Tribunal de Justiça
ss	seguintes
T.C.E.	Tribunal de Justiça das Comunidades Europeias
T.J.	Tribunal de Justiça
T.R.	Tratado de Roma
v.	Ver

PLANO GERAL

PARTE I
NOTA INTRODUTÓRIA
REGIME JURÍDICO DA CONCORRÊNCIA

PARTE II
DIREITO DA CONCORRÊNCIA, contributos para o seu conhecimento

DIREITO DA CONCORRÊNCIA – Consagração Constitucional

A CONCORRÊNCIA

    O Direito da Concorrência e a Economia
    O seu significado
    As limitações da Concorrência
    Concorrência Monopolista
    Oligopólio Concorrencial
    Os mercados reais e a concorrência
    O sentido e alcance do Direito da Concorrência

O DIREITO DA CONCORRÊNCIA E O SEU CAMPO DE APLICAÇÃO

    A aplicação material
    A aplicação no espaço
    A aplicação no tempo

DIREITO DA CONCORRÊNCIA E CONCORRÊNCIA DESLEAL

UMA VISÃO DAS REGRAS DA CONCORRÊNCIA NA UNIÃO EUROPEIA

    O Tratado de Roma
    A aplicação do artigo 81.º do Tratado de Roma (anterior 85.º)
    A aplicação do artigo 82.º do Tratado de Roma (anterior 86.º)

PARTE III

LEGISLAÇÃO COMPLEMENTAR

Decreto-Lei n.º 10/2003, de 18 de Janeiro – aprova os estatutos da Autoridade da Concorrência

Decreto-Lei n.º 298/92, de 31 de Dezembro – aprova o Regime Geral das Instituições de Crédito e Sociedades Financeiras, alterado pelo DL n.º 201/2002, de 26.09.

Decreto-Lei n.º 370/93, de 29 de Outubro – proíbe práticas individuais restritivas de comércio

Tratado de Roma/CEE, com a redacção decorrente do Tratado da União Europeia//Maastricht

Regulamento n.º 17/CEE, de 6 de Fevereiro de 1962

Regulamento (CEE) n.º 4064/89 do Conselho, de 21 de Dezembro de 1989, complementado pelo Regulamento (CEE) n.º 2367/90 da Comissão, de 25 de Julho de 1990

Acordo sobre o Espaço Económico Europeu

Lei n.º 2/1999, de 13.01 – Estatutos do Instituto de Gestão do Crédito Público

NOTA INTRODUTÓRIA

Iniciar um estudo ainda que despretensioso sobre a concorrência, não é tarefa fácil. O mundo do Direito, extenso e complexo, dificulta ainda mais a elaboração sistemática do estudo de um complexo de normas que na tradição jurídica portuguesa e europeia, está em constante desenvolvimento.

O direito da concorrência engloba em si todo um conjunto de questões as mais das quais novas, recentes, que vamos procurar tratar, sem esquecer no entanto a origem deste complexo normativo e do seu enquadramento na sistemática de todo o Direito.

Ao falar em concorrência, pensamos de imediato na concorrência desleal, mais estudada pela doutrina no âmbito do Direito da Propriedade Industrial. Não é porém este o aspecto da concorrência que mais nos interessa, outrossim, a concorrência enquanto sistema ordenado de normas que disciplinam e regulam situações e relações jurídicas que agora não sabemos se pertencem ao Direito Comercial, Industrial ou Comunitário.

Para analisarmos o Direito da Concorrência, tal como o fazemos para outros aspectos do Direito, teremos que indagar das suas fontes, dos seus princípios fundamentais que orientam e fundam o sistema normativo onde aquelas normas jurídicas se encontram e se formam.

O Direito da Concorrência enquanto sistema normativo objectivo, contém em si a disciplina orientadora das diversas relações jurídicas que se estabelecem no mundo mercantil, enquanto consequência das relações entre os seus sujeitos.

A liberdade de comércio, de indústria e serviços, é um dos princípios fundamentais da economia moderna (**cf. art. 61.º n.º 1 e 80.º al. c) da C.R.P**) que tem como seu corolário a liberdade da concorrência, tudo para se chegar à concretização da liberdade contratual que não deixa de andar dissociada daquele e deste.

Ao longo dos tempos, aquela liberdade, hoje melhor designada de livre iniciativa privada, estava cortada. No Portugal das corporações, a actividade industrial não se desenvolvia, estava atrofiada, **(V. Adalberto Costa, Licenciamento Industrial, Almedina, 2004)** os respectivos regimentos, previam normas de prevenção e de repressão a actos de açambarcamento, de especulação e de concorrência desleal. Chegado o liberalismo,[1] extinguem-se as corporações[2] com o Decreto de 07 de Maio de 1834, passando o Estado a tutelar a concorrência e a livre iniciativa privada. O legislador a essa época, aproveitou assim para abrir as portas à livre iniciativa e acabar com os entraves dos poderes públicos, acompanhando a sua acção com a institucionalização da liberdade da concorrência, vista agora como forma de incentivo e de motivo para o desenvolvimento da actividade económica, abrindo o mercado às empresas privadas e oferecendo aos agentes económicos a possibilidade de livremente poderem fazer contratos – liberdade contratual.

A liberdade contratual funciona assim como instrumento do desenvolvimento e não propriamente como corolário subjectivo das relações jurídicas entre sujeitos. Certo é, porém, que a liberdade de concorrência estava já a querer entrar no circuito do mercado e nas relações mercantis que o movimentam.

O legislador dispunha no Código Penal de 1852, no art. 276.º que: "**qualquer pessoa que, usando de qualquer meio fraudulento, conseguir alterar os preços que resultariam da natural e livre concorrência nas mercadorias, géne-**

---

[1] O liberalismo em Portugal busca as suas raízes no pensamento marcadamente iluminista, que caracteriza os estudos económicos dos académicos que gravitavam junto do Duque de Lafões, do abade Correia da Serra e na maçonaria. O processo liberal português assentou em dados económicos, sociais e mentais que nunca chegaram a alterar-se, pelo menos na sua substância. As traves mestras do liberalismo assentaram, desde o início, nas bases da Constituição de 1822 (Secção I, dos Direitos Individuais do Cidadão; Secção II, Da Nação Portuguesa, Sua Religião, Governo e Dinastia) – sejam, o direito à propriedade individual e o reconhecimento da nação portuguesa.

[2] As corporações em Portugal representam um elemento fundamental no desenvolvimento e na organização da economia, voltadas sobretudo para a solidariedade de profissão. A corporação era assim, no seu essencial, uma organização de profissão representando a necessidade de solidariedade de profissão e das necessidades comuns dos mesteirais. A sua administração e organização interna era feita pelo regimento que era aprovado pela coroa ou pelo senado municipal.

ros, fundos ou quaisquer outras coisas que forem objecto de commercio, será punido com multa, conforme a sua renda, de um a três annos" e quanto à fraude, dispunha ainda o parágrafo único daquele artigo que "se o meio fraudulento empregado para cometer este crime for a coligação com outros indivíduos, terá lugar a pena logo que haja começo de execução." O legislador nacional seguia o exemplo dado pelo código penal francês que continha a mesma regra.

A par disto, assistia-se tanto na doutrina como na jurisprudência, à prevalência da liberdade de concorrência sobre a liberdade contratual, é o que se colhe aliás dos **Acs. da Relação do Porto de 12.07.1904 e de 11.04.1905, in R.L.J. ano XXXVIII, 1905 e nos Acs. do S.T.J. de 02.11.1904 e 15.11.1904, in R.L.J. ano XXXVIII, 1905.** Tais opiniões e arestos caíam na ideia de que era necessário limitar, proibir, entravar de algum modo o monopólio, e esta ideia disfarçava uma verdadeira defesa da liberdade de concorrência, do mesmo modo que disfarçava a consagração, em pleno, da liberdade contratual.

A defesa da liberdade da concorrência não estava, portanto, a ser posta em prática de pleno e em concreto, tanto assim que se verificaram tentativas para a sua consagração, é o caso das tentativas de publicação das Leis de 1936 e da Lei 1/72 que nunca foram publicadas.

Na verdade, a nova ordem económica implantada com o liberalismo, tinham sucumbido com o 28 de Maio de 1926 e a Constituição de 1933 continuou a reconhecer como fundamental a livre iniciativa privada como um dos direitos e liberdades individuais, sendo aquele por isso corolário da livre concorrência. De todo o modo, na prática da vida económica e dos mercados, foram-se publicando vários diplomas que de forma indirecta ajudaram na constituição de um regime económico que agora podemos caracterizar como estando fortemente intervencionado com um objectivo simples, o do proteccionismo do Estado.

O direito da concorrência e concretamente o desenvolvimento da liberdade da concorrência conhece em Portugal o seu maior desenvolvimento, com as influências recebidas da C.E.E e, nomeadamente, com a publicação em 1983 do já revogado DL n.º 422/83, de 03.12.

Efectivamente, em 1974, com o fim das políticas económicas e sociopolíticas até então seguidas, Portugal entra numa nova fase de desenvolvimento económico arrastado pelas influências internacionais, mormente da C.E.E. Este desenvolvimento passou no entanto pela consagração da Constituição de 1976, pela publicação do DL n.º 513, de 01/79 que aboliu o regime do condicionamento e consagrou o livre acesso ao mercado, sem no entanto introduzir qualquer alteração no regime jurídico da concorrência.

A Lei n.º 18/2003, de 11 de Junho veio revogar o regime previsto no DL n.º 371/93, de 29 de Outubro, consagrando um novo regime jurídico da concorrência.

Em 1993, o legislador pretendia que as regras da concorrência constituíssem uma espécie de lei quadro da politica da concorrência, no âmbito de uma economia que se queria aberta, tendo-se em conta o crescente processo de internacionalização e do forte dinamismo concorrencial.

Decorridos 10 anos, eis que surge um novo regime jurídico para a concorrência, que prossegue os princípios fundamentais estabelecidos já em 1993 e portanto contribuindo efectivamente para uma real abertura do mercado e da economia, mas ainda com um forte pendor intervencionista da entidade a que chamamos "reguladora" da concorrência. É este novo regime jurídico que apresentamos com os comentários que entendemos serem pertinentes na economia de cada norma.

REGIME JURÍDICO DA CONCORRÊNCIA

ASSEMBLEIA DA REPÚBLICA

Lei n.º 18/2003
de 11 de Junho
Aprova o regime jurídico da concorrência

A Assembleia da República decreta, nos termos da alínea c) do artigo 161.º da Constituição, para valer como lei geral da República, o seguinte:

CAPITULO I
Das regras de concorrência

SECÇÃO I
Disposições gerais

Artigo 1.º
Âmbito de aplicação

1 – A presente lei é aplicável a todas as actividades económicas exercidas, com carácter permanente ou ocasional, nos sectores privados, público e cooperativo.

2 – Sob reserva das obrigações internacionais do Estado Português, a presente lei é aplicável às práticas restritivas da concor-

rência e às operações de concentração de empresas que ocorram em território nacional ou que neste tenham ou possam ter efeitos.

Comentários:

1.º – O regime jurídico regulado pela Lei n.º 18/2003, de 11.06, é de aplicar a todas as actividades económicas que se exerçam no mercado e independentemente de estarem a ser exercidas com regularidade ou não. As actividades económicas que sejam desenvolvidas a título ocasional ou temporário ficam também abrangidas pelo presente regime jurídico.

Ao falar-se de actividades económicas, fala-se em sentido amplo, estando estas inseridas em qualquer dos sectores da actividade económica, seja o sector público, o privado e mesmo o cooperativo, isto sem que tal tenha que ver com a delimitação dos sectores ou qualquer outra regra ou normas de cariz imperativo. Quer isto significar que tal atitude de aplicação do regime jurídico da concorrência se aplica ao mercado e no mercado enquanto centro de actividade económica.

2.º – O presente regime jurídico aplica-se ainda às práticas restritivas da concorrência quando estas ocorram em território português ou quando estas tenham ou possam ter efeitos no território nacional (é de cf. art. 85.º e ss. do Tratado de Roma).

3.º – Cf. artigo 2.º do DL n.º 422/83, de 03.12.

4.º – Cf. artigo 1.º do DL n.º 371/93, de 29.10, ora revogado.

5.º – Cf. artigos 81.º n.º 1, 83.º n.º 2 al. e) e 84.º, do Tratado de Roma.

6.º – V. Código Cooperativo.

7.º – Cf. Artigo 9.º do Regulamento n.º 17/62 (CEE).

8.º – Quanto ao primado do Direito Comunitário, é de cf. Ac. Costa C. Enel, de 15.07.1964, proferido no âmbito do Processo n.º 6/64, de 1964 – 1141 e ss.

9.º – Tanto as autoridades nacionais, como a Comissão estão vinculadas em face das suas competências a velarem pelas normas reguladoras da concorrência.

10.º – A competência em matéria de concorrência tanto da Comissão como das autoridades nacionais é uma competência "ex vi legis", ou seja em defesa da legalidade.

11.º – A politica de concorrência é um instrumento da politica económica que contribui para a liberdade de acesso ao mercado, à formação da oferta e da procura e as desenvolve ...

12.º – Cf. artigo 74.º n.º 16 da Lei Fundamental da República Federal Alemã – ... a prevenção contra o abuso do poder económico...

13.º – Cf. artigo 10.º n.º 1-8 da Lei Constitucional Federal Austríaca – ... tudo o que é relativo ao comércio e à indústria ... a luta contra a concorrência desleal...

14.º – Cf. artigos 51.º e 52.º da Constituição do Reino de Espanha.

15.º – Cf. artigo 41.º e ss. da Constituição da República Italiana.

16.º – Cf. artigo 82.º da C.R.P., sobre os sectores dos meios de produção.

17.º – Cf. Relatório de Actividade – 1991, do Conselho da Concorrência – excepção da regra contida na presente norma.

18.º – Cf. Relatório do Conselho da Concorrência, 1984/85 – 11, quanto à aplicação do regime geral da concorrência.

19.º – Cf. artigo 86.º do Tratado (CEE), antigo artigo 90.º.

20.º – Para a noção de empresa pública, cf. Directiva n.º 80/723, da Comissão, de 25.06.1980.

21.º – Sobre o conceito de empresa pública, v. Manuel Afonso Vaz, in Direito Económico – A Ordem Económica Portuguesa, 2.ª edição – 239.

22.º – Quanto à aplicação territorial do regime jurídico da concorrência, é de v. Relatório de Actividade, 1991-76 e Trinta Anos de Direito Comunitário – 374-375.

23.º – Para as relações entre o direito nacional e comunitário da concorrência, é de cf. Relatório de Actividade, 1988-16 e ss.

24.º – V. Direito Económico, Carlos Ferreira de Almeida.

25.º – V. Direito da Concorrência nas Comunidades Europeias, 1989, Jorge F. Alves.

Artigo 2.º
Noção de empresa

1 – Considera-se empresa, para efeitos da presente lei, qualquer entidade que exerça uma actividade económica que consista na oferta de bens ou serviços num determinado mercado, independentemente do seu estatuto jurídico e do modo de funcionamento.

2 – Considera-se como uma única empresa o conjunto de empresas que, embora juridicamente distintas, constituem uma uni-

dade económica ou que mantêm entre si laços de interdependência ou subordinação decorrentes dos direitos ou poderes enumerados no n.º 1 do artigo 10.º

Comentários:

1.º – Para a economia do regime jurídico da concorrência, a empresa é entendida como sendo uma qualquer entidade que exerça uma qualquer actividade económica, desde que essa actividade se traduza na oferta de bens ou serviços num mercado e independentemente do estatuto ou da natureza jurídica e do modo de funcionamento dessa entidade. Assim para a concorrência, uma empresa é uma entidade que exerce uma actividade económica de oferta de bens ou serviços no mercado. Esta empresa, tanto pode ser uma sociedade por quotas, como uma empresa pública, como uma sociedade anónima, cooperativa, etc. Ao invés do que acontecia no anterior regime, o legislador oferece ao intérprete uma noção de empresa, estabelecendo o limite da interpretação e não deixando dúvidas quanto à ideia do que deve entender-se por empresa no âmbito da concorrência. Mesmo assim entendemos que o legislador devia e podia ser mais rigoroso e menos simplista, dando ao preceito um conteúdo técnico-jurídico mais objectivo.

2.º – A exemplo do regime anterior, o legislador dá à norma uma epígrafe que desvirtua em parte o seu conteúdo. Se o n.º 1 do preceito condiz com a sua epígrafe, certo é que o n.º 2 já não tem nada que ver com ela, já que oferece aqui uma noção de única empresa e não propriamente de empresa.

3.º – Uma "única empresa" é o conjunto de empresas que, embora juridicamente distintas, constituem uma unidade económica ou mantêm entre si laços de interdependência ou de subordinação que decorrem dos direitos ou dos poderes que estão enumerados no n.º 1 do artigo 10.º do regime jurídico da concorrência. Esta noção agora dada apresenta-se melhorada face à noção dada pelo regime anterior, já que agora se explicita que, embora tratando-se de entidades distintas, constituem uma unidade económica única, além dos laços de interdependência ou de subordinação.

4.º – Continuamos a entender que o legislador não pode dar à vida económica noções como a de "única empresa", pelo menos da forma e com o conteúdo que vai expresso pelo n.º 2 do preceito em análise. No nosso entendimento, uma única empresa não pode ser vista como sendo um conjunto. O significado de "única", diz o dicionário de língua portuguesa, é uma, uma só, que não tem par. (cf. dicionário de língua portuguesa de José Pedro Machado, Edições Alfa, vol. VI – 492).

5.º – E o dicionário Ilustrado de Língua Portuguesa – Verbo, diz-nos que "... que é só um no seu género ou espécie, exclusivo, excepcional, singular..."

6.º – No Direito da Concorrência, a noção de empresa deve ser dada em sentido amplo. As aproximações a fazer desta noção e para efeitos do Direito da Concorrência, vamos buscá-las ao direito comunitário e, nomeadamente, às decisões do Tribunal de Justiça. Este Tribunal definiu empresa para efeitos da aplicação das regras comuns da concorrência no âmbito do Tratado de Roma, como sendo: a empresa é constituída por uma organização unitária de elementos pessoais, materiais e imateriais, referidos a um sujeito juridicamente autónomo e prosseguindo de uma maneira duradoura um fim económico determinado. Ora o Tratado de Roma não apresenta qualquer noção de empresa. O nosso actual regime nem agora oferece uma noção de empresa. Contudo, continuamos a entender que é com base na noção dada pela jurisprudência comunitária que temos de encontrar a melhor noção de empresa para efeito de aplicação do direito da concorrência (cf. Ac. do Tribunal de Justiça, de 13.07.1962 – Processo Mannesmarm).

7.º – O direito francês da concorrência adoptou uma noção de empresa que é similar à noção oferecida pelo Tribunal de Justiça.

8.º – Cf. Ac. do Tribunal de Justiça, de 13.07.1962 – Processo Mannesmarm. – e a noção de empresa.

9.º – Cf. artigo 2.º do C. P. E. R. E. F.

10.º – Cf. artigo 6.º do DL n.º 371/93, de 29.10, ora revogado.

11.º – Em sentido etimológico, a empresa evoca a acção e a criatividade. Ela é ao mesmo tempo iniciativa de um só homem ou de uma equipa que assegura o êxito de um produto ou de um processo, de um estabelecimento ou estabelecimentos.

12.º – Por mercado deve entender-se como sendo o lugar público onde se colocam produtos à venda, à disposição dos consumidores e se oferecem serviços.

13.º – Cf. artigo 10.º do presente regime jurídico.

14.º – Sobre o conceito de empresa é de Cf. Ac. de 23.04.1991 (C-41/90, colect., p. I-1979, n.º 21 e 23) e Ac. de 17.02.1993, (C-159/91 e C-160/91, Colect., p. I-637, n.º 17) e Ac. de 16.06.1987 – processo Comissão/Itália, no âmbito da Directiva 80/723/CEE da Comissão, de 25.06.1980.

15.º – Para a jurisprudência comunitária, o conceito de empresa no âmbito do direito da concorrência, abrange qualquer entidade que exerça uma actividade económica, independentemente do seu estatuto jurídico e modo de funcionamento.

16.º – Para efeitos do direito da concorrência, torna-se essencial para a determinação do conceito de empresa, a capacidade de auto determinação económica, sendo de veras irrelevante a autonomia jurídica.

Artigo 3.º
Serviços de interesse económico geral

1 – As empresas públicas e as empresas a quem o Estado tenha concedido direitos especiais ou exclusivos encontram-se abrangidas pelo disposto na presente lei, sem prejuízo do disposto no número seguinte.

2 – As empresas encarregadas por lei da gestão de serviços de interesse económico geral ou que tenham a natureza de monopólio legal ficam submetidas ao disposto no presente diploma, na medida em que a aplicação destas regras não constitua obstáculo ao cumprimento, de direito ou de facto, da missão particular que lhes foi confiada.

Comentários:

1.º – Esta norma não tem correspondência no anterior regime jurídico da concorrência.

2.º – Em nosso entender, o preceito sob análise não tem razão de ser, tendo em conta a noção de empresa que é dada pelo n.º 1 do artigo 2.º do presente regime jurídico, tornando-se mesmo ridícula a expressão "da missão particular que lhes foi conferida". Salvo o devido respeito, o Estado não confia missões às empresas, antes lhes dá ou pode dar atribuições e objectivos a cumprir, pelo que as empresas públicas ou as empresas a quem o Estado conceda direitos especiais ou exclusivos, ou estão abrangidas pelo regime jurídico da concorrência, ou não estão, independentemente do seu estatuto jurídico ou modo de financiamento. Assim é que a disciplina que está consignada no n.º 2 do preceito constitui, em nosso entender, um subterfúgio para as empresas que se encontram na situação ali expressa, já que o cumprimento de direito ou de facto da missão que lhes foi confiada pelo Estado, pode ou podem ser razões para que lhes não possa ser aplicado o regime jurídico da concorrência. Desconfiamos desde logo da constitucionalidade do n.º 2 deste artigo 3.º, na medida em que é ou pode ser discriminatório e consequentemente violador do princípio da igualdade e da liberdade de actuação das empresas no mercado. A missão a conferir às empresas, pode (tal como as indemnizações compensatórias ou os auxílios de Estado) provocar discriminação e estabelecer desigualdades de tratamento.

3.º – As empresas públicas e as particulares estão abrangidas pelas normas do regime jurídico da concorrência. Contudo, as empresas públicas e as empresas particulares a quem o Estado tenha concedido direitos especiais ou direitos exclusivos, não ficam abrangidas pelo regime jurídico da concorrência, desde que, quando estejam encarregadas por força de lei da gestão de serviços de interesse económico geral ou que tenham a natureza de monopólio legal, só ficam submetidas às normas da concorrência, na medida em que a aplicação das normas da concorrência não constitua obstáculo ao cumprimento de direito ou de facto, da missão particular que lhes foi confiada. O Estado quer, pode e manda no dizer da expressão popular. E é verdade, porquanto a norma em apreço reflecte integralmente o dito do povo.

4.º – Empresa pública é a empresa criada pelo Estado com capitais próprios ou fornecidos por outras entidades públicas para o desenvolvimento de actividades de natureza económica ou social, mas de acordo com o plano económico nacional.

5.º – A regra contida no n.º 2 do preceito destina-se exclusivamente a empresas como p.ex. EDP, Telecom, etc.

6.º – A norma refere-se a serviços de interesse económico geral. Para a cultura do intérprete não surgem dúvidas quanto ao que se deve ou não entender por serviços de interesse económico geral. Pode no entanto criar-se dúvidas e incertezas da intenção e do querer do legislador. Estes serviços são, como se sabe, muito latos e de natureza ampla e diversificada. Seria preferível e assaz tecnicamente correcto se o legislador tivesse definido quais os serviços de interesse económico geral que importam para a economia da norma e para o regime da concorrência. Não desconfiamos da boa fé do legislador, mas sempre mantemos a incerteza da boa aplicação do regime da concorrência quando confrontados com situações futuras que possam ou tenham de ver aplicado o teor da presente norma.

SECÇÃO II
Práticas proibidas

Artigo 4.º
Práticas proibidas

1 – São proibidos os acordos entre empresas, as decisões de associações de empresas e as práticas concertadas entre empresas, qualquer que seja a forma que revistam, que tenham por objecto ou como efeito impedir, falsear ou restringir de forma sensível a concorrência no todo ou em parte do mercado nacional, nomeadamente os que se traduzem em:

a) Fixar, de forma directa ou indirecta, os preços de compra ou de venda ou interferir na sua determinação pelo livre jogo do mercado, induzindo, artificialmente, quer a sua alta quer a sua baixa;

b) Fixar, de forma directa ou indirecta, outras condições de transacção efectuadas no mesmo ou em diferentes estádios do processo económico;

c) Limitar ou controlar a produção, a distribuição, o desenvolvimento técnico ou os investimentos;

d) Repartir os mercados ou as fontes de abastecimento;

e) Aplicar, de forma sistemática ou ocasional, condições discriminatórias de preços ou outras relativamente a prestações equivalentes;
f) Recusar, directa ou indirectamente, a compra ou venda de bens e a prestação de serviços;
g) Subordinar a celebração de contratos à aceitação de obrigações suplementares que, pela sua natureza ou segundo os usos comerciais, não tenham ligação com o objecto desses contratos.

2 – Excepto nos casos em que se considerem justificadas, nos termos do artigo 5.º, as práticas proibidas pelo n.º 1 são nulas.

Comentários:

1.º – O que devemos entender por acordos de empresas, decisões de associações e práticas concertadas entre empresas? A resposta a dar temos que a procurar na interpretação do n.º 1 do art. 85.º do Tratado de Roma, nas decisões do Tribunal de Justiça e nas decisões da Comissão da União Europeia.

O acordo de empresa é o acordo que reúne o consenso das partes contratantes seja qual for a forma que esse acordo possa assumir, podendo ser feito relativamente ao mesmo estádio do processo económico (acordo horizontal) ou relativamente a estádios diferentes do processo económico (acordo vertical). Os acordos de empresa têm relevância para a concorrência, desde que exista uma troca efectiva de vontades que sejam livremente tomadas e não se encontrem dependentes.

As decisões de associações de empresas são as decisões tomadas pelas associações que reúnem o consenso e o interesse comum das empresas associadas relativamente aos actos e aos comportamentos a tomar perante e no mercado.

Por último, as práticas concertadas, têm que ver com uma qualquer forma de cooperação entre empresas que não necessita de formalização, mas que assume o estatuto de cooperação prática relativamente a matérias como por ex. riscos de concorrência, número de empresas no mercado, volume de mercado, etc. As práticas concertadas traduzem-se por isso numa cooperação que dá aos interessados um controlo da circulação dos produtos no mercado.

A caracterização das práticas concertadas faz-se fundamentalmente com base em dois elementos, por um lado a consciência e por outro a intenção para o controle concertado do mercado. Sobre práticas concertadas é de cf. o Ac. do T. J., de 14.07. 1981, processo Comissões bancárias e Ac. do T.J, de 16.12.1975, processo Industrie Europeénne du Sucre.

2.º – A lei proíbe de forma expressa a existência de acordos de empresa, de decisões de associações de empresas e práticas concertadas entre empresas. Tal proibição verifica-se no entanto quando aqueles actos, independentemente da forma que assumam, tenham por objectivo ou por efeito, impedir, falsear ou restringir de forma sensível a concorrência no todo ou em parte do mercado nacional. Esta proibição abrange os actos que vão elencados nas várias alíneas do n.º 1 do preceito sob análise. Entendemos que os actos enumerados no n.º 1 da norma estão expressos de forma exemplificativa, pelo que outros poderão existir e que são também eles objecto de proibição.

3.º – As práticas que se encontram identificadas no n.º 1 da norma são nulas, excepto nos casos em que se considerem justificadas. Cabe saber, quando é que se podem considerar justificados os acordos de empresas, decisões de associações de empresas e práticas concertadas entre empresas. A resposta está dada no artigo 5.º do presente regime jurídico. E a justificação existe quando tais práticas:
   a) contribuam para melhorar a produção;
   b) contribuam para melhorar a distribuição de bens e serviços;
   c) contribuam para a promoção do desenvolvimento técnico e económico;
   Contudo, estas justificações têm que respeitar um conjunto de requisitos que têm de se verificar cumulativamente, quais sejam:
   1. reservem aos utilizadores uma parte equitativa do benefício que decorra da prática;
   2. não imponham às empresas em causa quaisquer restrições que não sejam indispensáveis para atingir os objectivos;
   3. não dêem a essas empresas a possibilidade de eliminar a concorrência numa parte substancial do mercado dos bens ou serviços em causa;

4.º – Cremos que as justificações previstas na lei para permitir as práticas elencadas no n.º 1 do preceito em análise são ou poderão ser de difícil exame, contribuindo assim para que a fiscalização veja agravada a sua acção, desde logo porque a própria lei lhe cria entraves de exame.

5.º – Cf. artigos 3.º e 13.º do DL n.º 422/83, de 03.12.

6.º – Cf. artigo 2.º do DL n.º 371/93, de 29.10.

7.º – Cf. artigo 81.º do Tratado de Roma.

8.º – Cf. Ac. Bilger, de 18.03.1970, Processo n.º 43/69, Rec-1970.

9.º – Cf. Ac. Delimitis, de 28.02.1991, Processo n.º C-234/89 – Ver. T. Droit Europ. – 1991-485 e ss.

10.º – Cf. Regulamento (CEE) n.º 1984/83 – acordos de compra exclusiva.

11.º – Cf. Regulamento n.º 17/62 – acordos e práticas concertadas entre empresas de um só Estado-membro.

12.º – Cf. artigo 5.º do presente regime jurídico.

13.º – Quanto a fixação de preços, distribuição de produtos e usos comerciais, v. Adalberto Costa, Práticas Restritivas do Comércio – Vislis – 2000.

14.º – Cf. Luís Cabral de Moncada, in Direito Económico, 2.ª Edição – 1988 – 323 – ... para quem não é a autonomia jurídica um elemento bastante para potenciar uma actuação independentemente da empresa que integra um grupo económico...

15.º – Sobre acordo entre empresas – Cf. processo Entente Internacionele de la Quinine – JOCE L 192, de 05.08.69.

16.º – Sobre o direito de associação de empresas, v. o artigo 46.º da C.R. Portuguesa.

17.º – Prática concertada – Cf. proibição das práticas concertadas e a questão da prova – in Relatório de Actividade do Conselho da Concorrência, 1990-13.

18.º – Cf. Ac. do T.J. – Grundig-Constar, de 13.07.66, Rec. 1966-429.

19.º – Nulidade das clausulas contratuais que videm a lei da concorrência é de Cf. Ac. da Relação de Lisboa, de 18.04.1991, in Colct. Jur., Ano XVI – 1991 – Tomo 2 – 171-175.

20.º – Arguição da nulidade, v. Rui Alarcão, in BMJ – 89 – 201-221.

Artigo 5.º
Justificação das práticas proibidas

1 – Podem ser consideras justificadas as práticas referidas no artigo anterior que contribuam para melhorar a produção ou a distribuição de bens e serviços ou para promover o desenvolvimento técnico ou económico desde que, cumulativamente:

a) Reservem aos utilizadores desses bens ou serviços uma parte equitativa do benefício daí resultante;
b) Não imponham às empresas em causa quaisquer restrições que não sejam indispensáveis para atingir esses objectivos;
c) Não dêem a essas empresas a possibilidade de eliminar a concorrência numa parte substancial do mercado dos bens ou serviços em causa.

2 – As práticas previstas no artigo 4.º podem ser objecto de avaliação prévia por parte da Autoridade da Concorrência, adiante designada por Autoridade, segundo procedimento a estabelecer por regulamento a aprovar pela Autoridade nos termos dos respectivos estatutos.

3 – São consideradas justificadas as práticas proibidas pelo artigo 4.º que, embora não afectando o comércio entre Estados membros, preencham os restantes requisitos de aplicação de um regulamento comunitário adoptando ao abrigo do disposto no n.º 3 do artigo 81.º do Tratado que constitui a Comunidade Europeia.

4 – A Autoridade pode retirar o benefício referido no número anterior se verificar que, em determinado caso, uma prática por ele abrangida produz efeitos incompatíveis com o disposto no n.º 1.

Comentários:

1.º – Os acordos de empresas, as decisões de associações de empresas e as práticas concertadas de empresas podem, quando assim se entender, ser objecto de uma avaliação prévia. Esta avaliação prévia é realizada pela Autoridade da Concorrência que para o efeito cria regras de procedimento nos termos e no âmbito de regulamento que fará aprovar.

2.º – Além do que vai dito no texto do n.º 1 da norma, as práticas proibidas podem ser consideradas justificadas, quando preencham os requisitos de aplicação de um regulamento comunitário adoptado ao abrigo do disposto no art. 81.º n.º 3 do Tratado de Roma.

3.º – No caso de se considerar uma prática proibida justificada nos termos do que dispõe o n.º 3 da norma, a Autoridade da Concorrência pode retirar (por si) o benefício resultante de tal prática justificada, quando verificar que em determinado caso, uma prática produz efeitos que são incompatíveis com a regra contida no n.º 1 do preceito em análise.

4.º – A avaliação a que se refere o n.º 2 da norma, é disciplinada pela Portaria n.º 1097/93, de 29.10 até que seja publicado novo diploma que a substitua.

5.º – Cf. artigo 81.º n.º 3 do Tratado de Roma.

6.º – Cf. artigos 2.º e 5.º do DL n.º 371/93, de 29.10.

7.º – Cf. artigo 4.º do presente regime jurídico.

8.º – Comércio – Hoje o termo comércio é designado pelo vocábulo "distribuição", talvez pelo sentido pejorativo que foi dado à palavra comércio, tal era o sentido ou a imagem pelo seu deus Mercúrio na antiguidade, que simbolizava o deus dos gatunos. O comércio ou a distribuição é pois ... a transmissão de bens, o seu transporte para o local e no momento em que são procurados, ao melhor preço e com a melhor qualidade...

Artigo 6.º
Abuso de posição dominante

1 – É proibida a exploração abusiva, por uma ou mais empresas, de uma posição dominante no mercado nacional ou numa parte substancial deste, tendo por objecto ou como efeito impedir, falsear ou restringir a concorrência.

2 – Entende-se que dispõem de posição dominante relativamente ao mercado de determinado bem ou serviço:

a) A empresa que actua num mercado no qual não sofre concorrência significativa ou assume preponderância relativamente aos seus concorrentes;

b) Duas ou mais empresas que actuam concertadamente num mercado, no qual não sofre uma concorrência significativa ou assumem preponderância relativamente a terceiros.

3 – Pode ser considerada abusiva, designadamente:

a) A adopção de qualquer dos comportamentos referidos no n.º 1 do artigo 4.º:

b) A recusa de facultar, contra remuneração adequada, a qualquer outra empresa o acesso a uma rede ou a outras infra-estruturas essenciais que a primeira controla, desde que, sem esse acesso, esta última empresa não consiga, por razões factuais ou legais, operar como concorrente da empresa em posição dominante no mercado a montante ou a jusante, a menos que a empresa dominante demonstre que, por motivos operacionais ou outros, tal acesso é impossível em condições de razoabilidade.

Comentários:

1.º – Os n.º 1 e 2 da presente norma correspondem literalmente ao texto do regime agora revogado.

2.º – O mundo dos nossos dias está fortemente dominado pelo controle efectivo do mercado por parte de grupos de empresas que se organizam para exercerem sobre o mercado um domínio completo, seja na produção, na distribuição ou comercialização dos produtos, bens e serviços. Desta organização, podem partir comportamentos e atitudes negociais que colidam com o regime da concorrência, quando visto o universo das empresas a exercerem actividades económicas diversas. Perante isto, o legislador deve providenciar para que o mercado funcione pelo respeito entre aqueles que fazem a oferta e da sua relação entre si, bem como das relações entre estes e os consumidores dos produtos, bens ou serviços. O legislador português proíbe de forma clara, a exploração abusiva de uma posição dominante, isto é, não permite que uma ou mais empresas explorem de forma irregular uma posição dominante que eventualmente possam ter ou deter no mercado, seja relativamente a todo o mercado, seja mesmo a parte do mercado, com o objectivo ou com os efeitos de impedir, falsear ou restringir a concorrência.

3.º – Uma empresa dispõe de posição dominante, quando age num mercado no qual não tem concorrência para os seus produtos, bens ou serviços, quando essa concorrência não é significativa ou assume preponderância relativamente aos demais concorrentes. A posição dominante pode também pertencer a duas ou mais empresas. Neste caso a posição dominante no mercado verifica-se, quando essas empresas, de forma concertada, actuam no mercado, no qual não têm concorrência ou esta não é significativa, ou assumem preponderância relativamente a terceiros.

4.º – A posição de uma empresa no mercado pode ser considerada abusiva quando:
1. a empresa adopte um dos comportamentos expressos no n.º 1 do artigo 4.º, seja acordo de empresas, decisões de associações de empresas, práticas concertadas de empresas;
2. a empresa se recuse a facultar, contra remuneração adequada, a qualquer outra empresa o acesso a uma rede ou a outras infra – estruturas essenciais que a primeira controla, desde que, sem esse acesso, esta última empresa não consiga, por razões factuais ou legais, operar como concorrente da empresa em posição dominante no mercado, seja a montante ou a jusante, a menos que a empresa dominante demonstre que, por motivos operacionais, ou outros, tal acesso é impossível em condições de razoabilidade.

5.º – Cf. artigo 14.º do DL n.º 422/83, de 03.12.

6.º – Cf. artigo 3.º do DL n.º 371/93, de 29.10.

7.º – Cf. artigo 82.º do Tratado de Roma, sobre abuso da posição dominante.

8.º – Cf. artigo 81.º da C.R.P.

9.º – Sobre a posição dominante é de v. acórdão do T. J. no Proc. n.º 322/81, Michelin e Comissão, Recueil, p. 3461 – considerando 30.

10.º – Cf. artigo 4.º do presente regime jurídico – acordos entre empresas, as decisões de associação de empresas, práticas concertadas entre empresas.

11.º – Cf. Ac. Hoffmann – La Roche, de 13.02-79, Rec. 1979, 2-461.

12.º – Cf. Ac. United Brands, de 14.02.78, Rec. 1978-207

13.º – Cf. Carlos Alberto Caboz Santana, in O Abuso da Posição Dominante no Direito da Concorrência – Editora Cosmos

Artigo 7.º
Abuso de dependência económica

1 – É proibida, na medida em que seja susceptível de afectar o funcionamento do mercado ou a estrutura da concorrência, a exploração abusiva, por uma ou mais empresas, do estado de dependência económica em que se encontre relativamente a elas qualquer empresa fornecedora ou cliente, por não dispor de alternativa equivalente.

2 – Pode ser considerada abusiva, designadamente:

a) A adopção de qualquer dos comportamentos referidos no n.º 1;

b) A ruptura injustificada, total ou parcial, de uma relação comercial estabelecida, tendo em consideração as relações comerciais anteriores, os usos reconhecidos no ramo da actividade económica e as condições contratuais estabelecidas.

3 – Para efeitos da aplicação do n.º 1, entende-se que uma empresa não dispõe de alternativa equivalente quando:

a) O fornecimento do bem ou serviço em causa, nomeadamente o de distribuição, for assegurado por um número restrito de empresas; e

b) A empresa não puder obter idênticas condições por parte de outros parceiros comerciais num prazo razoável.

Comentários:

1.º – O abuso de dependência económica vinha regulado no artigo 4.º do anterior regime jurídico.

2.º – Um qualquer sujeito está na situação de dependência económica quando, no seu relacionamento com os demais, necessita de um acto de outrem para obter capacidade de resistência, de relacionamento, ou até de permanência.

Depender de outro é só poder fazer com ajuda, só poder concretizar alguma coisa com a colaboração. A dependência económica, não resulta apenas da dependência do dinheiro, é também depender das situações que se criam face ao produto, bem ou serviço e ou depender das linhas do mercado enquanto vector de relacionamento económico de sujeitos e agentes económicos. Este relacionamento de dependência tem que ser visto sob o ponto de vista das posições activas e passivas, isto é, do lado activo e passivo da dependência.

3.º – A lei proíbe a exploração abusiva. Por exploração abusiva deve entender-se como sendo a posição de uma empresa (ou várias) que no mercado actua de forma a não permitir que as demais empresas, sejam as fornecedoras ou as clientes, possam dispor de uma alternativa que seja equivalente à acção da empresa ou empresas que exploram abusivamente um produto, bem ou serviço, servindo-se do estado de dependência económica das demais.

No dizer da lei, uma empresa não dispõe de alternativa equivalente, sempre que o fornecimento do bem ou serviço em causa for assegurado por um número restrito de empresas, bem como quando a empresa não puder obter idênticas condições por parte de outros parceiros comerciais num prazo que se ache razoável.

4.º – A exploração abusiva só é proibida para efeitos da concorrência, na medida em que seja susceptível de afectar o funcionamento do mercado ou a estrutura da concorrência do mercado.

5.º – A epígrafe do preceito não identifica com clareza a regra que se encontra expressa na norma. De todo o modo, o abuso de dependência económica é sinónimo de exploração abusiva de dependência económica, pelo que seria mais correcto ser esta última expressão a tomar o lugar da epígrafe da norma.

6.º – A dependência económica no mercado surge, salvo melhor opinião, do relacionamento e da posição de cada sujeito no mercado. Um agente económico quando actua no mercado, fá-lo na certeza de que o seu espaço de movimentação depende da sua capacidade de intervenção e da sua capacidade de fazer intervir no mesmo mercado os seus produtos, bens ou serviços. Ora é desta capacidade dos agentes económicos que pode, em nosso entender, surgir a dependência económica, isto é, verifica-se que a capacidade de um agente económico está enfraquecida no mercado. Contudo, também é verdade que aqueles que exploram aquele estado de dependência, não podem e não devem fazê-lo para e em benefício das suas capacidades no mercado, porque dessa maneira estarão certamente a conduzir o mercado para um caminho de domínio, de monopólio e de poder, que ficará mais tarde ou mais cedo, na mão e no domínio de poucos em detrimento dos demais.

7.º – O n.º 2 da norma dispõe que, pode ser considerada abusiva determinada actuação do agente económico designadamente, os comportamentos referidos na alínea a) e b). Cabe perguntar, como havemos de considerar o que o legislador chama de "abusiva"? É abusiva a atitude, a acção ou a exploração? Abusiva só pode ser a forma como se desenvolve a actividade e esta só pode ser a exploração de actividades no mercado.

8.º – Os acordos de empresas, as decisões de associações de empresas e as práticas concertadas entre empresas podem ser consideradas como exploração abusiva.

9.º – Também pode ser considerada como exploração abusiva a ruptura sem justificação (total ou parcial) de qualquer relação comercial. Neste caso, o legislador indica o critério de determinação daquela exploração abusiva, e esta é constituída pelos usos da actividade económica, as condições contratuais existentes entre os agentes económicos e as próprias relações comerciais pré-existentes.

10.º – Cf. artigo 4.º do DL n.º 371/93, de 29.10.

11.º – Cf. Decisão da Comissão de 08.12.1977, Hugin-Lipton, in J.O. n.º L 22, de 27.01.78.

12.º – Cf. Decisão do Conselho da Concorrência no processo Martini/Rossi, in Relatório de Actividade, 1987-38.

13.º – Para um maior desenvolvimento da ideia do conceito de dependência económica, é de v. Peter Hoet, in Domination du Marche on Theorie du Partnaire Obligatoire – Ver. du Marche Commun, n.º 325-1988-135 e ss.

14.º – Abuso de dependência económica e a protecção da oferta e procura, Cf. J. Pinto Ferreira, in Boletim da Concorrência e Preços, 2.ª série, n.º 2 Julho de 1987.

SECÇÃO III
Concentração de empresas

Artigo 8.º
Concentração de empresas

1 – Entende-se haver uma operação de concentração de empresas, para efeitos da presente lei:

a) No caso de fusão de duas ou mais empresas anteriormente independentes:

b) No caso de uma ou mais pessoas singulares que já detenham o controlo de pelo menos uma empresa ou de uma ou mais empresas adquirirem, directa ou indirectamente, o controlo da totalidade ou de partes de uma ou de várias outras empresas.

2 – A criação ou aquisição de uma empresa comum constitui uma operação de concentração de empresas, na acepção da alínea b) do número anterior, desde que a empresa comum desempenhe de forma duradoura as funções de uma entidade económica autónoma.

3 – Para efeitos do disposto nos números anteriores o controlo decorre de qualquer acto, independentemente da forma que este

assuma, que implique a possibilidade de exercer, isoladamente ou em conjunto, e tendo em conta as circunstâncias de facto ou de direito, uma influência determinante sobre a actividade de uma empresa, nomeadamente:
   a) Aquisição da totalidade ou de parte do capital social;
   b) Aquisição de direitos de propriedade, de uso ou de fruição sobre a totalidade ou parte dos activos de uma empresa;
   c) Aquisição de direitos ou celebração de contratos que confiram uma influência preponderante na composição ou nas deliberações dos órgãos de uma empresa.

4 – Não é havida como concentração de empresas:
   a) A aquisição de participações ou de activos no quadro do processo especial de recuperação de empresas ou de falências;
   b) A aquisição de participações com meras funções de garantia;
   c) A aquisição por instituições de crédito de participações em empresas não financeiras, quando não abrangida pela proibição contida no artigo 101.º do Regime Geral das Instituições de Crédito e Sociedades Financeiras, aprovado pelo Decreto-Lei n.º 298/92, de 31 de Dezembro.

Comentários:

1.º – A secção sob epígrafe corresponde à secção III do anterior regime, sendo que a norma sob apreciação corresponde ao artigo 9.º do regime anterior, embora com alterações.

2.º – Diz-se que estamos perante uma concentração de empresas quando um número relativamente pequeno de empresas se torna responsável por uma proporção significativa da produção, do emprego ou outra medida da dimensão de uma indústria. Por isso, também podemos dizer que uma indústria ou sector da actividade económica está concentrada, quando um número pequeno de empresas detém uma elevada proporção de uma dimensão do mercado. A concentração é um aspecto importante da estrutura do mercado, pelo que o grau de concentração dos sectores de actividade surge porque é uma determinante importante do modo como as empresas se comportam e dos níveis de preços, produção e lucros resultantes.

3.º – O grau de concentração da empresa é medido pelo denominado "rácios de concentração" (concentration ratio) que não é mais do que o número único que tenta indicar o grau de concentração existente.

4.º – Para efeitos do regime legal da concorrência, verifica-se a existência de uma concentração de empresas, quando se realiza uma fusão de duas ou mais empresas que antes desse acto eram independentes entre si; quando uma ou mais pessoas singulares que detenham o controlo de uma ou mais empresas, adquiram de forma directa ou indirecta o controlo da totalidade ou de partes de uma ou mais que uma de outras empresas no mesmo sector de actividade.

5.º – A constituição de uma empresa comum ou ainda a compra de uma empresa comum, por uma ou mais pessoas singulares que já detenham o controlo de uma ou mais empresas no mesmo sector de actividade económica, pode constituir uma operação de concentração de empresas. Neste caso, verificar-se-á efectivamente uma operação de concentração de empresas desde que a empresa comum constituída ou adquirida, desempenhe no mercado de forma duradoura as funções de uma entidade económica autónoma.

6.º – Um dos requisitos exigidos para a verificação de uma operação de concentração é a assumpção do controlo do mercado como consequência do acto de concentração. Se não se verificar esse controlo, mas podemos dizer que existe concentração de empresas? Mas como é definido esse controlo? O controlo do mercado decorre de qualquer acto e independentemente da forma que este assuma, mas acto esse que implica na prática a possibilidade de poder exercer de forma isolada ou em conjunto, uma influência determinante na actividade económica de uma outra empresa ou outras empresas e, independentemente das circunstâncias de facto ou de direito que caracterizam esse controlo ou essa influência. E como se verifica esse controlo? O controlo verifica-se pela aquisição da totalidade ou de parte do capital social de outra ou outras empresas, pela aquisição do direito de propriedade, de direito de uso ou de fruição sobre a totalidade ou sobre parte dos activos de uma empresa ou pela aquisição de direitos ou outorga de contratos pelos quais resulte uma influência preponderante na composição ou na deliberação dos órgãos de uma empresa.

Assim e em conclusão, haverá uma operação de concentração de empresas, sempre que uma ou mais empresas, ou uma ou mais pessoas singulares obtenham o controlo do mercado de determinadas actividades económicas, pelo controlo efectivo de uma ou mais empresas dessa mesma actividade económica nos termos que vão definidos pelos n.º 1, 2, 3 da norma sob apreciação.

7.º – Pelo contrário, não se considera verificar-se uma operação de concentração de empresas, quando a aquisição de participações ou de activos se faz no quadro do processo especial de recuperação de empresas ou de falência, ou quando a aquisição de participações se realiza apenas com o efeito de mera garantia negocial ou contratual, ou ainda quando a aquisição é feita por instituição de crédito de participação em empresas não financeiras, quando essa aquisição não está abrangida pela proibição contida no artigo 101.º do Regime Geral das Instituições de Crédito e Sociedades Financeiras, aprovado pelo DL n.º 298/92, de 31.12.

8.º – Cf. DL n.º 428/88, de 19.11.

9.º – Cf. o Regulamento CE n.º 4064/89, do Conselho, de 21.12.89 – J.O. n.º L 257/13, de 21.09.1990.

10.º – Cf. artigos 81.º e 82.º do Tratado de Roma.

11.º – Cf. DL n.º 132/93, de 23.04.

12.º – Cf. artigo 101.º do DL n.º 298/92, de 31.12, alterado pelo DL n.º 285/01, de 03.11.

13.º – Cf. Parecer proferido sobre a operação de concentração notificada por Porto Editora/Lisboa Editora – Processo n.º 2/02.

14.º – A disciplina agora assente na presente secção é inspirada no sistema alemão.

15.º – Cf. artigos 97.º, 117.º, 496.º e 497.º do Código das Sociedades Comerciais.

16.º – Cf. C.P.R.E.F., aprovado pelo DL n.º 132/93, de 23.04 e suas alterações.

17.º – Cf. Regulamento CE n.º 1310/97, do Conselho, de 30.06.

18.º – O controlo das concentrações foi inicialmente introduzido pela CECA em 1951 e só passou a ser tratado pela CEE a partir de 1989.

19.º – Sobre a matéria da concentração de empresas é de Cf. J. Simões patrício, in Direito da Concorrência – 102 e ss.

20.º – Cf. Raul Ventura, in Fusão, Cisão e Transformação de Sociedades – Almedina.

21.º – Cf. a comunicação da Comissão publicada no J.O.C.E. n.º 203/5, de 14.08.90, relativa às restrições acessórias às operações de concentração.

Artigo 9.º
Notificação prévia

1 – As operações de concentração de empresas estão sujeitas a notificação prévia quando preencham uma das seguintes condições:
  a) Em consequência da sua realização se crie ou se reforce uma quota superior a 30 % no mercado nacional de determinado bem ou serviço, ou numa parte substancial deste;
  b) O conjunto das empresas participantes na operação de concentração tenha realizado em Portugal, no último exercício, um volume de negócios superior a 150 milhões de euros,

líquidos dos impostos com este directamente relacionados, desde que o volume de negócios realizado individualmente em Portugal por, pelo menos, duas dessas empresas seja superior a dois milhões de euros.

2 – As operações de concentração abrangidas pela presente lei devem ser notificadas à Autoridade no prazo de sete dias úteis após a conclusão do acordo ou, sendo caso disso, até à data da publicação do anúncio de uma oferta pública de aquisição ou de troca ou da aquisição de uma participação de controlo.

Comentários:

1.º – A norma em apreço corresponde ao artigo 7.º do anterior regime.

2.º – As operações de concentração de empresas são actos que resultam da vontade simples das empresas, com vista à obtenção de resultados no mercado dos produtos, bens ou serviços. Os resultados a obter são objecto de estratégias e de objectivos económicos de curto, médio ou longo prazo. A concentração de empresas de que fala o preceito em análise visa a obtenção de resultados no mercado para rentabilização da organização da empresa.

3.º – A operação de concentração de empresas está sujeita a notificação prévia, quando se verifique uma de duas condições:

1.ª quando a sua realização tenha como consequência a criação ou o reforço de uma quota de mercado superior a 30% do bem ou serviço, ou numa parte substancial deste. O mercado de referência é o mercado nacional. Ficamos sem perceber o que devemos entender por parte substancial deste, esta parte refere-se ao mercado, ao bem ou serviço? Ao mercado não será, porquanto, relativamente a ele, o limite está fixado em 30%, pelo que a criação ou reforço da quota superior a 30%, só poderá ser relativa ao bem ou ao serviço. Mas aqui podemos estar fora do mercado. Os comportamentos das empresas fora do mercado não interessam à concorrência e, consequentemente, não constituem preocupação para o Direito da Concorrência. A última parte da alínea a) do preceito levanta um problema de interpretação.

2.ª quando o conjunto das empresas que participam na operação de concentração tenham realizado no território português, no último exercício, um volume de negócios superior a 150 milhões de euros, líquidos dos impostos com isto directamente relacionados, desde que o volume de negócios realizado individualmente em Portugal, por pelo menos duas dessas empresas seja superior a dois milhões de euros.

4.º – A notificação prévia consiste na comunicação que os interessados devem fazer à Autoridade da Concorrência, dando conhecimento da realização da operação de concentração. Esta notificação deve ser feita no prazo de sete dias úteis após a conclusão do acordo para a concentração ou até à data da publicação do anúncio de uma oferta pública de aquisição ou de troca ou aquisição de uma participação de controlo.

5.º – Cf. DL n.º 428/88, de 19.11.

6.º – Cf. Regulamento CE n.º 4064/89, do Conselho, de 21.12.1989.

7.º – Cf. artigos 97.º e ss. e 118.º e ss. do Código das Sociedades Comerciais.

8.º – Cf. artigo 7.º do DL n.º 371/93, de 29.10.

9.º – Oferta pública, Cf. Raul Ventura, in Ofertas Públicas de Aquisição e de Venda de valores mobiliários, estudos Vários sobre sociedades Anónimas, Almedina.

10.º – Cf. Regulamento CEE n.º 2367/90, de 25.07, in J.O.C.E., n.º 219, de 14.08.1990 – notificações.

11.º – Cf. Ac. do S.T.J., in BMJ, 285.º -286 e ss. – nulidade ou ineficácia.

Artigo 10.º
Quota de mercado e volume de negócios

1 – Para o cálculo da quota de mercado e do volume de negócios previstos no artigo anterior ter-se-ão em conta, cumulativamente, os volumes de negócios:

a) Das empresas participantes na concentração;

b) Das empresas em que estas dispõem directa ou indirectamente:
   – De uma participação maioritária no capital;
   – De mais de metade dos votos;
   – Da possibilidade de designar mais de metade dos membros do órgão de administração ou de fiscalização;
   – Do poder de gerir os negócios da empresa;

c) Das empresas que dispõem nas empresas participantes, isoladamente ou em conjunto, dos direitos ou poderes enumerados na alínea b);

d) Das empresas nas quais uma empresa referida na alínea c) dispõe dos direitos ou poderes enumerados na alínea b);

e) Das empresas em que várias empresas referidas nas alíneas a) a d) dispõem em conjunto, entre elas ou com empresas terceiras, dos direitos ou poderes enumerados na alínea b).

2 – No caso de uma ou várias empresas envolvidas na operação de concentração disporem conjuntamente dos direitos ou poderes enumerados na alínea b) do n.º 1, há que no cálculo do volume de negócios das empresas participantes na operação de concentração:

a) Não tomar em consideração o volume de negócios resultante da venda de produtos ou da prestação de serviços realizados entre a empresa comum e cada uma das empresas participantes na operação de concentração ou qualquer outra empresa ligada a estas na acepção das alíneas b) a e) do número anterior;

b) Tomar em consideração o volume de negócios resultante da venda de produtos e da prestação de serviços realizados entre a empresa comum e qualquer outra empresa terceira, o qual será imputado a cada uma das empresas participantes na operação de concentração na parte correspondente à sua divisão em partes iguais por todas as empresas que controlam a empresa comum.

3 – O volume de negócios a que se refere o número anterior compreende os valores dos produtos vendidos e dos serviços prestados a empresas e consumidores em território português, líquidos dos impostos directamente relacionados com o volume de negócios, mas não inclui as transacções efectuadas entre as empresas referidas no mesmo número.

4 – Em derrogação ao disposto no n.º 1, se a operação de concentração consistir na aquisição de partes, com ou sem personalidade jurídica própria, de uma ou mais empresas, o volume de negócios a ter em consideração relativamente ao cedente ou cedentes será apenas o relativo às parcelas que são objecto da transacção.

5 – O volume de negócios é substituído:

a) No caso das instituições de crédito e de outras instituições financeiras, pela soma das seguintes rubricas de proveitos, tal como definidas na legislação aplicável:
   I) Juros e proveitos equiparados:
   II) Receitas de títulos:
   Rendimentos de acções e de outros títulos de rendimento variável;
   Rendimentos de participações;
   Rendimentos de partes do capital em empresas coligadas;

   III) Comissões recebidas;
   IV) Lucros líquidos provenientes de operações financeiras;
   V) Outros proveitos de exploração;

b) No caso das empresas de seguros, pelo valor dos prémios brutos emitidos, pagos por residentes em Portugal, que incluem todos os montantes recebidos e a receber ao abrigo de contratos de seguro efectuados por essas empresas ou por sua conta, incluindo os prémios cedidos às resseguradas, com excepção dos prémios ou no seu volume total.

Comentários:

1.º – Em termos económicos, a quota de mercado pode referir-se a duas situações diversas: uma à venda de um produto ou de um conjunto de produtos de uma empresa, entendida como percentagem das rendas desses mesmos produtos de um sector de actividade; outra pode referir-se às vendas de um produto indiferenciado ou, em particular, em relação a todas as rendas da classe desses bens.

Destas duas referências para a quota de mercado, presume-se que aquele produto e o bem considerados enfrentam no mercado a concorrência dos seus substitutos nos seus respectivos mercados.

2.º – Por volume de negócios entende-se o conjunto dos negócios efectuados em determinado período de tempo, incluindo contratos.

3.º – As condições que implicam a notificação prévia para essa concentração de empresas incluem, desde logo, as quotas de mercado e o volume de negócios. Importa no entanto determinar estes dois elementos.

Assim, para o cálculo da quota de mercado e do volume de negócios, deve ter-se em conta e de forma cumulativa: os volumes de negócios das empresas que participam na operação de concentração, bem como das empresas que dispõem de forma directa ou indirecta de uma participação maioritária no capital e que dispõem de mais de metade dos votos; e ainda da possibilidade de designar mais de metade dos membros do órgão de administração ou de fiscalização, bem como deter o poder de guiar os negócios da empresa; das empresas que dispõem nas empresas participantes, de uma forma isolada ou em conjunto, direitos ou poderes que estão enumerados na alínea b) do preceito; das empresas nas quais uma empresa referida na alínea c) do preceito dispõe dos direitos ou dos poderes enumerados na alínea b) da norma; das empresas em que várias empresas referidas nas alíneas a) a d) do preceito dispõem em conjunto, entre elas ou com empresas terceiras, dos direitos ou poderes que estão enumerados na alínea b) da norma.

4.º – No caso de uma ou várias empresas que estejam envolvidas na operação de concentração disporem conjuntamente da maioria no capital, de mais de metade dos votos nos órgãos sociais, de disporem da possibilidade de designar mais de metade dos membros dos órgãos de administração ou de fiscalização e do poder de guiar os negócios da empresa, o cálculo do volume de negócios das empresas participantes na operação de concentração deve tomar em linha de conta o que está expresso na alínea a) do n.º 2 do preceito em análise e, por outro lado, tomar em consideração o disposto na alínea b) do n.º 2 do mesmo preceito.

5.º – A regra contida no n.º 1 do preceito sob análise não é de aplicar quando a operação de concentração consistir na aquisição de partes sociais de uma ou mais empresas. Neste caso, o volume de negócios que deve ser tido em conta é o relativo apenas às parcelas que são objecto de transacção.

6.º – Quando a operação de concentração é realizada por instituição de crédito ou outras instituições financeiras ou por empresas de seguros, o cálculo da quota de mercado e volume de negócios é feito com base nos elementos que constam nas diversas alíneas do n.º 5 da norma em apreço.

7.º – Da análise da norma resulta que o cálculo da quota de mercado, ou do volume de negócios, para efeitos de notificação prévia, é feito sempre com base no volume de negócios, com excepção do que vai previsto no n.º 5 do preceito.

8.º – Cf. artigo 8.º do DL n.º 371/93, de 29.10.

Artigo 11.º
Suspensão da operação de concentração

1 – Uma operação de concentração sujeita a notificação prévia não pode realizar-se antes de ter sido notificada e antes de ter sido objecto de uma decisão, expressa ou táctica, de não oposição.

2 – A validade de qualquer negócio jurídico realizado em desrespeito pelo disposto na presente secção depende de autorização expressa ou táctica da operação de concentração.

3 – O disposto nos números anteriores não prejudica a realização de uma oferta pública de compra ou de troca que tenha sido notificada à Autoridade ao abrigo do artigo 9.º, desde que o adquirente não exerça os direitos de voto inerentes às participações em causa ou os exerça apenas tendo em vista proteger o pleno valor do seu investimento com base em derrogação concedida nos termos do número seguinte.

4 – A Autoridade pode, mediante pedido fundamentado da empresa ou empresas participantes, apresentado antes ou depois da notificação, conceder uma derrogação ao cumprimento das obrigações previstas nos n.ºs 1 ou 3, ponderadas as consequências da suspensão da operação ou do exercício dos direitos de voto para as empresas participantes e os efeitos negativos da derrogação para a concorrência, podendo, se necessário, acompanhar a derrogação de condições ou obrigações destinadas a assegurar uma concorrência efectiva.

Comentários:

1.º – Qualquer operação de concentração de empresas que se encontre sujeita, por força da lei, ao regime da notificação prévia, não pode concretizar-se sem que se encontre feita a notificação. Do mesmo modo que não pode realizar-se antes de sobre ela ter sido tomada uma decisão, seja esta decisão expressa ou tácita de não oposição, isto é, depois de ter sido feita a notificação prevista no artigo 9.º, a operação de concentração não pode realizar-se sem que sobre ela seja tomada pela Autoridade da Concorrência uma decisão de não oposição.

2.º – Sempre que se verifique uma operação de concentração, todos os negócios jurídicos celebrados em violação do disposto nos artigos 8.º a 12.º do presente regime jurídico, só serão válidos desde que seja dada autorização expressa ou tácita da operação de concentração. Significa isto que os negócios jurídicos celebrados em violação do disposto nos artigos 8.º a 12.º do regime jurídico da concorrência serão válidos desde que exista autorização da operação de concentração. Não compreendemos o alcance do n.º 2 da norma em análise e isto, porque a autorização (expressa ou tácita) da operação de concentração sobrepõe-se ou pode sobrepor-se ao respeito pelas normas do regime jurídico da concorrência, ou seja, sobrepor-se à própria lei.

A empresa que pretenda realizar uma operação de concentração e que ao mesmo tempo pretenda celebrar negócios jurídicos, estando impedida de os celebrar por força do disposto na lei, artigos 8.º a 12.º, pode ver esses mesmos negócios jurídicos validados por um simples acto administrativo, que é a autorização de concentração. Parece haver aqui uma incongruência da lei e a violação implícita do princípio da legalidade.

3.º – A leitura do texto da norma conduz a dizermos que a epígrafe da norma nada tem que ver com o seu corpo. Na realidade, o preceito não trata da suspensão da operação de concentração, o que significa que podemos perguntar, quando é que ela se verifica e em que que condições, com que requisitos e consequências.

4.º – Cf. artigo 8.º,9.º e 12.º do presente regime jurídico.

5.º – Sobre o deferimento tácito é de cf. artigo 108.º do C.P.A.

Artigo 12.º
Apreciação das operações de concentração

1 – Sem prejuízo do disposto no n.º 5 do presente artigo, as operações de concentração, notificadas de acordo com o disposto no artigo 9.º, serão apreciadas com o objectivo de determinar os seus efeitos sobre a estrutura da concorrência, tendo em conta a necessidade de preservar e desenvolver, no interesse dos consumidores intermédios e finais, uma concorrência efectiva no mercado nacional.

2 – Na apreciação referida no número anterior serão tidos em conta, designadamente, os seguintes factores:

a) A estrutura dos mercados relevantes e a existência ou não de concorrência por parte de empresas estabelecidas nesses mercados ou em mercados distintos;

b) A posição das empresas participantes no mercado ou mercados relevantes e o seu poder económico e financeiro, em comparação com os dos seus principais concorrentes;

c) A concorrência potencial e a existência de direito ou de facto, de barreiras à entrada no mercado;

d) As possibilidades de escolha de fornecedores e utilizadores;

e) O acesso das diferentes empresas às fontes de abastecimento e aos mercados de escoamento;

f) A estrutura das redes de distribuição existentes;

g) A evolução da oferta e da procura dos produtos e serviços em causa;
h) A existência de direitos especiais ou exclusivos conferidos por lei ou resultantes da natureza dos produtos transaccionados ou dos serviços prestados;
i) O controlo de infra-estruturas essenciais por parte das empresas em causa e as possibilidades de acesso a essas infra-estruturas oferecidas às empresas concorrentes;
j) A evolução do progresso técnico e económico, desde que a mesma seja vantajosa para os consumidores e não constitua um obstáculo à concorrência;
l) O contributo da concentração para a competitividade internacional da economia nacional.

3 – Serão autorizadas as operações de concentrações que não criem ou não reforcem uma posição dominante de que resultem entraves significativos à concorrência efectiva no mercado nacional ou uma parte substancial deste.

4 – Serão proibidas as operações de concentração que criem ou reforcem uma posição dominante da qual possam resultar entraves significativos à concorrência efectiva no mercado nacional ou uma parte substancial deste.

5 – A decisão que autoriza uma operação de concentração abrange igualmente as restrições directamente relacionadas com a realização de concentração e a ele necessárias.

6 – Nos casos previstos no n.º 2 do artigo 8.º, se a criação da empresa comum tiver objecto ou efeito a coordenação do comportamento concorrencial de empresas que se mantêm independentes, tal coordenação é apreciada nos termos previstos nos artigos 4.º e 5.º da presente lei.

Comentários:

1.º – Nos termos do artigo 9.º do presente regime jurídico, os interessados numa operação de concentração de empresas devem respeitar o regime da notificação prévia. A Autoridade da Concorrência aprecia tal comunicação e decide pela autorização ou não para a realização da operação de concentração. A decisão que autoriza a concentração conterá também as restrições que estejam relacionadas com a concentração e as restrições que eventualmente sejam necessárias impor para a sua realização. De todo o modo, a

Autoridade da Concorrência ao apreciar uma operação de concentração que lhe é notificada nos termos da lei (artigo 9.º) tem por objectivo fundamental:
   a) determinar os efeitos da concentração sobre a estrutura da concorrência;
   b) proteger a preservação e o desenvolvimento da concorrência efectiva no mercado;
   c) proteger o interesse dos consumidores;

2.º – A lei define qual o critério que deve presidir à apreciação das operações de concentração notificadas. Assim é que, na apreciação a fazer deve sempre ter-se em conta os seguintes factores:
   1. a estrutura dos mercados relevantes;
   2. a existência ou não existência de concorrência no mercado;
   3. a posição das empresas;
   4. o poder económico e financeiro das empresas em comparação com as concorrentes;
   5. a concorrência potencial;
   6. a existência, de direito ou de facto, de barreiras à entrada no mercado;
   7. as possibilidades de poder haver escolha de fornecedores e de utilizadores ou consumidores;
   8. o acesso das empresas ao mercado de abastecimento e ao mercado de escoamento dos produtos;
   9. a estrutura das redes de distribuição;
   10. a evolução da oferta e da procura dos produtos e dos serviços que estão em causa na operação de concentração;
   11. a existência ou não de direitos especiais ou exclusivos;
   12. o controlo das infra-estruturas que sejam essenciais;
   13. as possibilidades de acesso às infra-estruturas oferecidas às empresas concorrentes;
   14. a evolução do progresso técnico e económico;
   15. o contributo que a operação de concentração pode dar para o desenvolvimento da competitividade internacional da economia nacional.

3.º – Desde que uma operação de concentração de empresas respeite os requisitos prescritos na lei, a autorização para a sua realização será dada desde que não crie ou não reforce a existência de uma posição dominante que crie entraves à concorrência no mercado ou em parte dele.

Entende-se que a Autoridade ao apreciar uma operação de concentração notificada nos termos do artigo 9.º, além de ter em conta os factores expressos no n.º 2 da norma em análise, tem de verificar se a concentração pretendida cria ou reforça a existência de uma posição dominante, pelo que se a operação pretendida criar ou reforçar a existência de uma posição dominante, a autorização para a sua realização tem de ser negada porque proibida nos termos do n.º 4 da norma em apreço.

4.º – Cf. artigo 10.º do DL n.º 371/93, de 29.10.

5.º – Cf. Regulamento CE n.º 4064/89, do Conselho, de 21.12.89.

6.º – Relativamente ao que se deve entender por mercado relevante, a Comissão Europeia tem vindo a entender que: "o exercício de definição de mercado consiste na identificação das verdadeiras fontes alternativas do fornecimento para os clientes da empresa em causa, tanto em termos de produtos/serviços como em termos de localização geográfica dos fornecedores".

A análise do mercado relevante deve ser conduzida em duas vertentes fundamentais: a vertente material e a vertente geográfica. Cf. a Comunicação da Comissão Europeia relativa à definição de mercado relevante para efeitos do Direito Comunitário da Concorrência (97/C – 372/03), J.O.C – 372, de 09.12.1997.

7.º – Cf. Decisão n.º 94/449/CE, de 14.12.1993, relativa a um processo de aplicação do Regulamento n.º 4064/89 (processo n.º IV/M.308).

8.º – Cf. Acórdão do Tribunal de Justiça de 31.03.1998.

9.º – Cf. artigo 4.º, 5.º, 8.º e 9.º do presente regime jurídico.

SECÇÃO IV
Auxílios de Estado

Artigo 13.º
Auxílios de Estado

1 – Os auxílios a empresas concedidos por um Estado ou qualquer outro ente público não devem restringir ou afectar de forma significativa a concorrência no todo ou em parte do mercado.

2 – A pedido de qualquer interessado, a Autoridade pode analisar qualquer auxílio ou projecto de auxílio a formular ao Governo as recomendações que entenda necessárias para eliminar os efeitos negativos desse auxílio sobre a concorrência.

3 – Para efeitos do disposto no presente artigo, não se consideram auxílios as indemnizações compensatórias, qualquer que seja a forma que revistam, concedidas pelo Estado como contrapartida da prestação de um serviço público.

Comentários:

1.º – A norma que agora se analisa dispõe a regra a aplicar nos auxílios do Estado enquanto acto que pode estabelecer o desequilíbrio na concorrência, que o mesmo é dizer, acto que pode restringir ou afectar a concorrência do mercado. Entendemos esta norma, antes de mais, como uma norma que tem como objectivo primordial enganar os sujeitos que intervêm no processo económico e que, pela sua dinâmica, pretendem actuar no mercado protegidos por regras de concorrência. Assim é que o legislador disciplina os auxílios do Estado às empresas, mas não define o que são os auxílios, o que deve e pode entender-se por auxílios do Estado e, nesta perspectiva, que auxílios do Estado podem restringir ou afectar a concorrência. Antes, o legislador, prosseguindo aliás com o princípio orientador do anterior regime jurídico, mantém a excepção das indemnizações compensatórias, isto é, diz que não se consideram auxílios do Estado as indemnizações compensatórias, qualquer que seja a forma que estas revistam e que sejam concedidas pelo Estado como contrapartida da prestação de um serviço público. Repete-se que esta norma está a enganar os operadores económicos, discriminando-os e contribuindo para que o próprio Estado seja o financiador e o principal motivador das restrições e violação à concorrência do mercado. Senão é assim, é de ver e, a título de exemplo, o que se passa, no sector de transportes de passageiros. Aqui, os operadores privados de passageiros não recebem do Estado indemnizações compensatórias, mas prestam um serviço público, natureza que lhe advém da própria lei – Regulamento de Transportes em Automóveis, mas o Estado, o mesmo Estado, concede indemnizações compensatórias (que não são mais do que auxílios do Estado) a empresas de transportes de passageiros, porque prestam também um serviço público. Todos sabemos como aparecem aquelas empresas de transporte de passageiros no mercado, aparecem a fazer concorrência desigual e o legislador tem até pouco cuidado na elaboração do preceito, porquanto logo no n.º 1 da norma refere...concedidos por um Estado..., quando deveria dizer...concedido pelo Estado..., é que estamos em Portugal e em Portugal só o Estado português poderá ou não conceder auxílios do Estado, não se descortinando como poderá um Estado estrangeiro conceder auxílios a empresas em Portugal, sendo que o regime jurídico da concorrência se aplica em Portugal.

Esta matéria dos auxílios do Estado está no regime jurídico da concorrência muito mal tratado, diríamos até que se podem levantar dúvidas da sua constitucionalidade, pois que é passível de contribuir de forma clara para que seja o próprio Estado a discriminar as empresas que actuem no mercado. Vimos já o exemplo dos transportes de passageiros, como poderíamos apontar outros exemplos que se verificam no universo da actividade económica. E esta questão não pode ficar resolvida pelo Direito Comunitário e isto porque, analisando o disposto nos artigos 92.º a 99.º do Tratado de Roma, dele não se pode aferir "ipsis verbis" o que dele consta.

O legislador português não faz mais do que isso, quase que transcreve o texto da Tratado de Roma para a sua lei interna, a ponto de, como vimos, ter cometido o erro apontado para o disposto no n.º 1 da norma em apreço.

2.º – Como já havíamos referido no comentário ao artigo 11.º da lei agora revogada, é comum nos nossos dias estarem as empresas e a economia nacional em geral a ser auxiliadas pelo Estado. Este auxílio é dado através de subsídios, de fundos e auxílios vários, sempre prejudiciais para o desenvolvimento do espírito económico e para o crescimento da economia. Já faz parte da história que a economia não pode viver com os subsídios e os auxílios do Estado e, exemplo disso em Portugal está a produção de cereais no Alentejo. A economia portuguesa deve ter uma outra orientação, aquela que verdadeiramente conduza à competitividade e ao crescimento, sem que isso dependa da mão interventora e ou auxiliadora do Estado. A empresa e o empresário não podem ser enganados pelo financiamento fácil e barato, têm, antes disso, de produzir com a qualidade, com a técnica e com a produção de uma competitividade sempre voltada para o melhor. É por isso que entendemos serem os auxílios do Estado um princípio que colide com os princípios e as regras da concorrência, criando desníveis e actuações discriminatórias e, independentemente de a lei proibir os auxílios do Estado ou de qualquer ente público que restrinjam ou, de qualquer forma, afectam a concorrência no mercado.

3.º – Os auxílios do Estado dados pelo Estado ou por qualquer ente público às empresas, não podem restringir ou de qualquer forma afectar a concorrência. Qualquer interessado pode solicitar à Autoridade da Concorrência que analise um qualquer auxílio ou projecto de auxílio, por forma a que este deva ou não ser impedido ou antes declarado ilegal, evitando-se assim os efeitos negativos, diríamos perversos, que possa causar no mercado.

4.º – Cf. artigo 87.º, 88.º e 89.º do Tratado de Roma.

5.º – No âmbito da matéria relativa aos auxílios de Estado serão adoptados regulamentos de isenção por categorias relativamente a determinados auxílios de Estado, que irão substituir os enquadramentos comunitários existentes, é o caso p.ex. do Regulamento 2790/99, da Comissão, de 29.12.1999.

6.º – Os auxílios de Estado são contra-produtivos na medida em que prejudicam o desenvolvimento, discriminam as empresas e muitas vezes fazem com que muitas empresas sejam excluídas do mercado. É opinião unânime daqueles que se preocupam com as questões da concorrência, que os auxílios de Estado "perturbam o jogo da concorrência", deformam e deturpam a estrutura do mercado e criam as mais das vezes barreiras no seio do mercado.

7.º – Cf. Decisão da Comissão, de 9 de Junho de 1993, in JOCE n.º L 233/10, de 16.09.93.

8.º – Cf. Decisão da Comissão, de 24 de Julho de 1992, relativa a auxilio concedido pela autoridades da Região de Bruxelas a favor das actividades da Simens, in JOCE n.º L 288/25, de 03.10.92.

9.º – Cf. Ac. de 24.02.1987, proferido no processo n.º 310/85 (Deufil), pelo qual a Comissão pode exigir dos Estados membros a recuperação dos auxílios ilegalmente atribuídos.

10.º – V. Luís Morais, in O Mercado Comum e os Auxílios Públicos – Novas Prespectivas – Almedina.

CAPITULO II
Autoridade da concorrência

Artigo 14.º
Autoridade da Concorrência

O respeito pelas regras da concorrência é assegurado pela Autoridade da Concorrência, nos limites das atribuições e competências que lhe são legalmente cometidas.

Comentários:

1.º – A Autoridade da Concorrência é a autoridade que no território português tem competência para velar pelo respeito das normas jurídicas que disciplinam a concorrência.

2.º – A A.C. foi criada com os objectivos fundamentais de assegurar o respeito pelas regras da concorrência por parte dos operadores económicos e de qualquer outra entidade, bem como para que em Portugal se crie uma verdadeira cultura da concorrência. Ora se quanto ao primeiro dos objectivos, a A.C. pode concerteza prosseguir a sua competência e os seus objectivos, já quanto ao segundo ficamos com dúvidas quanto à sua eficácia, desse logo porque se trata de uma entidade eminentemente reguladora e não propriamente de uma entidade de formação sócio-profissional ou económica.

3.º – A A.C. é uma pessoa colectiva de direito público de carácter institucional.

4.º – Um dos objectivos do legislador é credibilizar as instituições que são responsáveis pela concorrência, procurando-se também dessa forma assegurar a integração no sistema comunitário e internacional de regulação da concorrência. Mas serão estes objectivos conseguidos sem que no mercado e na economia em geral exista uma mesma vontade e cultura económica para a criação de uma unificação de atitudes!

5.º – À A.C., cabe agora as funções anteriormente cometidas à Direcção Geral de Comércio e ao Conselho da Concorrência.

6.º – Cf. Artigo 17.º e ss. do presente regime jurídico.

7.º – Cf. DL n.º 10/2003, de 18.01 que aprova o Estatuto da Autoridade da Concorrência.

Artigo 15.º
Autoridades reguladoras sectoriais

A Autoridade da Concorrência e as autoridades reguladoras sectoriais colaboram na aplicação da legislação de concorrência, nos termos previstos no capítulo III da presente lei.

Comentários

1.º – A A.C. tem a sua jurisdição alargada a todos os sectores da actividade económica.

Artigo 16.º
Relatório

A Autoridade da Concorrência elabora e envia anualmente ao Governo, que o remete nesse momento à Assembleia da República, um relatório sobre as actividades e o exercício dos seus poderes e competências, em especial quanto aos poderes sancionatórios, de supervisão e de regulamentação, o qual será publicado.

Comentários

1.º Não se vê do interesse da apreciação pela A.R. do relatório anual da A.C.. Esta imposição legal só pode ter como fundamento o controle politico das regras da concorrência e da actuação da entidade reguladora, o que nos parece de todo despropositado em face da matéria em questão. A economia, o mercado e as empresas não podem ver a concorrência ser analisada por um órgão politico que na prática nada pode influenciar nas relações do mercado, até porque existe o respeito e a imposição da legislação comunitária que de" per si" contribuem para a disciplina global da concorrência.

CAPITULO III
Do processo

SECÇÃO I
Disposições gerais

Artigo 17.º
Poderes de inquérito e inspecção

1 – No exercício dos poderes sancionatórios e de supervisão, a Autoridade, através dos seus órgãos ou funcionários, goza dos mesmos deveres dos órgãos de polícia criminal, podendo, designadamente:

   a) Inquirir os representantes legais das empresas ou das associações de empresas envolvidas, bem como solicitar-lhe documentos e outros elementos de informação que entenda convenientes ou necessários para o esclarecimento dos factos;
   b) Inquirir os representantes legais de outras empresas os associações de empresas e quaisquer outras pessoas cujas declarações considere pertinentes, bem como solicitar-lhes documentos e outros elementos de informação;
   c) Proceder, nas instalações das empresas ou das associações de empresas envolvidas, à busca, exame, recolha e apreensão de cópias ou extractos da escrita e demais documentação, quer se encontre ou não em lugar reservado ou não livremente acessível ao público, sempre que tais diligências se mostrem necessárias à obtenção de prova;
   d) Proceder à selagem dos locais das instalações das empresas em que se encontrem ou sejam susceptíveis de se encontrar elementos da escrita ou demais documentação, durante o período e na medida estritamente necessária à realização das diligências a que se refere a alínea anterior;
   e) Requerer a quaisquer outros serviços da Administração Pública, incluindo os órgãos de polícia criminal, através dos respectivos gabinetes ministeriais, a colaboração que se mostrar necessária ao cabal desempenho das suas funções.

2 – As diligências previstas na alínea c) do número anterior dependem de despacho da autoridade judiciária que autorize a sua realização, solicitado previamente pela Autoridade, em requerimento devidamente fundamentado, devendo a decisão ser proferida no prazo de quarenta e oito horas.

3 – Os funcionários que, no exterior, procedam às diligências previstas nas alíneas a) a c) do n.º 1 deverão ser portadores:

a) Na caso das alíneas a) e b), de credencial emitida pela Autoridade, da qual constará a finalidade da diligência;

b) No caso da alínea c), da credencial referida na alínea anterior e do despacho previsto no n.º 2.

4 – Sempre que tal se revelar necessário, as pessoas a que alude o número anterior poderão solicitar a intervenção das autoridades policiais.

5 – A falta de comparência das pessoas convocadas a prestar declarações junto da Autoridade não obsta a que os processos sigam os seus termos.

Comentários:

1.º – Como decorre dos artigos 14.º, 15.º e 16.º do presente regime jurídico, a Autoridade da Concorrência vela pelo respeito das regras da concorrência, colaborando juntamente com as autoridades reguladoras sectoriais na aplicação da legislação da concorrência. No âmbito dessas suas atribuições em geral, a Autoridade da Concorrência deve elaborar e enviar anualmente ao Governo um relatório relativo às actividades e ao exercício dos seus poderes e competências, relatório esse que será anualmente publicado.

À Autoridade da Concorrência cabem poderes de fiscalização, de sanção, supervisão e de regulamentação.

2.º – A Autoridade da Concorrência goza dos mesmos limites e de iguais faculdades, bem como dos mesmos deveres que estão cometidos aos órgãos da polícia criminal, quando exerça os poderes sancionatórios e de supervisão que lhe são atribuídos pela lei. Estes poderes traduzem-se na possibilidade de praticar todos os actos que vão enumerados nas diversas alíneas do n.º 1 da norma em análise.

3.º – A Autoridade da Concorrência pode proceder, nas instalações das empresas ou das associações de empresas, à busca, exame, recolha e apreensão de cópias ou extractos da escrita e demais documentação, quer se encontre ou não em lugar reservado ou não, sempre que tais diligências se mostrem necessárias à obtenção da prova. No entanto, tal poder conferido à Autoridade da Concorrência está dependente, caso a caso, de um despacho da entidade judiciária que deve autorizar a realização de tais actos, pelo que a Autoridade da

Concorrência, sempre que pretenda praticá-los deve previamente solicitar a autorização à entidade judiciária respectiva, através de requerimento fundamentado.

4.º – O n.º 5 do preceito aparece no contexto da norma completamente desligado das regras que nela vão contidas. Contudo, no âmbito das suas atribuições, a Autoridade da Concorrência pode realizar inquirições e, neste caso, o processo pendente não ficará suspenso e ou prejudicado pelo facto de as pessoas convocadas para ser inquiridas no âmbito de um processo para prestar declarações, faltem à convocatória, isto é, a sua falta não prejudica o andamento normal do processo. Claro está que, se uma pessoa convocada para prestar declaração faltar à inquirição, mas justificar a sua falta, tal justificação deve ser atendida nos termos gerais da lei de processo.

5.º – No processo da concorrência vigoram além de outros, o principio da oficiosidade, do dispositivo, do inquisitório, do contraditório, do acusatório, da privacidade da audiência, da confidencialidade e da audiência dos interessados.

6.º – As fontes do direito processual português da concorrência, encontram-se no Capitulo III do presente regime jurídico e no regime geral das contra-ordenações e consequentemente por força deste, no código de processo penal.

7.º – As entidades competentes para conhecer das questões relacionadas com a concorrência são: a Autoridade da Concorrência e o Tribunal, no caso particular, o Tribunal de Comércio de Lisboa, sem prejuízo dos recursos previstos quando admissíveis.

8.º – Cf. Ac. do Tribunal Constitucional n.º 158/92, 1.ª secção, in DR., II série, n.º 202, de 02.09.1992.

9.º – Cf. artigo 10.º, 83.º e 85.º do Tratado de Roma.

Artigo 18.º
Prestação de informações

1 – Sempre que a Autoridade, no exercício dos poderes sancionatórios e de supervisão que lhe são atribuídos por lei, solicitar às empresas, associações de empresas ou a quaisquer outras pessoas ou entidades documentos e outras informações que se revelem necessários, esse pedido deve ser instruído com os seguintes elementos:

a) A base jurídica e o objectivo do pedido;
b) O prazo para a comunicação das informações ou o fornecimento dos documentos;

c) As sanções a aplicar na hipótese de incumprimento do requerido;

d) A informação de que as empresas deverão identificar, de maneira fundamentada, as informações que considerem confidenciais, juntando, sendo caso disso, uma cópia não confidencial dos documentos em que se contenham tais informações.

2 – As informações e documentos solicitados pela Autoridade ao abrigo da presente lei devem ser fornecidos no prazo de 30 dias, salvo se, por decisão fundamentada, for por esta fixado um prazo diferente.

Comentários:

1.º – A norma em apreço estabelece o princípio da garantia dos particulares face à actuação da Autoridade da Concorrência.

2.º – Sempre que a A.C., no âmbito dos seus poderes e atribuições, solicitar às empresas, associações de empresas ou a quaisquer outras pessoas ou entidades documentos ou outras informações, deve fazê-lo por escrito. Do pedido escrito devem constar todos os elementos que vão expressos nas várias alíneas do n.º 1 do preceito, sob pena de o pedido ser considerado ilegal.

Artigo 19.º
Procedimentos sancionatórios

Sem prejuízo do disposto na presente lei, os procedimentos sancionatórios respeitam o princípio da audiência dos interessados, o princípio do contraditório e demais princípios gerais aplicáveis ao procedimento e à actuação administrativa constantes do Código do Procedimento Administrativo, aprovado pelo Decreto-Lei n.º 442//91, de 15 de Novembro, na redacção resultante do Decreto-Lei n.º 6/96, de 31 de Janeiro, bem como, se for caso disso, do regime geral dos ilícitos de mera ordenação social, aprovado pelo Decreto-Lei n.º 433/82, de 27 de Outubro, na redacção resultante da Lei n.º 109/2001, de 24 de Dezembro.

Comentários:

1.º – A A.C. tem as competências que lhe são atribuídas pela lei, nomeadamente os artigos 14.º e ss. do presente regime jurídico. No que se refere ao seu poder sancionatório e, consequentemente ao procedimento sancionatório levado a efeito pela A.C., devem ser respeitados os princípios da audiência dos interessados, do contraditório e todos os demais princípios que estão consignados no Código do Procedimento Administrativo, bem como o Regime Geral das Contra-ordenações.

2.º – Cf. Código do Procedimento Administrativo – DL n.º 442/91, de 15.11, e suas alterações.

3.º – Cf. Regime Geral das Contra-ordenações – DL n.º 433/82, de 27.10, com a alteração do DL n.º 109/2001, de 24.12.

Artigo 20.º
Procedimentos de supervisão

Salvo disposição em contrário da presente lei, as decisões adoptadas pela Autoridade ao abrigo dos poderes de supervisão que lhe são conferidos por lei seguem o procedimento administrativo comum previsto no Código do Procedimento Administrativo.

Comentários:

1.º – As decisões que sejam tomadas pela Autoridade da Concorrência no âmbito do seu poder de supervisão, estão sujeitas às regras do procedimento administrativo que estão previstas no Código do Procedimento Administrativo, aprovado pelo DL n.º 442/91, de 15.11 e suas alterações. A utilização do procedimento administrativo na actuação da Autoridade da Concorrência demonstra, por um lado, o carácter administrativo da sua acção, como constitui direito de garantia das empresas no âmbito da concorrência.

2.º – Cf. artigo 54.º e ss. do C.P.A.

Artigo 21.º
Procedimentos de regulamentação

1 – Antes da emissão de qualquer regulamento com eficácia externa, adoptado ao abrigo dos poderes de regulamentação pre-

vistos no n.º 4 do artigo 7.º dos respectivos estatutos, a Autoridade deverá proceder à divulgação do respectivo projecto na Internet, para fins de discussão pública, durante um período que não deverá ser inferior a 30 dias.

2 – No relatório preambular dos regulamentos previstos no número anterior a Autoridade fundamentará as suas opções, designadamente com referência às opiniões expressas durante um período de discussão pública.

3 – O disposto nos números anteriores não será aplicável em casos de urgência, situação em que a Autoridade poderá decidir pela redução do prazo concedido ou pela sua ausência, conforme fundamentação que deverá aduzir.

4 – Os regulamentos da Autoridade que contenham normas com eficácia externa são publicados na 2.ª série do Diário da República.

Comentários:

1 – A Autoridade da Concorrência é uma pessoa colectiva de direito público que tem natureza institucional, com autonomia administrativa e com regime jurídico próprio, aprovado pelo DL n.º 10/2003, de 18.01. A A.C. dispõe de poderes para aplicar sanções, poderes de supervisão, bem como poderes de regulamentação (art. 7.º n.º 1 do DL n.º 10/2003). Resulta assim que a A.C. pode emitir regulamentos para, nomeadamente:
1. aprovar ou propor a aprovação de regulamentos;
2. dar recomendações e directivas genéricas;
3. propor e homologar códigos de conduta e manuais de boas práticas de empresa ou associações de empresas.

Assim, quando a A.C. emita um regulamento com eficácia externa, isto é, que produz efeitos para os sujeitos do mercado deve, por força da presente norma, divulgar o respectivo projecto na Internet de forma a permitir a discussão pública. Esta divulgação não pode ser feita por um período inferior a trinta dias. Aceitamos que a Internet seja um veículo de comunicação e de fácil acesso ao público, mas já não aceitamos que a Internet seja o único meio e veículo de colocar à discussão pública os projectos de regulamento da Autoridade da Concorrência. O legislador está, com o preceituado no n.º 1 da norma, a "tapar o sol com a peneira", como ensina o ditado português. Mais grave do que isso, está a utilizar uma peneira de dimensões muito reduzidas. Realmente, o legislador não conhece a realidade portuguesa, não sabe uma coisa que é muito simples, que a maioria das empresas e dos cidadãos não possui e nem utiliza a Internet como instrumento de comunicação, e isso entende-se pela política de educação e de cultura que se vive e viveu em Portugal. Desconfiamos, por isso, da real constitucionalidade do n.º 1 do artigo em apreço. Deste modo, os demais números do preceito em análise ficam consequentemente postos em causa, tanto mais que o legislador chega ao desplante de permitir (se bem que apenas para os casos seguintes) que a A.C. possa, em determinados casos. reduzir o prazo de discussão pública ou até pela eliminação desta para a emissão de um regulamento. Temos dúvidas quanto à legalidade e à justiça da norma, sem prejuízo de a podermos considerar inconstitucional.

2.º – Cf. artigo 7.º do DL n.º 10/2003, de 18 de Janeiro.

SECÇÃO II
Processos relativos a práticas proibidas

Artigo 22.º
Normas aplicáveis

1 – Os processos por infracção ao disposto nos artigos 4.º, 6.º e 7.º regem-se pelo disposto na presente secção, na secção I do presente capítulo e, subsidiariamente, pelo regime geral dos ilícitos de mera ordenação social.

2 – O disposto no número anterior é igualmente aplicável, com as necessárias adaptações, aos processos por infracção aos artigos 81.º e 82.º do Tratado que institui a Comunidade Europeia instaurados pela Autoridade, ou em que esta seja chamada a intervir, ao abrigo das competências que lhe são conferidas pela alínea g) do n.º 1 do artigo 6.º do Decreto – Lei n.º 10/2003, de 18 de Janeiro.

Comentários:

1.º – As infracções ao disposto nos artigos 4.º, 6.º e 7.º do regime jurídico da concorrência – práticas proibidas, abuso de posição dominante e abuso de dependência económica – são disciplinadas pelas normas prescritas na secção I do capítulo III do regime jurídico da concorrência e, de forma subsidiária, pelas normas do regime geral dos ilícitos de mera ordenação social. A mesma regra é de aplicar, com as adaptações necessárias, às infracções aos artigos 81.º e 82.º do Tratado de Roma, bem como aos processos em que a A.C. seja chamada a intervir nos termos do que dispõe a alínea g) do n.º 1 do art. 6.º do DL n.º 10/2003, de 18.01.

2.º – Cf. artigos 81.º e 82.º do Tratado de Roma.

3.º – Cf. artigos 4.º, 6.º e 7.º do presente regime jurídico.

4.º – Cf. artigo 6.º do DL n.º 10/2003, de 18 de Janeiro.

Artigo 23.º
Notificações

1 – As notificações são feitas pessoalmente, se necessário com o auxílio das autoridades policiais, ou por carta registada com aviso de recepção, dirigida para a sede social, estabelecimento principal ou domicílio em Portugal da empresa, do seu representante legal ou para o domicílio profissional do seu mandatário judicial para o efeito constituído.

2 – Quando a empresa não tiver sede ou estabelecimento em Portugal a notificação é feita por carta registada com aviso de recepção para a sede social ou estabelecimento principal.

3 – Quando não for possível realizar a notificação, nos termos dos números anteriores, a notificação considera-se feita, respectivamente, nos 3.º e 7.º dias úteis posteriores ao do envio, devendo a cominação aplicável constar do acto de notificação.

Comentários:

1.º – As notificações a realizar no âmbito dos processos pendentes junto da A.C. devem ser realizadas pessoalmente. Esta é a regra geral do processo. Para a notificação pessoal, pode a A.C. recorrer ao auxílio das entidades policiais para o efeito. A notificação pessoal pode também ser feita, ou considerar-se como realizada através de carta registada com aviso de recepção, considerando-se sempre como realizada se enviada para o representante legal do ou da arguida ou ainda para o domicilio profissional do mandatário judicial se este tiver sido constituído.

2.º – Quando a notificação pessoal ou por carta não for possível, isto é, não se realizar, deve ser tida por cumprida decorridos que sejam três ou mais dias úteis a contar da data do seu envio, sendo que tal cominação deve fazer-se constar no acto de notificação.

3.º – O n.º 3 do preceito sob analise é ambíguo. Quando a notificação não possa ser realizada nos termos dos n.º 1 e 2 da norma, isto é, quando não possa realizar-se pessoalmente, ela considera-se como realizada no prazo de 3 ou 7 dias úteis posteriores à data do envio da notificação. Mas qual envio? O da carta registada com aviso de recepção? O da carta simples? O da primeira ou segunda carta? Apesar desta ambiguidade, parece ser de atender à interpretação literal da norma, ou seja, a notificação considerar-se-á como realizada nos prazos indicados após o envio da carta registada nos termos prescritos na norma. Mas cabe ainda levantar uma questão, a de saber da razão que levou o legislador a fixar dois prazos, um de três dias e outro de sete dias! Porquê estes dois prazos? Parece que há que recorrer ao que vai preceituado no artigo 46.º e ss. do Regime Jurídico das contra-ordenações.

4.º – Cf. artigo 111.º do C.P.P. – comunicação dos actos processuais.

5.º – Cf. artigo 113.º do C.P.P. – regras gerais sobre notificações.

6.º – Cf. artigo 114.º do C.P.P. – casos especiais.

7.º – Cf. artigo 115.º do C.P.P. – dificuldade em efectuar notificação ou cumprir mandados.

8.º – Cf. artigos 46.º e 47.º do R.G.C.O.

9.º – Cf. Ac. do Tribunal da Relação do Porto, de 03.12.1997, in Col. Jur., 1997, Tomo V-237.

10.º – Cf. Ac. do Tribunal da Relação de Lisboa, de 16.11.2000, in Col. Jur., 2000, Tomo V-144.

11.º – É de v. artigos 66.º e ss. e 95.º do C.P.A.

12.º – Cf. artigos 81.º e 82.º do Tratado de Roma.

Artigo 24.º
Abertura do inquérito

1 – Sempre que a Autoridade tome conhecimento, por qualquer via, de eventuais práticas proibidas pelos artigos 4.º, 6.º e 7.º, procede à abertura de um inquérito, em cujo âmbito promoverá as diligências de investigação necessárias à identificação dessas práticas e dos respectivos agentes.

2 – Todos os serviços da administração directa, indirecta ou autónoma do Estado, bem como as autoridades administrativas independentes, têm o dever de participar à Autoridade os factos de que tomem conhecimento susceptíveis de serem qualificados como práticas restritivas da concorrência.

Comentários:

1.º – Quando a A.C. tomar conhecimento de eventuais práticas que sejam proibidas pelas disposições dos artigos 4.º, 6.º e 7.º do presente regime jurídico, deve proceder à abertura de um inquérito. Cabe saber, como é que a A.C. tem conhecimento das práticas proibidas. Ora tal conhecimento só lhe pode advir, por conhecimento próprio ou por denúncia das empresas ou de qualquer entidade que lhe dê conhecimento daquelas práticas.

2.º – A denúncia da existência de práticas proibidas é obrigatória, isto é, constitui um dever legal para todos os serviços da administração directa, indirecta ou autónoma do Estado, bem como para as autoridades administrativas independentes.

3.º – Cf. artigo 29.º do presente regime jurídico.

4.º – Cf. artigo 54.º e ss. do C.P.A.

Artigo 25.º
Decisão do inquérito

1 – Terminado o inquérito, a Autoridade decidirá:

a) Proceder ao arquivamento do processo, se entender que não existem indícios suficientes de infracção;

b) Dar inicio à instrução do processo, através de notificação dirigida às empresas ou associações de empresas arguidas, sempre que conclua, com base nas investigações levada a cabo, que existem indícios suficientes de infracção às regras de concorrência.

2 – Caso o inquérito tenha sido instaurado com base em denúncia de qualquer interessado, a Autoridade não pode proceder ao seu arquivamento sem dar previamente conhecimento das suas intenções ao denunciante, concedendo-lhe um prazo razoável para se pronunciar.

Comentários:

1.º – Sempre que a A.C. abra um inquérito por práticas proibidas, este deve conduzir a uma de duas decisões; decisão de arquivamento por falta ou insuficiência de indícios; decisão de abertura da instrução do processo e, neste caso, haverá notificação à infractora.

2.º – No caso de arquivamento do inquérito, tal decisão deverá ser tomada depois de notificado o interessado que apresentou a denúncia, entendendo-se aqui como interessado a empresa ou associação de empresas, pelo que, quando a denúncia é feita por entidade ou serviço do Estado, a decisão de arquivamento não necessita de ser notificada ao denunciante. Salvo melhor opinião, a notificação do projecto de decisão de arquivamento deveria, em qualquer caso, ser notificado ao denunciante, independentemente da sua natureza, isto para se tornar o inquérito mais transparente.

3.º – Cf. DL n.º 433/82, de 27. 10 e suas alterações.

4.º – Cf. artigo 100.º e ss. do C.P.A.

Artigo 26.º
Instrução do processo

1 – Na notificação a que se refere a alínea b) do n.º 1 do artigo precedente, a Autoridade fixa às arguidas um prazo razoável para que se pronunciem por escrito sobre as acusações formuladas e as demais questões que possam interessar à decisão do processo, bem como sobre as provas produzidas, e para que requeiram as diligências complementares de prova que considerem convenientes.

2 – A audição por escrito a que se refere o número anterior pode, a solicitação das empresas ou associações de empresas arguidas, apresentada à Autoridade no prazo de cinco dias a contar da notificação, ser completada ou substituída por uma audição oral, a realizar na data fixada para o efeito pela Autoridade, a qual não pode, em todo o caso, ter lugar antes do termo do prazo inicialmente fixado para a audição por escrito.

3 – A Autoridade pode recusar a realização de diligências complementares de prova sempre que for manifesta a irrelevância das provas requeridas ou o seu intuito meramente dilatório.

4 – A Autoridade pode ordenar oficiosamente a realização de diligências complementares de prova, mesmo após a audição a que se referem os n.ºs 1 e 2, desde que assegure às arguidas o respeito pelo princípio do contraditório.

5 – Na instrução dos processos a Autoridade acautela o interesse legítimo das empresas na não divulgação dos seus segredos de negócio.

Comentários:

1.º – A A.C. pode entender que, em face do inquérito que abriu por força da denúncia ou do conhecimento que tomou da existência de práticas proibidas, existem indícios de tais práticas. Neste caso, como resulta da alínea b) do artigo 25.º do presente regime, deve a A.C. decidir pela abertura da instrução, pelo que notificará as empresas ou associações de empresas. Esta notificação deve conter a indicação do prazo fixado para a resposta e apresentação da prova, bem como para que os notificados requeiram as diligências que entendam pertinentes no caso, sempre em cumprimento do direito de audição.

2.º – Dentro do prazo para o exercício do direito de audição, as empresas ou associações de empresas, podem solicitar à A.C. que o seu direito de audição por escrito seja completado e ou vá substituir a audição escrita. Este pedido terá que ser solicitado no prazo de cinco dias (úteis) a contar da notificação para a audição escrita e deve ser exercido ou realizado no prazo para o exercício do direito de audição escrita. Apontamos aqui que o legislador está a ir longe demais na regulamentação das garantias dos particulares e na protecção do direito de defesa, que o mesmo é chamar, do direito de audição. Na verdade, as empresas ou as associações de empresas ficam com a possibilidade de poder corrigir erros, de poder alterar factos e até manipular provas, e isto porque a lei lhes concede várias hipóteses e momentos para a sua defesa.

3.º – Por um lado a lei confere às empresas ou às associações de empresas que possam requerer diligências complementares de prova mas, por outro lado, confere também à A. C. a possibilidade de poder recusar tal pedido. Não nos parece correcta esta posição do legislador em face das competências que atribui à A.C. e à defesa que oferece às empresas. Por outro lado, se a A.C. tem possibilidade de recusar o requerimento de diligências complementares de prova, quando tal se mostre manifestamente irrelevante e ou a sua intenção seja meramente dilatória, certo é que não se estabelece um critério objectivo e claro para tal actuação da A.C., e isto porque não se sabe o que é manifestamente irrelevante e a presença dos efeitos meramente dilatórios, não pode sem mais ser tomada em consideração em face do pedido da empresa, já que se está a atribuir à A.C. um poder discricionário na tomada de decisões, já que esta sempre prejudica ou pode prejudicar o direito de defesa previsto na lei.

4.º – Oficiosamente a A.C. pode determinar a realização de diligências complementares de prova. Esta acção pode realizar-se mesmo depois de decorrido o prazo de audição dos interessados, mas aqui tais diligências não podem violar o princípio do contraditório. Em qualquer caso, tanto na fase do inquérito, como na fase da instrução, a A.C. não pode violar o interesse legítimo das empresas, como não pode divulgar e ou, de qualquer forma, dar a conhecer os segredos dos negócios das empresas.

5.º – Cf. DL n.º 433/82, de 27.10 e suas alterações – artigo 46.º e ss.

6.º – Cf. Código do Procedimento Administrativo – DL n.º 442/91, de 15 de Novembro e suas alterações.

7.º – Cf. artigo 25.º do presente regime jurídico.

Artigo 27.º
Medidas cautelares

1 – Sempre que a investigação indicie que a prática objecto do processo é susceptível de provocar um prejuízo iminente, grave e irreparável ou de difícil reparação para a concorrência ou para os interesses de terceiros, pode a Autoridade, em qualquer momento do inquérito ou da instrução, ordenar preventivamente a imediata suspensão da referida prática ou quaisquer outras medidas provisórias necessárias à imediata reposição da concorrência ou indispensáveis ao efeito útil da decisão a proferir no termo do processo.

2 – As medidas previstas neste artigo podem ser adoptadas pela Autoridade oficiosamente ou a requerimento de qualquer interessado e vigorarão até à sua revogação pala Autoridade e, em todo o caso, por período não superior a 90 dias, salvo prorrogação devidamente fundamentada.

3 – Sem prejuízo do disposto no n.º 5, a adopção das medidas referidas nos números anteriores é precedida de audição dos interessados, excepto se tal puser em sério risco o objectivo ou a eficácia da providência.

4 – Sempre que esteja em causa um mercado objecto de regulação sectorial, a Autoridade solicita o parecer prévio da respectiva autoridade reguladora, o qual é emitido no prazo máximo de cinco dias úteis.

5 – O disposto no número anterior não prejudica a possibilidade de a Autoridade, em caso de urgência, determinar provisoriamente as medidas que se mostrem indispensáveis ao restabelecimento ou manutenção de uma concorrência efectiva.

Comentários:

1.º – A A.C., no âmbito das suas competências pode, durante o inquérito ou durante a instrução, ordenar preventivamente a imediata suspensão da prática ou adoptar qualquer medida cautelar com vista à imediata reposição da concorrência ou para prevenir o efeito útil da decisão que venha a ser tomada no termo do processo. A tomada de uma medida cautelar por parte da A.C. tem sempre por fundamento o facto de se encontrar indiciado numa prática proibida que pode provocar um prejuízo eminente grave e insuperável ou de difícil reparação gera a concorrência ou para os interesses de terceiros.

2.º – As medidas cautelares previstas na norma são:
1. imediata suspensão da prática;
2. outras medidas cautelares adequadas.

A norma apenas refere exemplificativamente a suspensão preventiva, podendo a A.C. tomar qualquer outra medida, desde que adequada à situação e ao caso concreto.

3.º – As medidas cautelares com vista a evitar ou prevenir um prejuízo grave, irreparável ou de difícil reparação para a concorrência, podem ser tomadas oficiosamente pela A.C., como podem também ser requeridas por qualquer interessado.

4.º – As medidas cautelares quando decididas estarão em vigor até ao momento em que a A.C. as revogue sendo, no entanto, que o seu prazo de validade não pode ultrapassar 90 dias, salvo nos casos em que a A.C. o prorrogue por decisão devidamente fundamentada.

5.º – Qualquer medida cautelar ou preventiva adoptada pela A.C. sê-lo-á desde que precedida da audiência dos interessados. Esta não terá lugar quando se considerar que colocará em risco a medida cautelar ou a sua eficácia em face da ameaça que constitui a prática.

6.º – A medida cautelar exigida para determinada situação deve ter sempre em conta o mercado e a sua regulação sectorial, pelo que, neste caso, a A.C. deve, antes de adoptar a medida, solicitar parecer prévio à respectiva autoridade sectorial, parecer esse que deve ser emitido no prazo de 5 dias úteis. Este parecer prévio é dispensado quando se verifique urgência em determinar a providência com vista ao restabelecimento ou à manutenção da concorrência.

7.º – Cf. DL n.º 433/82, de 27.10 e suas alterações – artigo 48.º e ss.

8.º – Cf. Código do Procedimento Administrativo – artigo 100.º e ss.

9.º – Cf. artigo 6.º do DL n.º 10/2003, de 18.01 – Autoridade da Concorrência.

10.º – É de v. também os artigos 171.º e 249.º do C.P.P.

Artigo 28.º
Conclusão da instrução

1 – Concluída a instrução, a Autoridade adopta, com base no relatório do serviço instrutor, uma decisão final, na qual pode, consoante os casos:

a) Ordenar o arquivamento do processo;
b) Declarar a existência de uma prática restrita da concorrência e, se dor caso disso, ordenar ao infractor que adopte as providências indispensáveis à cessão dessa prática ou dos seus efeitos no prazo que lhe for fixado;
c) Aplicar as coimas e demais sanções previstas nos artigos 43.º, 45.º e 46.º;
d) Autorizar um acordo nos termos e condições previstos no artigo 5.º.

2 – Sempre que estejam em causa práticas com incidência num mercado objecto de regulação sectorial, a adopção de uma decisão ao abrigo das alíneas b) a d) do número anterior é precedida de parecer prévio da respectiva autoridade reguladora sectorial, o qual será emitido num prazo razoável fixado pela Autoridade.

Comentários:

1.º – Depois de realizada a instrução do processo, a A. C. tem de tomar uma decisão. A decisão da A. C. será consoante os casos, de arquivamento; de declaração da existência de uma prática restritiva da concorrência e, no caso de ser necessário, ordenar ao infractor que adopte as providências indispensáveis à cessação da prática proibida ou do seu efeito no prazo que lhe é fixado; aplicar uma coima ou qualquer uma das sanções que estão previstas nos artigos 43.º, 45.º e 46.º do presente regime jurídico; autorizar um acordo de empresas (art. 5.º do presente regime jurídico).

2.º – Quando o processo sobre o qual a A.C. tem de tomar decisão diz respeito a um mercado que é objecto de regulação sectorial, a decisão da A.C. só pode ser tomada depois da obtenção de parecer prévio da respectiva autoridade reguladora que, para o efeito, deve emitir o seu parecer no prazo que a A.C. fixar, entendendo-se que este prazo deve ser um prazo razoável. Ora como estamos em sede de decisão final da instrução, esta razoabilidade deve sempre traduzir-se na celeridade da decisão, pelo que aquela implicará a fixação de um prazo curto.

3.º – Cf. artigo 5.º, 43.º, 45.º e 46.º do presente regime jurídico.

Artigo 29.º
Articulação com autoridades reguladoras sectoriais

1 – Sempre que a Autoridade tome conhecimento, nos termos previstos no artigo 24.º da presente lei, de factos ocorridos num domínio submetido a regulação sectorial e susceptíveis de serem qualificados como práticas restritivas da concorrência, dá imediato conhecimento dos mesmos à autoridade reguladora sectorial competente em razão da matéria, para que esta se pronuncie num prazo razoável fixado pela Autoridade.

2 – Sempre que, no âmbito das respectivas atribuições e sem prejuízo do disposto no n.º 2 do artigo 24.º, uma autoridade reguladora sectorial apreciar, oficiosamente ou a pedido de entidades reguladas, questões que possam configurar uma violação do disposto na presente lei, deve dar imediato conhecimento do processo à Autoridade, bem como dos respectivos elementos essenciais.

3 – Nos casos previstos nos números anteriores a Autoridade pode, por decisão fundamentada, sobrestar na sua decisão de instaurar ou de prosseguir um inquérito ou um processo, durante o prazo que considere adequado.

4 – Antes da adopção da decisão final a autoridade reguladora sectorial dá conhecimento do projecto da mesma à Autoridade, para que esta se pronuncie num prazo razoável por aquela fixado.

Comentários:

1.º – A A.C. deve abrir inquérito quando tenha conhecimento, por qualquer forma, de eventuais práticas proibidas. Ora quando se trata de práticas restritivas da concorrência, práticas que digam respeito a um mercado objecto de regulação sectorial, a A.C dará, de imediato, conhecimento dos factos à respectiva autoridade reguladora sectorial em razão da matéria, para que esta se pronuncie, dentro de um prazo fixado pela A. C.. Pode, no entanto, acontecer que seja a autoridade reguladora sectorial a tomar conhecimento da existência de práticas restritivas da concorrência. Neste caso, deve a respectiva entidade dar disso conhecimento à A. C.. Este regime é também de aplicar a qualquer outra violação às normas do regime jurídico da concorrência.

2.º – A disciplina que vai consignada no n.º 3 da norma em apreço parece que é ilegal, não fazendo qualquer sentido, porque violadora dos mais nobres princípios do Direito, na medida em que é conferido o poder à A.C. para interromper ou suspender na sua decisão de instaurar ou de prosseguir um inquérito ou um processo, durante o prazo que entenda necessário. Salvo o respeito que é devido, entendemos tal regra como violadora dos mais nobres princípios do Direito e por isso inconstitucional. A A.C. não pode ter o poder de fazer o que entender em face de um indício de violação da lei, ela tem a obrigação legal de actuar e actuar de imediato, dentro do quadro legal definido para protecção dos interessados, para garantia da legalidade e da vida das empresas. Não encontramos qualquer justificação e ou argumento substantivo ou adjectivo que sustente o disposto no n.º 3 da norma em apreço, antes vemos que o legislador ou os Tribunais devem tomar uma atitude, a de simplesmente sanar o preceito do regime jurídico da concorrência, sob pena de estar a desvirtuar o princípio geral que nele vai contido, o da protecção da concorrência.

3.º – Cf. artigo 24.º do presente regime jurídico.

4.º – Cf. artigo 3.º, 4.º, 5.º, 6.º, 9.º e 10.º do C.P.A., relativos aos princípios da legalidade, da prossecução do interesse público e protecção dos direitos e interesses dos cidadãos, da igualdade e da proporcionalidade, da justiça e imparcialidade, da decisão e da desburocratização e eficiência.

SECÇÃO III
Procedimento de controlo das operações de concentração de empresas

Artigo 30.º
Normas aplicáveis

O procedimento em matéria de controlo de operações de concentração de empresas rege-se pelo disposto na presente secção, na secção I do presente capítulo e, subsidiariamente, no Código do Procedimento Administrativo.

Comentários:

1.º – O controlo da operação de concentração de empresas segue, no presente regime jurídico, a disciplina já prevista no anterior regime, isto é, o procedimento é regulado pelo disposto na secção III e secção I do capítulo III do presente regime e subsidiariamente pelo disposto no Código do Procedimento Administrativo (DL n.º 442/91, de 15.11 e suas alterações).

2.º – Cf. artigo 29.º do DL n.º 371/93, de 29. 10, ora revogado.

3.º – A matéria do controlo das operações de concentração de empresas estava, até 1993, regulada em diploma próprio, o DL n.º 428/88, de 19. 11.

4.º – Cf. artigo 74.º e ss. do C.P.A.

Artigo 31.º
Apresentação da notificação

1 – A notificação prévia das operações de concentração de empresas é apresentada à Autoridade pelas pessoas ou empresas a que se referem as alíneas a) e b) do n.º 1 do artigo 8.º.

2 – As notificações conjuntas são apresentadas por um representante comum, com poderes para enviar e receber documentos em nome de todas as partes notificantes.

3 – A notificação é apresentada de acordo com o formulário aprovado pela Autoridade e conterá as informações e documentos nele exigidos.

Comentários:

1.º – As operações de concentração de empresas têm como requisito fundamental a notificação prévia para a sua realização. Assim é que, se duas ou mais empresas independentes se pretendem fundir, devem previamente a esse acto, proceder à notificação prévia, apresentada à Autoridade da Concorrência. Tal procedimento é exigido também quando duas ou mais pessoas singulares que já detenham o controlo de pelo menos uma empresa ou de uma ou mais empresas, pretendam adquirir, de forma directa ou indirecta, o controlo da totalidade ou de parte de uma ou várias outras empresas.

2.º – A notificação prévia é apresentada à A. C., em formulário próprio, que é aprovado pela A. C., o qual conterá todas as informações e documentos para ela exigidos.

3.º – Cf. artigo 30.º do DL n.º 371/93, de 29.10, ora revogado.

4.º – Cf. artigo 8.º do presente regime jurídico.

Artigo 32.º
Produção de efeitos da notificação

1 – Sem prejuízo do disposto no número seguinte, a notificação produz efeitos na data do pagamento da taxa devida, determinada nos termos previstos no artigo 57.º.

2 – Sempre que as informações ou documentos constantes da notificação estejam incompletos ou se revelem inexactos, tendo em conta os elementos que devam ser transmitidos, nos termos previstos no n.º 3 do artigo 31.º, a Autoridade convida, por escrito e no prazo de sete dias úteis, os autores da notificação a completar ou corrigir a notificação no prazo que lhes fixar, produzindo, neste caso, a notificação efeitos na data de recepção das informações ou documentos pela Autoridade.

3 – A Autoridade pode dispensar a apresentação de determinadas informações ou documentos, caso não se revelem necessários para a apreciação da operação de concentração.

Comentários:

1.º – Pela apresentação da notificação prévia é devida a taxa que está prevista no artigo 57.º do presente diploma. A notificação prévia só produz efeitos na data do pagamento da taxa que é devida. Esta regra fixada pelo preceito em análise é, em nosso entender, demasiado economicista, na medida em que se faz depender um efeito jurídico de uma posição jurídica, de um preço, do valor de uma taxa que tem de ser liquidada nos serviços

2.º – Sempre que a notificação prévia apresentada contenha erros, omissões ou inexactidões, a A.C. convidará o requerente para sanar os vícios da notificação, fazendo tal convite por despacho a notificar no prazo de 7 dias úteis os autores da notificação que, para o efeito, terão o prazo que lhes venha a ser dado. Neste caso, a notificação prévia só produzirá efeitos na data de recepção das informações ou documentos por parte da A.C., isto é, só produzirá efeitos a partir da data da recepção por parte da A.C. da correcção da notificação.

3.º – Quanto a taxas é de v. artigo 57.º do presente regime jurídico.

4.º – Cf. artigo 31.º do presente regime jurídico.

Artigo 33.º
Publicação

No prazo de 5 dias contados da data em que a notificação produz efeitos, a Autoridade promove a publicação em dois jornais de expansão nacional, a expensas dos autores da notificação, dos elementos essenciais desta, a fim de que quaisquer terceiros interessados possam apresentar observações no prazo que for fixado, o qual não pode ser inferior a 10 dias.

Comentários:

1.º – A notificação prévia é objecto de publicação, respeitando-se assim o principio da publicidade. A publicação deve ser feita no prazo de cinco dias a contar da data em que se considerar que a notificação prévia começou a produzir efeitos (v. art. 32.º). Cabe à A.C. promover a publicação, que é feita a expensas dos seus autores, consistindo esta na publicação dos elementos essenciais da concentração.

A publicação visa dar a conhecer a operação de concentração, para que terceiros interessados possam apresentar observações. O prazo para a apresentação de observações por parte dos interessados vai indicado na publicação, é fixado pela A.C. e nunca pode ser inferior a dez dias.

2.º – Temos que deixar aqui a crítica à expressão "observações" que consta no preceito, como sendo a forma que os interessados têm para reclamar ou deduzir oposição à operação de concentração. Observar é um acto de cumprir, de cumprir um preceito, de obedecer a uma regra, a um princípio, mas também é olhar, considerar atentamente, examinar minuciosamente, sobretudo com a intenção de conhecer melhor e, também significa fazer um comentário, um reparo, uma advertência, chamar a atenção para alguma coisa, fazer uma observação. Então, as observações que possam ser apresentadas pelos interessados em que consistem, numa reclamação, numa oposição à concentração, ou antes têm em vista o cumprimento de um requisito formal? Ou será antes um simples acto de consulta? Entendemos que as "observações" apresentadas pelos interessados são efectivamente reclamações e ou oposição à concentração apresentada na publicação, que deverá ser tida em conta pela A.C. quando venha a tomar uma decisão.

3.º – Cf. artigo 32.º do presente regime jurídico.

4.º – Cf. artigo 8.º do C.P.A.

Artigo 34.º
Instrução

1 – No prazo de 30 dias contados da data de produção de efeitos da notificação, a Autoridade deve completar a instrução do procedimento respectivo.

2 – Se, no decurso da instrução, se revelar necessário o fornecimento de informações ou documentos adicionais ou a correcção dos que foram fornecidos, a Autoridade comunica tal facto aos autores da notificação, fixando-lhes um prazo razoável para fornecer os elementos em questão ou proceder às correcções indispensáveis.

3 – A comunicação prevista no número anterior suspende o prazo referido no n.º 1, com efeitos a partir do 1.º dia útil seguinte ao do respectivo envio, terminando a suspensão no dia seguinte ao da recepção pela Autoridade dos elementos solicitados.

4 – No decurso da instrução, a Autoridade solicita a quaisquer outras entidades, públicas ou privadas, as informações que considere convenientes para a decisão do processo, as quais serão transmitidas nos prazos por aquela fixados.

Comentários:

1.º – O teor da norma em análise não tem, em nosso entender, grande sentido. A notificação prévia é feita em formulário próprio, aprovado pela A.C., do qual consta, nos termos do art. 31.º do presente regime, as informações e documentos nela exigidos. Resulta daqui que os interessados, os autores da notificação sabem previamente, fruto do formulário, quais os elementos e documentos que devem fazer constar na notificação. Do mesmo modo que a A.C., ao aprovar os formulários, sabe ou deve saber quais os elementos e documentos que tem de exigir para que a notificação prévia lhe seja apresentada em respeito pela lei e o procedimento exigido pelo presente diploma. Não se entende, por isso, que agora, já depois da data da produção de efeitos da notificação, a A.C. ainda possa completar a instrução do procedimento, nomeadamente pela obtenção junto dos notificantes de informações e documentos adicionais, ou ainda no mesmo prazo, à correcção dos elementos e documentos apresentados. Não tem qualquer cabimento dar, por um lado, o poder à A.C. em estabelecer o formulário para a notificação e, ao mesmo tempo, dar-lhe também o poder de corrigir um erro, falha, negligência ou incompetência por si cometidos, mas que são atribuídos aos autores da notificação. É que, ou o indicado formulário (que deve conter todas as informações e documentos nele exigidos) está devidamente elaborado e, consequentemente o seu autor cumpre e respeita ou não o seu teor, ou então não pode a A.C. perder ou obrigar a que se perca tempo com a instrução que é da sua responsabilidade, até porque é ela própria que recepciona a notificação.

2.º – A partir da data da produção de efeitos da notificação, a A.C. tem o prazo de 30 dias (que julgamos serem úteis) para completar a instrução do procedimento de controlo das operações de concentração de empresas. Para isso, neste prazo pode solicitar aos autores da notificação elementos, informações ou documentos que entenda serem ainda necessários para a instrução do processo, para isso comunica aos autores da notificação esse facto, conferindo-lhes um prazo para que forneçam ao processo as informações, elementos ou correcções em causa, com as cominações aos autores da notificação. O prazo de 30 dias para a conclusão ou instrução do procedimento fica suspenso a partir do 1.º dia útil a seguir ao do envio da comunicação, sendo que a suspensão termina no dia seguinte ao da recepção dos elementos solicitados pela A.C.

3.º – Cf. artigo 31.º do DL n.º 371/93, de 29.10.

4.º – Cf. artigo 31.º do presente regime jurídico.

Artigo 35.º
Decisão

1 – Até ao termo no prazo referido no n.º 1 do artigo 34.º, a Autoridade decide:

a) Não se encontrar a operação abrangida pela obrigação de notificação prévia a que se refere o artigo 9.º; ou

b) Não se opor à operação de concentração; ou

c) Dar inicio a uma investigação aprofundada, quando considere que a operação de concentração em causa é susceptível, à luz dos elementos recolhidos, de criar ou reforçar uma posição dominante da qual possam resultar entraves significativos à concorrência efectiva no mercado nacional ou numa parte substancial deste, à luz dos critérios definidos no artigo 12.º.

2 – A decisão a que se refere a alínea b) do n.º 1 será tomada sempre que a Autoridade conclua que a operação, tal como foi notificada ou na sequência de alterações, introduzidas pelos autores da notificação, não é susceptível de criar ou reforçar uma posição dominante da qual possam resultar entraves significativos à concorrência efectiva no mercado nacional ou numa parte substancial deste.

3 – As decisões tomadas pela Autoridade ao abrigo da alínea b) da n.º 1 podem ser acompanhadas da imposição de condições e obrigações destinadas a garantir o cumprimento de compromissos assumidos pelos autores da notificação com vista a assegurar a manutenção de uma concorrência efectiva.

4 – A ausência de decisão no prazo a que se refere o n.º 1 vale como decisão à operação de concentração.

Comentários:

1.º – A A.C. tem o prazo de 30 dias a contar da produção dos efeitos da notificação prévia, para terminar a instrução do procedimento de controlo. Neste prazo deve, por isso, tomar decisão e esta pode ser:
1. de não se encontrar a operação abrangida por obrigação de notificação prévia;
2. de não oposição à operação;
3. de dar início a uma investigação (inquérito), por considerar a operação susceptível de criar ou de reforçar um posição dominante da qual possa resultar entraves à concorrência.

2.º – Quando a A.C. decida pela não oposição à operação de concentração pode, mesmo assim, fazer acompanhar a sua decisão pela imposição de condições e de obrigações de forma a garantir o cumprimento por parte dos autores da notificação dos compromissos assumidos na notificação e dessa maneira assegurar a manutenção da concorrência. Quando a A.C. não tome decisão no prazo legal, isto é, no referido prazo de 30 dias, entende-se haver decisão tácita de não oposição à operação de concentração.

3.º – Cf. artigo 34.º do DL n.º 371/93, de 29.10.

4.º – Cf. artigos 9.º, 12.º, 34.º e 36.º do presente diploma.

5.º – Cf. artigo 108.º do C.P.A.

Artigo 36.º
Investigação aprofundada

1 – Até ao termo no prazo referido no n.º 1 do artigo 34.º, a Autoridade procede às diligências de investigação complementares que considere necessárias.

2 – Às diligências de investigação referidas no número anterior é aplicável, designadamente, o disposto nos n.º 2 a 4 do artigo 34.º.

Comentários:

1.º – Uma das decisões que a A.C. pode tomar depois de concluída a instrução do procedimento é a de proceder a uma investigação apropriada, quando entenda que o preço da concentração é susceptível de criar ou de reforçar uma posição dominante, da qual possa resultar entraves à concorrência. Neste caso, no prazo de noventa dias úteis a contar da data da decisão, a A.C. deve proceder à realização de todas as diligências que entenda serem necessárias para o efeito.

2.º – Cf. artigo 34.º do presente regime jurídico.

Artigo 37.º
Decisão após investigação aprofundada

1 – Até ao termo do prazo fixado no n.º 1 do artigo anterior, a Autoridade pode decidir:

a) Não se opor à operação;
b) Proibir a operação de concentração, ordenando, caso esta já se tenha realizado, medidas adequadas ao restabelecimento de uma concorrência efectiva, nomeadamente a separação das empresas ou dos activos agrupados ou a cessão do controlo.

2 – À decisão referida na alínea a) do número anterior aplica-se, com as devidas adaptações, o disposto nos n.os 2 e 3 do artigo 35.º.

3 – A ausência de decisão no prazo a que se refere o n.º 1 vale como decisão de não oposição à realização da operação de concentração.

Comentários:

1.º – Durante o prazo para a investigação, a A. C. pode tomar uma de duas decisões:
1.ª não se opor à operação de concentração;
2.ª proibir a operação de concentração;
3.ª proibir a operação de concentração e, no caso de esta já se ter realizado, ordenar medidas para o estabelecimento da concorrência (ex: a separação das empresas).

2.º – Quando seja decorrido o prazo de 90 dias e a A. C. não tenha tomado decisão, o seu silêncio é tido como de não oposição à concentração, verificando-se, por isso, uma decisão tácita.

3.º – Cf. artigos 35.º e 36.º do presente regime jurídico.

Artigo 38.º
Audiência dos interessados

1 – A decisão a que se referem os artigos 35.º e 37.º são tomadas mediante audiência prévia dos autores da notificação e dos contra-interessados.

2 – Nas decisões de não oposição referidas na alínea b) do n.º 1 do artigo 35.º e na alínea a) do n.º 1 do artigo 37.º, quando não acompanhadas da imposição de condições ou obrigações, a Autoridade pode, na ausência de contra-interessados, dispensar a audiência dos autores da notificação.

3 – Consideram-se contra-interessados, para efeitos do disposto neste artigo, aqueles que, no âmbito do procedimento, se tenham manifestado desfavoravelmente quanto à realização da operação de concentração em causa.

4 – A realização da audiência de interessados suspende o cômputo dos prazos referidos no n.º 1 dos artigos 34.ª e 36.º.

Comentários:

1.º – O princípio da audiência dos interessados é sempre respeitado pelas decisões da A.C., sejam as decisões sobre a operação de concentração, sejam as decisões resultantes de uma investigação apropriada. Significa isto que a A.C. antes de tomar a decisão ouve os autores da notificação e contra-interessados se os houver. A audiência dos interessados só será dispensada quando a A.C. decida pela não oposição à concentração e esta não tenha de ser acompanhada pelo estabelecimento de condições ou obrigações e não existam contra-interessados.

2.º – Quando a A.C. seja obrigada a respeitar o princípio da audiência dos interessados, esta faz suspender os prazos para a decisão.

3.º – Cf. artigo 100.º e ss. do Código do Procedimento Administrativo.

4.º – Cf. artigos 34.º, 35.º, 36.º e 37.º do presente regime jurídico.

Artigo 39.º
Articulação com autoridades reguladoras sectoriais

1 – Sempre que uma operação de concentração de empresas tenha incidência num mercado objecto de regulação sectorial, a Autoridade da Concorrência, antes de tomar uma decisão ao abrigo do n. 1 do artigo 35.º ou do n. 1 do artigo 37.º, consoante os casos, solicita que a respectiva autoridade reguladora se pronuncie, num prazo razoável fixado pela Autoridade.

2 – O disposto no número anterior não prejudica o exercício pelas autoridades reguladoras sectoriais dos poderes que, no quadro das usas atribuições especificas, lhes sejam legalmente conferidos relativamente à operação de concentração em causa.

Comentários:

1.º – Pode acontecer que uma operação de concentração se verifique num mercado que é objecto de regulação sectorial. Neste caso, a A.C., antes de tomar uma decisão sobre a operação, deve solicitar à respectiva autoridade reguladora que se pronuncie sobre a operação de concentração referida no prazo fixado. O procedimento da competência da A.C. não prejudica as competências que sejam ou estejam conferidas às autoridades reguladoras sectoriais no âmbito das suas competências e atribuições.

2.º – Cf. artigos 35.º e 37.º do presente regime jurídico.

Artigo 40.º
Procedimentos oficiosos

1 – Sem prejuízo da aplicação das correspondentes sanções, são objecto de procedimento oficioso:

a) As operações de concentração de cuja realização a Autoridade tome conhecimento e que, em incumprimento do dis-

posto na presente lei, não tenham sido objecto de notificação prévia;
b) As operações de concentração cuja decisão expressa ou táctica de não oposição se tenha fundado em informações falsas ou inexactas relativas a circunstâncias essenciais para a decisão, fornecidas pelos participantes na operação de concentração;
c) As operações de concentração em que se verifique o desrespeito, total ou parcial, de obrigações ou condições, impostas aquando da respectiva decisão de não oposição.

2 – Na hipótese prevista na alínea a) do número anterior, a Autoridade notifica as empresas em situação de incumprimento para que procedam à notificação da operação nos termos previstos na presente lei, num prazo razoável fixado pela Autoridade, a qual poderá ainda determinar a sanção pecuniária a aplicar em execução do disposto na alínea b) do artigo 46.º.
3 – Nas hipóteses previstas nas alíneas a) e b) do n.º 1, a Autoridade não está submetida aos prazos fixados nos artigos 32.º a 37.º da presente lei.
4 – Nos casos previstos na alínea c) do n.º 1, a decisão da Autoridade de dar inicio a um procedimento oficioso produz efeitos a partir da data da sua comunicação a qualquer das empresas ou pessoas participantes na operação de concentração.

Comentários:

1.º – A epígrafe da norma sob apreciação refere-se, como se lê, ao procedimento oficioso. O que é o procedimento oficioso? É aquele que se realiza por iniciativa da A.C. sem necessidade de requerimento por parte dos interessados. Assim, haverá lugar a procedimento oficioso quando:
    1.º se verifiquem operações de concentração sem respeito pelo regime jurídico da concorrência, nomeadamente sem notificação prévia;
    2.º se verifiquem operações de concentração com decisão de não oposição baseadas em informações falsas ou inexactas;
    3.º se verifiquem operações de concentração com desrespeito pelas obrigações ou condições impostas.

2.º – Sempre que se tenha de realizar em procedimento oficioso, haverá lugar obviamente à aplicação de sanções, as previstas no presente regime jurídico.

3.º – As empresas implicadas numa operação de concentração que tenham respeitado a notificação prévia obrigatória e consequentemente em violação do regime jurídico da concorrência, serão notificadas pela A.C. para que, em prazo a determinar, procedam à notificação prévia da operação já realizada. Na notificação, a A.C. pode logo determinar a sanção pecuniária compulsória a aplicar nos termos do disposto no artigo 46.º, alínea b).

4.º – Cf. artigos 32.º a 37.º e 46.º do presente regime jurídico.

Artigo 41.º
Nulidade

São nulos os negócios jurídicos relacionados com uma operação de concentração na medida em que contrariem decisões da Autoridade que hajam:

a) Proibido a operação de concentração;
b) Imposto condições à sua realização; ou
c) Ordenado medidas adequadas ao restabelecimento da concorrência efectiva.

Comentários:

1.º – As decisões da A.C. de proibição da operação de concentração, que impõem condições à realização da operação ou que ordenem medidas adequadas ao restabelecimento da concorrência, quando não sejam respeitadas, conduzem à nulidade dos negócios jurídicos que hajam sido celebrados ao abrigo da operação de concentração violadora daquelas decisões.

2.º – Cf. artigo 285.º e ss. do C.C. – regime da nulidade dos negócios jurídicos.

CAPITULO IV
Das infracções e sanções

Artigo 42.º
Qualificação

Sem prejuízo da responsabilidade criminal e das medidas administrativas a que houver lugar, as infracções às normas previstas no presente diploma e às normas de direito comunitário cuja observância seja assegurada pela Autoridade constituem contra-ordenação punível nos termos do disposto no presente capitulo.

Comentários:

1.º – O capítulo que é aberto pela norma em apreço disciplina as infracções que sejam cometidas às normas do presente regime jurídico, bem como as infracções às normas do direito comunitário que devam ser asseguradas pela A.C.. De tal modo que as infracções praticadas serão objecto de contra-ordenação punível e, por isso, sancionadas nos termos do preceituado no presente regime jurídico – artigos 42.º a 48.º.

2.º – As infracções às normas do regime jurídico da concorrência serão objecto de processo de contra-ordenação sem prejuízo da responsabilidade criminal e das medidas administrativas que devam ser tomadas no âmbito deste mesmo regime jurídico.

3.º – Sobre o regime geral das contra-ordenações é de v. DL n.º 433/82, de 27.10 com as alterações que lhe foram introduzidas, pelo DL n.º 356/89, de 17.10; Lei n.º 13/95, de 05.05; Dl n.º 244/95, de 14.09 e Lei n.º 109/2001, de 24.12.

4.º – Cf. artigo 37.º e ss. do DL n.º 371/93, de 29.10.

Artigo 43.º
Coimas

1 – Constitui contra-ordenação punível com coima que não pode exceder, para cada uma das empresas partes na infracção, 10% do volume de negócios no último ano:
a) A violação do disposto nos artigos 4.º, 6.º e 7.º;
b) A realização de operações de concentração de empresas que se encontrem suspensas, nos termos previstos no n.º 1 do artigo 11.º, ou que hajam sido proibidas por decisão adoptada ao abrigo da alínea b) do n.º 1 do artigo 37.º;
c) O desrespeito por decisão que decreta medidas provisórias, nos termos previstos no artigo 27.º;
d) O desrespeito de condições ou obrigações impostas às empresas pela Autoridade, nos termos previstos no n.º 4 do artigo 11.º, no n.º 3 do artigo 35.º e no n.º 2 do artigo 37.º.

2 – No caso de associações de empresas, a coima prevista no número anterior não excederá 10% do volume de negócios agregado anual das empresas associadas que hajam participado no comportamento proibido.

3 – Constitui contra-ordenação punível com coima que não pode exceder, para cada uma das empresas, 1% do volume de negócios do ano anterior:
   a) A falta de notificação de uma operação de concentração sujeita a notificação prévia nos termos do artigo 9.º;
   b) A não prestação ou a prestação de informações falsas, inexactas ou incompletas, em resposta a pedido da Autoridade, no uso dos seus poderes sancionatórios ou de supervisão;
   c) A não colaboração com a Autoridade ou a obstrução ao exercício por esta dos poderes previstos no artigo 17.º.

4 – Em caso de falta de comparência injustificada, em diligência de processo para que tenham sido regularmente notificados, de testemunhas, peritos ou representantes das empresas queixosas ou infractoras, a Autoridade pode aplicar uma coima no valor máximo de 10 unidades de conta.

5 – Nos casos previstos nos números anteriores, se a contra-ordenação consistir na omissão do cumprimento de um dever jurídico ou de uma ordem emanada da Autoridade, a aplicação da coima não dispensa o infractor do cumprimento do dever, se este ainda for possível.

6 – A negligência é punível.

Comentários:

1.º – A violação do disposto nos artigos 4.º, 6.º e 7.º do presente regime jurídico, bem como a realização da operação de concentração das empresas que se encontrem suspensas nos termos do n.º 1 do artigo 11.º, ou que tenham sido proibidas por decisão adoptada nos termos da alínea b) do n.º 1 do art. 37.º; o desrespeito por decisão que decrete medidas provisórias nos termos do disposto no artigo 27.º e ainda o desrespeito das condições ou das obrigações impostas às empresas pela A.C., nos termos do disposto no n.º 4 do artigo 11.º, n.º 3 do artigo 35.º e n.º 2 do artigo 37.º, constitui contra-ordenação que é punível com coima para cada uma das empresas infractoras em valor que não pode exceder para cada uma delas 10% do seu volume de negócios do último ano. No caso de se tratar não de empresas, mas de associações de empresas, a coima não pode exceder 10% do volume de negócios agregado (em conjunto) anual das empresas associadas.

2.º – Por seu lado, constitui contra-ordenação a falta de notificação prévia nos termos do art. 9.º, bem como a não prestação ou a prestação de informações falsas, inexactas ou incompletas, em resposta a um pedido da A.C., no uso dos seus poderes sancionatórios ou de supervisão e ainda a não colaboração com a A.C. ou a obtenção no exercício por esta dos seus poderes de inquérito e inspecção. A coima a aplicar, neste caso para cada uma das empresas, não pode exceder 1% do volume de negócios do ano anterior.

3.º – A A.C. pode aplicar uma coima de valor máximo de 10 unidades de conta (UC= 79, 81€) sem que seja necessário processo de contra-ordenação nos seguintes casos:
a) à falta de justificação de uma testemunha, quando devidamente notificada;
b) à falta injustificada de um perito, quando devidamente notificado;
c) à falta injustificada de um representante legal da empresa, quando esteja notificado, seja o representante da queixosa ou da infractora, isto é, seja a falta dada durante o procedimento, seja no âmbito de um processo de contra-ordenação.

4.º – Quando se trate de contra-ordenação e esta consiste:
a) na omissão do cumprimento de um dever jurídico;
b) no não cumprimento de uma ordem emanada da A.C., a aplicação da coima não isenta ou dispensa o infractor de ter de cumprir o dever jurídico a que estava obrigado, salvo se este, por qualquer razão, já não pode ser cumprido. Em qualquer caso, a negligência é sempre punível, aliás como resulta também do regime geral das contra-ordenações.

5.º – Cf. artigo 52.º e ss. do DL n.º 433/82, de 27.10 – Regime Geral das Contra-ordenações.

6.º – As sanções previstas na norma são de aplicar na fase administrativa, já que quando se trate de fase judicial, as sanções pecuniárias são reguladas pelo C.P.P.

7.º – Cf. artigos 37.º e ss. do DL n.º 371/93, de 29.10.

8.º – Cf. Ac. Bochringer, de 14.12.1972 – a fixação da coima deve atender às sanções já aplicadas à empresa ... por infracção ao direito interno.

9.º – A justificação de faltas é feita nos termos do disposto no artigo 117.º do C.P.P.

10.º – Cf. artigos 4.º, 6.º, 7.º, 11.º, 27.º, 35.º e 37.º do presente regime jurídico.

Artigo 44.º
Critérios de determinação da medida da coima

As coimas a que se refere o artigo anterior são fixadas tendo em consideração, entre outras, as seguintes circunstâncias:
a) A gravidade da infracção para a manutenção de uma concorrência efectiva no mercado nacional;

b) As vantagens de que hajam beneficiado as empresas infractoras em consequência da infracção;
c) O carácter reiterado ou ocasional da infracção;
d) O grau de participação na infracção;
e) A colaboração prestada à Autoridade, até ao termo do procedimento administrativo;
f) O comportamento do infractor na eliminação das práticas proibidas e na reparação dos prejuízos causados à concorrência.

Comentários:

1.º – Na determinação da medida da coima, a A.C. deve ter em consideração, além de outras circunstâncias, as que estão previstas a título exemplificativo no texto da presente norma.

2.º – Cf. artigo 18.º do R.G.C.O.

3.º – v. artigo 71.º do C.P.

4.º – A determinação da medida da coima faz-se em função da gravidade da contra-ordenação, da culpa, da situação económica do sujeito e do benefício económico (eventual) retirado com a infracção.

5.º – Quanto à atenuação especial é de v. artigo 73.º do C.P.

6.º – Cf. Ac. do Tribunal da relação de Lisboa, de 13.04.1988, in BMJ, n.º 376-645 – às coimas não pode corresponder prisão em alternativa.

7.º – Cf. Ac. do Tribunal da Relação de Lisboa, de 25.05.1994, in Col. Jur., 1994 – Tomo III – 153 – quanto à graduação das coimas.

Artigo 45.º
Sanções acessórias

Caso a gravidade da infracção o justifique, a Autoridade promove a publicação, a expensas do infractor, da decisão proferida no âmbito de um processo instaurado ao abrigo da presente lei no Diário da República e ou num jornal nacional de expansão nacional, regional ou local, consoante o mercado geográfico relevante em que a prática proibida produziu os seus efeitos.

Comentários:

1.º – Como sanção acessória que pode ser aplicada ao infractor está a publicação da decisão sancionatória. Esta publicação enquanto sanção acessória é de aplicar, quando a A.C. entenda que a gravidade da infracção a justifica, pelo que ordenará a publicação da decisão a expensas do infractor no Diário da República e ou num jornal nacional, regional ou local de grande expansão, tendo em conta o mercado geográfico relevante em que a infracção foi cometida.

2.º – Entendemos que o legislador apenas estipula uma sanção acessória que pode ser aplicada pela A.C, quando na epígrafe do preceito refere a expressão "sanções acessórias". Na verdade, bem podia o legislador estabelecer outras sanções acessórias além da publicitação da decisão, como por ex. inibição, perca de benefícios, etc., sempre benefícios na acção preventiva para a protecção da concorrência.

3.º – Cf. artigo 21.º a 26.º do R.G.C.O. – sanções acessórias.

Artigo 46.º
Sanções pecuniárias compulsórias

Sem prejuízo do disposto no artigo 43.º, a Autoridade pode decidir, quando tal se justifique, aplicar uma sanção pecuniária compulsória, num montante que não excederá 5% da média diária do volume de negócios no último ano, por dia de atraso, a contar da data fixada na decisão, nos casos seguintes:

a) Não acatamento de decisão da Autoridade que imponha uma sanção ou ordene a adopção de medidas determinadas;
b) Falta de notificação de uma operação de concentração sujeita a notificação prévia nos termos do artigo 9.º;
c) Não prestação ou prestação de informações falsas aquando de uma notificação prévia de uma operação de concentração de empresas.

Comentários:

1.º – A violação dos prazos fixados na decisão da A.C. pode ser sancionada para além da coima, com uma sanção pecuniária compulsória, quando:
1. não seja acatada a decisão da A.C. que imponha uma sanção ou que ordene a adopção de determinadas medidas;
2. não se proceda à notificação de uma operação sujeita a notificação prévia nos termos do artigo 9.º;

3. não se preste informações devidas, ou a prestação de informações falsas.
Nestes casos, a sanção pecuniária pode ser aplicada pela A.C. em valor que não exceda 5% da média diária do volume de negócios no último ano, por cada dia de atraso e sempre a contar da data que se encontre fixada na decisão que se está a infringir.

2.º – Cf. artigos 9.º e 43.º do presente regime jurídico.

Artigo 47.º
Responsabilidade

1 – Pela prática das contra-ordenações previstas nesta lei podem ser responsabilizadas pessoas singulares, pessoas colectivas, independentemente da regularidade da sua constituição, sociedades e associações sem personalidade jurídica.

2 – As pessoas colectivas e as entidades que lhes são equiparadas, nos termos do disposto no número anterior, são responsáveis pelas contra-ordenações previstas nesta lei quando os factos tiverem sido praticados, no exercício das respectivas funções ou em seu nome ou por sua conta, pelos titulares dos seus órgãos sociais, mandatários, representantes ou trabalhadores.

3 – Os titulares do órgão de administração das pessoas colectivas e entidades equiparadas incorrem na sanção prevista para o autor, especialmente atenuada, quando, conhecendo ou devendo conhecer a prática da infracção, não adoptem as medidas adequadas para lhe pôr termo imediatamente, a não ser que sanção mais grave lhe caiba por força de outra disposição legal.

4 – As empresas que integram uma associação de empresas que seja objecto de uma coima ou de uma sanção pecuniária compulsória, nos termos previstos nos artigos 43.º e 46.º, são solidariamente responsáveis pelo pagamento da coima.

Comentários:

1.º – As pessoas que podem ser responsabilizadas pela prática de uma contra-ordenação são:
 a) pessoas singulares;
 b) pessoas colectivas;
 c) sociedades comerciais sem personalidade jurídica;

d) associações sem personalidade jurídica;
A responsabilidade pela contra-ordenação é assim objectiva, pelo que as entidades referidas são responsáveis pela contra-ordenação, quando os factos que lhe são imputados sejam praticados no exercício das suas funções ou em seu nome ou ainda por sua conta, pelos titulares dos seus órgãos sociais, mandatários, representantes ou até trabalhadores.

2.º – A lei sanciona os titulares do órgão de administração das pessoas colectivas e entidades equiparadas, com a mesma sanção prevista para os actos de infracção, embora que especialmente atenuada, quando aqueles titulares, conhecendo ou tendo o dever de conhecer a prática da infracção, não tenham adoptado as medidas adequadas para pôr termo à infracção. O sancionamento dos titulares dos órgãos da administração será mais grave, se sanção mais grave existir por força de outra legislação.

3.º – A responsabilidade pelas coimas e sanção pecuniária compulsória é solidária, quando se trate de uma associação de empresas.

4.º – Cf. artigos 43.º e 46.º do presente regime jurídico.

Artigo 48.º
Prescrição

1 – O procedimento de contra-ordenação extingue-se por prescrição no prazo de:
a) Três anos nos casos previstos nos n.º 3 e 4 do artigo 43.º:
b) Cinco anos, nos restantes casos.

2 – O prazo de prescrição das sanções é de cinco anos a contar do dia em que se torna definitiva ou transita em julgado a decisão que determinou a sua aplicação, salvo no caso previsto no n.º 4 do artigo 43.º, que é de três anos.

3 – O prazo de prescrição suspende-se ou interrompe-se nos casos previstos nos artigos 27.º -A e 28.º do Decreto-Lei n.º 433/82, de 27 de Outubro, na redacção resultante do Decreto-lei n.º 109/2001, de 24 de Dezembro.

Comentários:

1.º – O procedimento contraordenacional extingue por prescrição no prazo de três anos, quanto aos casos previstos nos n.º 3 e 4 do artigo 43.º do presente regime e de 5 anos nos demais casos.

2.º – Quanto à prescrição da sanção, o prazo é de 5 anos a partir do dia em que se torna definitiva a decisão, ou transita em julgado a decisão que determinou a sua aplicação, com excepção do caso previsto no artigo 43.º, n.º 4, já que para este caso, a sanção prescreve no prazo de três anos.

3.º – É de v. o DL n.º 433/82, de 27.10, alterado pelo DL n.º 109/2001, de 24.12, quanto à suspensão e interrupção do prazo de prescrição, artigos 27.º e ss.

CAPITULO V
Dos recursos

SECÇÃO I
Processos Contra-ordenacionais

Artigo 49.º
Regime Jurídico

Salvo disposição em sentido diverso da presente lei, aplicam-se à interposição, ao processamento e ao julgamento dos recursos previstos na presente secção os artigos seguintes e, subsidiariamente, o regime geral dos ilícitos de mera ordenação social.

Comentários:

1.º – Em matéria de recursos, nomeadamente do recurso de impugnação judicial, a respectiva disciplina consta dos artigos 49.º a 52.º, sendo de aplicar subsidiariamente o regime previsto no Regime Geral das Contra-ordenações – DL n.º 433/82, de 27.10 e suas alterações.

2.º – Sobre recursos é de consultar Gabriel Ribeiro, Defesa da Concorrência, Lisboa, 1984; Pedro Albuquerque, Direito Português da Concorrência, in Ver. Ord. Advogados, ano 50, Dezembro, 1990-643; Robalo Cordeiro, As Coligações de Empresas e os Direitos Português e comunitário da Concorrência, in Ver. De Direito e Estudos Sociais, Coimbra, 1987, ano XXIX.

3.º – Cf. artigo 9.º n.º 3 do Regulamento n.º 17/62 (CEE).

Artigo 50.º
Tribunal competente e efeitos

1 – Das decisões proferidas pela Autoridade que determinem a aplicação de coimas ou de outras sanções previstas na lei cabe recurso para o Tribunal de Comércio de Lisboa, com efeito suspensivo.

2 – Das demais decisões, despachos ou outras medidas adoptadas pela Autoridade cabe recurso para o mesmo Tribunal, com efeito meramente devolutivo, nos termos e limites fixados no n.º 2 do artigo 55.º do Decreto-Lei n.º 433/82, de 27 de Outubro.

Comentários:

1.º – O Tribunal competente para conhecer dos recursos das decisões proferidas pela A.C., que determinam a aplicação de uma coima ou de qualquer outra sanção prevista no regime jurídico da concorrência, é o Tribunal de Comércio de Lisboa. Não aceitamos esta regra e, desde logo, porque em Portugal existem outros Tribunais de Comércio, pelo que melhor solução seria atribuir a competência ao Tribunal de Comércio da área da sede ou domicílio do recorrente ou na falta deste, o Tribunal de Comércio à escolha do recorrente, tendo em conta o mercado, a sede ou o domicílio.

2.º – O recurso de impugnação judicial das decisões da A.C. que apliquem coimas ou outras sanções tem sempre efeito suspensivo. O recurso terá no entanto, efeito meramente devolutivo, quando seja interposto de qualquer outra decisão que não seja de aplicação da coima ou qualquer outra sanção, ou de meros despachos ou medidas tomadas pela A.C., sendo o tribunal competente o Tribunal de Comércio de Lisboa.

3.º – É de v. DL n.º 433/82, de 27.10, artigo 55.º n.º 2, quanto aos termos e limites do recurso de impugnação judicial.

Artigo 51.º
Regime processual

1 – Interposto o recurso de uma decisão da Autoridade, esta remete os autos ao Ministério Público no prazo de 20 dias úteis, podendo juntar alegações.

2 – Sem prejuízo do disposto no artigo 70.º do Decreto-Lei n.º 433/82, de 27 de Outubro, na redacção resultante do Decreto-

-Lei n.º 244/95, de 14 de Setembro, a Autoridade pode ainda juntar outros elementos ou informações que considere relevantes para a decisão da causa, bem como oferecer meios de prova.

3 – A Autoridade, o Ministério Público ou os arguidos podem opor-se a que o Tribunal decida por despacho, sem audiência de julgamento.

4 – A desistência da acusação pelo Ministério Público depende da concordância da Autoridade.

5 – Se houver lugar a audiência de julgamento, o Tribunal decide com base na prova realizada na audiência, bem como na prova produzida na fase administrativa do processo de contra-ordenação.

6 – A autoridade tem legitimidade para recorrer autonomamente das decisões proferidas no processo de impugnação que admitam recurso.

Comentários:

1.º – O recurso de impugnação judicial de uma decisão da A.C. deve ser interposto para o Tribunal de Comércio de Lisboa, mas entregue à A.C. que o deve remeter ao Ministério Público no prazo de 20 dias úteis, podendo neste prazo juntar ao processo as suas alegações. Não aceitamos a regra processual aqui vertida. A A.C. não pode gozar de uma prerrogativa que a beneficia antes da apreciação ou conclusão do magistrado. Entendemos que efectivamente a A.C. poderá formular alegações, mas para isso, deverá o processo estar já no M.P. ou no Tribunal. As alegações a realizar pela A.C. deverão ter lugar no prazo concedido pelo magistrado ou pelo Tribunal, prazo esse que será o mesmo que o recorrente teve para interpor o recurso.

2.º – Cf. artigos 20.º e 70.º do DL n.º 433/82, de 27.10 e suas alterações.

3.º – A A.C. pode também fazer juntar ao recurso outros elementos e informações que entenda ser relevantes para a boa decisão da causa, podendo também e, se o entender, oferecer meios de prova, aqueles que são admitidos em geral.

4.º – O n.º 4 do preceito em análise parece que se encontra deslocado do contexto da norma. Efectivamente o preceito em análise trata do regime processual do recurso de impugnação das decisões da A.C. e não propriamente do processo de contra-ordenação que se encontre em juízo para ser julgado. É que aquele n.º 4 trata da desistência da acusação, mas no recurso de impugnação judicial não existe acusação, esta antes faz parte do processo administrativo que foi remetido pela A.C para o Tribunal. Assim, o n.º 4 do preceito não está bem formulado, se bem que se entenda o que supra vai dito. De todo o modo, interposto o recurso de impugnação, o M.P. pode apresentar desistência da acusação, mas para isso terá de obter a concordância da A.C., o que de todo nos parece estranho, não só em termos de conceitualização, como em termos de orgânica processual. O M.P. se entender que, apesar da decisão da A.C., a acusação não merece provimento e ou porque não encontra ou possui meios de prova que sustente a acusação, deveria ter a liberdade institucional de poder, segundo as suas convicções e formação técnico – jurídica, de desistir da acusação, até porque, se pretender corrigir a acusação, pode fazê-lo sem que para isso necessite de autorização ou concordância da A. C..

5.º – Também não entendemos o disposto no n.º 6 da norma. O legislador confere legitimidade à A.C. para interpor recurso da decisão judicial, legitimidade para recorrer autonomamente. Então e o M.P, não é ele que em sede judicial patrocina a A.C.! O M.P. está, portanto, a ser usado pelo legislador como simples joguete, não conforme o seu gosto mas ao gosto do legislador, que atribui à A.C. legitimidade para recorrer autonomamente de uma decisão judicial, claro que nos casos em que é admissível recurso.

Artigo 52.º
Recurso das decisões do Tribunal de Comércio de Lisboa

1 – As decisões do Tribunal de Comércio de Lisboa que admitam recurso, nos termos previstos no regime geral dos ilícitos de mera ordenação social, são impugnáveis junto do Tribunal da Relação de Lisboa, que decide em última instância.

2 – Dos acórdãos proferidos pelo Tribunal da Relação de Lisboa não cabe recurso ordinário.

Comentários:

1.º – Cf. artigo 59.º do R.G.C.O.

2.º – O recurso interposto (impugnação judicial) tem em regra efeito suspensivo, como resulta desde logo do artigo 88.º n.º 1 e artigo 408.º n.º 1 do C.P.P., pelo que o efeito devolutivo só terá lugar se existir uma norma especial que o estipule.

3.º – Pela interposição do recurso não é devida taxa – artigo 93.º do R.G.C.O.

4.º – Depois de interposto o recurso, a A.C. pode revogar a sua decisão – artigo 62.º do R.G.C.O.

5.º – Cf. Assento n.º 1/2001 do S.T.J., de 08.03.01 – data da apresentação do recurso
...

SECÇÃO II
Procedimentos administrativos

Artigo 53.º
Regime processual

À interposição, ao processamento e ao julgamento dos recursos referidos na presente secção é aplicável o disposto nos artigos seguintes e, subsidiariamente, o regime de impugnação contenciosa de actos administrativos definidos no Código de Processo nos Tribunais Administrativos.

Comentários:

1.º – Os procedimentos administrativos junto da A.C. são passíveis de recurso. Os recursos dos procedimentos administrativos são regulados pelos artigos 53.º a 55.º do presente regime jurídico e subsidiariamente pelo regime de impugnação contenciosa de actos administrativos que está regulado no Código de Processo nos Tribunais Administrativos, aprovado pela Lei n.º 15/2002, de 22.02.

2.º – Cf. Código do Processo nos Tribunais Administrativos – artigo 140.º e ss.

Artigo 54.º
Tribunal competente e efeitos do recurso

1 – Das decisões da Autoridade proferidas em procedimentos administrativos a que se refere a presente lei, bem como da decisão ministerial prevista no artigo 34.º do Decreto – Lei n.º 10/2003, de 18 de Janeiro, cabe recurso para o Tribunal de Comércio de Lisboa, a ser tramitado como acção administrativa especial.

2 – O recurso previsto no número anterior tem efeito meramente devolutivo, salvo se lhe for atribuído, exclusiva ou cumulativamente com outras medidas provisórias, o efeito suspensivo por via do decretamento de medidas provisórias.

Comentários:

1.º – Das decisões administrativas da A.C. cabe recurso para o Tribunal de Comércio de Lisboa. Igual recurso cabe da decisão ministerial prevista no artigo 34.º do DL n.º 10/2003, de 18.01. Este recurso segue os trâmites da acção administrativa especial, prevista no art. 46.º e ss. do Código de Processo nos Tribunais Administrativos. Diríamos sobre esta matéria que melhor solução seria conferir competência para estes recursos aos Tribunais Administrativos, estes mais aptos para conhecer o objecto deste tipo de recursos. Mas o legislador tem o poder também para criar obstáculos à celeridade e ao desenvolvimento.

2.º – O recurso do procedimento administrativo tem efeito meramente devolutivo, salvo quando lhe seja atribuído de forma exclusiva ou cumulativamente com outras medidas provisórias, o efeito suspensivo por via do decretamento de medidas provisórias. Não aceitamos ainda esta regra. Atribuir efeito meramente devolutivo a um recurso interposto de uma decisão administrativa, é permitir que a utilidade do recurso se esgota no formalismo que ele próprio e por sua natureza reveste. Dada a natureza das matérias e a natureza das questões que podem ser objecto de recurso, pensamos que as empresas, o mercado e a concorrência ficariam com as suas garantias reforçadas, se ao recurso fosse dado efeito suspensivo, podendo eventualmente ser criado em mecanismo de controlo do recurso em face das matérias que constituísse o seu objecto, em ordem a prevenir os efeitos dilatórios.

3.º – Cf. artigo 34.º do DL n.º 10/2003, de 18.01 – aprova o Estatuto da Autoridade da Concorrência.

4.º – Acção administrativa especial – artigo 46.º e ss. do C.P.T.A.

Artigo 55.º
Recurso das decisões do Tribunal de Comércio de Lisboa

1 – Das decisões proferidas pelo Tribunal de Comércio de Lisboa nas acções administrativas a que se refere a presente secção cabe recurso jurisdicional para o Tribunal da Relação de Lisboa e deste, limitado à matéria de direito, para o Supremo Tribunal de Justiça.

2 – Se o recurso jurisdicional respeitar apenas a questões de direito, o recurso é interposto directamente para o Supremo Tribunal de Justiça.

3 – Os recursos previstos neste artigo têm efeito devolutivo.

CAPÍTULO VI
Taxas

Artigo 56.º
Taxas

1 – Estão sujeitos ao pagamento de uma taxa:
a) A apreciação de operações de concentração de empresas, sujeitas a obrigação de notificação prévia, nos termos do disposto no artigo 9.º;
b) A apreciação de acordos entre empresas, no quadro do procedimento de avaliação prévia previsto no n.º 2 do artigo 5.º;
c) A emissão de certidões;
d) A emissão de pareceres;
e) Quaisquer outros actos que configurem uma prestação de serviços por parte da Autoridade a entidades privadas.

2 – As taxas são fixadas, liquidadas e cobradas nos termos definidos em regulamento da Autoridade.

3 – A cobrança coerciva das dívidas provenientes da falta de pagamento das taxas far-se-á através de processo de execução fiscal, servindo de título executivo a certidão passada para o efeito pela Autoridade.

CAPÍTULO VII
Disposições finais e transitórias

Artigo 57.º
Alteração à Lei n.º 2/99, de 13 de Janeiro

O n.º 4 do artigo 4.º da Lei n.º 2/99, de 13 de Janeiro, passa a ter a seguinte redacção:
«Artigo 4.º
[...]
1 – ....

2 – ....
3 – ....
4 – As decisões da Autoridade da Concorrência relativas a operações de concentração de empresas em que participem entidades referidas no número anterior estão sujeitas a parecer prévio vinculativo da Alta Autoridade para a Comunicação Social, o qual deverá ser negativo quando estiver comprovadamente em causa a livre expressão e confronto das diversas correntes de opinião.»

Artigo 58.º
Norma transitória

Até ao início da vigência do Código de Processo nos Tribunais Administrativos, aprovado pela Lei n.º 15/2002, de 22 de Fevereiro, à interposição, ao processamento e ao julgamento dos recursos referidos na secção II do capítulo V da presente lei é aplicável, subsidiariamente, o regime de impugnação contenciosa dos actos administrativos actualmente em vigor.

Artigo 59.º
Norma revogatória

1 – É revogado o Decreto-Lei n.º 371/93, de 29 de Outubro.
2 – São revogadas as normas que atribuam competências em matéria de defesa da concorrência a outros órgãos que não os previstos no direito comunitário ou na presente lei.
3 – Até à publicação do regulamento da Autoridade a que se refere o n.º 2 do artigo 5.º do presente diploma mantém-se em vigor a Portaria n.º 1097/93, de 29 de Outubro.

Artigo 60.º
Revisão

1 – O regime jurídico da concorrência estabelecido na presente lei, bem como no diploma que estabelece a Autoridade, será adaptado para ter em conta a evolução do regime comunitário

aplicável às empresas, ao abrigo do disposto nos artigos 81.º e 82.º do Tratado que institui a Comunidade Europeia e dos regulamentos relativos ao controlo das operações de concentração de empresas.

2 – O Governo adoptará as alterações legislativas necessárias, após ouvir a Autoridade da Concorrência.

Aprovada em 10 de Abril de 2003.
O Presidente da Assembleia da República, *João Bosco Mota Amaral.*

Promulgada em 26 de Maio de 2003.
Publique-se.
O Presidente da República, Jorge Sampaio.

Referendada em 28 de Maio de 2003.
O Primeiro-Ministro, José Manuel Durão Barroso.

DIREITO DA CONCORRÊNCIA
– CONTRIBUTOS PARA O SEU CONHECIMENTO

DIREITO DA CONCORRÊNCIA

A consagração constitucional

A Constituição da República Portuguesa, na Parte II, dispõe sobre a organização económica, estabelecendo no Título I os seus princípios gerais. Por seu lado, no artigo 81.º, alínea e)[3] dispõe o texto fundamental que incumbe ao Estado português como grande prioridade no âmbito económico e social, "assegurar a equilibrada concorrência entre as empresas". Cabe, portanto, ao Estado a organização e o desenvolvimento do quadro legislativo que discipline e garanta de forma eficaz, o equilíbrio devido ao relacionamento entre as empresas dos vários sectores da actividade económica, quando se movimentam no mercado. Este relacionamento das empresas, chama o texto fundamental de concorrência. O Direito da concorrência tem por isso e desde logo a sua fonte próxima na Constituição da República Portuguesa.

Assegurar uma equilibrada concorrência entre as empresas no mercado é tarefa que incumbe, por força daquele normativo constitucional, ao Estado. Esta participação do Estado na economia, no sentido de oferecer aos agentes económicos alguma segurança e protecção para uma livre e sã concorrência, funda-se no nobre

---

[3] Artigo 81.º, al. e) da C.R.P. – Incumbe prioritariamente ao Estado no âmbito económico e social: assegurar o funcionamento eficiente dos mercados, de modo a garantir a equilibrada concorrência entre as empresas, a contrariar as formas de organização monopolistas e a reprimir os abusos de posição dominante e outras práticas lesivas do interesse geral.

princípio consagrado **no art. 61.º n.º 1**[4] do texto fundamental, seja o princípio da livre iniciativa privada, limitado apenas pelos princípios constitucionais, do respeito pela legalidade instituída e pelo interesse geral, seja do mercado, seja da sociedade no seu todo.

Em Portugal está, consagrado o princípio da livre concorrência que, uma vez previsto, passou a exigir do legislador ordinário a sua regulamentação. Esta exigência fez com que surgisse a publicação do DL n.º 422/83, de 03.12 para que se estabelecesse um verdadeiro regime jurídico da concorrência, entretanto revogado pelo DL n.º 371/93, de 29.10, agora substituído pela Lei n.º 18/2003, de 11.06.

A CONCORRÊNCIA

O Direito da Concorrência e a Economia.

A concorrência que constitui o objecto do Direito da Concorrência é figura que nos aparece na economia e na ciência económica; para a primeira como conjunto de regras disciplinadoras da situação e da posição da empresa no mercado; para a segunda enquanto elemento influenciador da actividade económica.

A *non-price competition*, a concorrência que é uma figura característica da ciência económica, é a base a partir da qual se analisam as regras jurídicas disciplinadoras que constituem o Direito da Concorrência.

Para a economia, a concorrência significa, tão só, as políticas que um vendedor pode usar para atrair clientes no mercado onde actua, procurando afastar o seu interesse de outros vendedores, políticas essas que não se traduzem na utilização de técnicas que passam pela oferta de brindes, num estilo de venda, na qualidade e na apresentação dos bens, etc. Mas o significado de concorrência na economia não se esgota aqui. Há que distinguir também a dita "competition" além do "non-price", aquela entendida no âmbito dos conceitos de concorrência atomística e concorrência perfeita e ainda a concorrência imperfeita ou monopolista que vamos agora conhecer.

---

[4] Artigo 61.º, n.º 1 da C.R.P. – a iniciativa económica privada exerce-se livremente nos quadros definidos pela Constituição e pela lei e tendo em conta o interesse geral.

A concorrência atomística é aquela que é exercida num mercado em que existem várias empresas de pequena dimensão e que concorrem entre si com laços fortes de independência. Por seu lado, estamos perante uma concorrência imperfeita ou também chamada monopolista, aquela que se verifica num mercado onde actua um grande número de empresas que tem uma produção algo semelhante, mas não substituta, em virtude da diferenciação do produto e ou à segmentação geográfica do mercado. Neste mercado o produto não é homogéneo e, tal facto, permite que as empresas possam, em face da concorrência do mercado, fazer subir os preços dos produtos sem que se verifique perda de vendas. Tal situação faz com que a curva da procura (a curva que relaciona o preço por unidade do produto com a quantidade do produto que o consumidor pretende adquirir), seja uma curva inclinada (negativamente) e não uma curva horizontal. No mercado de concorrência perfeita aquela curva da procura é horizontal.

Ora a existir no mercado de muitas empresas, tal como se verifica no caso do mercado de concorrência perfeita, onde as curvas da procura são inclinadas (negativamente como é o caso do monopólio), traz como consequência a existência da concorrência monopolista. (v. para melhor entendimento da questão, Eduard H. Chauberlin e Joan V. Robinson). Daqui se pode partir também para a ideia da capacidade em excesso (excess capacity) em que a concorrência monopolista permite a livre entrada de empresas e em que cada uma dessas empresas, que entram livremente no mercado, obtenham para si somente o lucro normal, com uma produção muito baixa e um qualquer aproveitamento das chamadas economias de escala. Tal facto leva a que possamos dizer que existe uma produção real e uma produção necessária e a sua diferença é a que é a necessária para que se possa alcançar a chamada economia de escala, traduzida na capacidade em excesso. Esta existe, por seu lado, quando a produção real está abaixo da taxa pela qual o inputs de uma empresa está totalmente utilizado[5].

---

[5] Em face de um qualquer mercado, podemos dizer que os fundamentais pressupostos da concorrência são: a liberdade de acesso ao mercado; a liberdade de acção relativamente à oferta; a liberdade de escolha relativamente à procura. Deste modo, qualquer violação a um qualquer destes pressupostos, constitui claramente restrição e ou distorção da concorrência.

O seu significado

Para a ciência económica, concorrência traduz vários significados que, sendo afins entre si, são porém distintos. Assim, a concorrência traduz um tipo de comportamento, significando este a relação existente entre vários agentes ou empresas que estabelecem entre si competição para a realização de interesses que são entre si incompatíveis. Neste caso, a concorrência significa rivalidade, traduzida na elaboração de estratégias de conflito e estratégias de obtenção das melhores soluções para a suspensão das rivalidades, dos conflitos e da competição. A concorrência aqui poderá ter como sujeitos, não só as empresas, como os trabalhadores, como os próprios consumidores. Este significado de concorrência opõe-se, como é óbvio, aos comportamentos daqueles que têm uma posição de domínio, posição essa que é assumida por um ou alguns dos sujeitos ou agentes que têm a possibilidade de se impor aos demais que consigo concorrem e mesmo aos chamados "agentes de colusão" (os castel) aqueles que se concertam para partilhar o resultado útil, já que de outra forma teriam que entrar na concorrência e rivalizarem-se, disputarem aquele resultado útil da sua actividade ou acção.

A par do significado económico tido no ponto anterior, a concorrência é também um princípio de organização da vida económica e princípio assaz eficiente aos seus métodos e resultados.

No mercado aberto, num mercado onde todos os agentes económicos têm juridicamente liberdade para agir na prossecução dos seus interesses, a concorrência aparece como contraponto disciplinador da actividade de cada um deles, promovendo por outro lado a convergência dos esforços de cada um para a melhoria dos resultados úteis a obter pela actividade em sentido geral, isto é, para a melhoria do resultado da actividade, do sector em toda a economia.

A concorrência, entendida como princípio de organização, estabelece na economia um sentido eficaz de orientação e de heterolimitação que são necessários ao bom funcionamento do mercado e, consequentemente, da economia, pelo que se pode dizer que ela é um complemento da livre iniciativa e da livre fixação dos preços, sempre em contraposição com a economia planificada, onde a concorrência nem sequer é elemento a ter em conta na organização económica, porque inexistente, mas substituída pela autoridade do poder do Estado.[6]

Outro significado da concorrência é que esta se traduz numa representação conceptual, permitindo a classificação das formas de mercado.

A concorrência perfeita verifica-se num mercado onde se movimentam um grande número de pequenos vendedores e de compradores, sem que nenhum deles exerça ou tenha capacidade de exercer influência ou domínio sobre o mercado e sobre os preços, estando a transaccionar um produto que é homogéneo e, actuando sem qualquer domínio ou influência sobre os demais. Ora, naquele mercado, as transacções devem fazer-se com um único preço para que o mercado funcione de forma homogénea e sem diferenças. Neste contexto, para se chegar a uma concorrência perfeita, juntou-se-lhe ainda outros elementos conceituais, sejam: a mobilidade dos recursos produtivos; o livre acesso ao mercado; o conhecimento perfeito de cada participante das intenções porque os demais estão imbuídos; a divisibilidade do produto ou do serviço que está a ser transaccionado. Estes elementos foram introduzidos no conceito de concorrência perfeita pela análise económica que tentou assim demonstrar que a estrutura ideal assim criada e generalizada a todos os mercados de bens e de factores teriam um interesse económico e social importante.

Desta forma, um sistema em que a produção e a repartição dos bens e serviços estivesse assim estruturada, poderia ter uma eficiência concretizada, pelo que, em cada momento, os recursos disponíveis poderiam ser utilizados na produção daqueles bens que fossem mais desejados pela colectividade e nas quantidades que fossem mais necessárias. Por outro lado, a repartição dos resultados obtidos seria o reflexo do esforço e do contributo que cada agente económico desse às tarefas da produção.

---

[6] Qualquer política de concorrência visa, no seu essencial, garantir a existência de uma concorrência efectiva, objectiva e clara no mercado, por forma a que a procura não dependa da oferta e vice-versa.

Por outro lado, cada bem e cada serviço que viesse a ser produzido iria parar às mãos dos consumidores que mais deles tivesse necessidade e ou que mais os valorizassem. Este sistema seria, por isso, um sistema de maximização social. A concorrência perfeita só encontra paralelo no seu aspecto formal com o monopólio puro, não havendo exemplo prático da sua aplicação. Encontram-se todavia situações que, de algum modo, se lhe aproxima, é o caso de algumas bolsas de valores e mercados agrícolas.

De outro lado, a concorrência perfeita enquanto modelo de análise económica, serve porém para se estabelecer um marco de referência no juízo e análise do grau de imperfeição dos mercados reais e dos custos sócio-económicos deles, bem como para se sacar dos elementos negativos das formas de mercado da vida real, sejam a concorrência monopolista e o oligopólio.

Num outro particular, a concorrência perfeita enquanto modelo económico de análise, serve para se encontrar a justificação da necessidade que hoje se verifica das políticas de defesa da concorrência. Em suma, estar-se a preservar e a fomentar a concorrência é, sem dúvida e para os mercados reais, estar a procurar um tipo de organização económica que seja eficiente tanto para a produção como para a distribuição de bens e serviços.

As limitações da concorrência

Ao modelo da concorrência perfeita haverá porém que estabelecer duas limitações essenciais. A concorrência dava à colectividade todos os bens que esta quisesse, no entanto, nos mercados reais, o que releva são as necessidades solventes, ou seja, as necessidades capazes de serem satisfeitas por um rendimento suficiente. Ora os consumidores, quanto às suas necessidades poderiam tomá-las como custos, no entanto, as suas capacidades de rendimento são desiguais. O mercado concorrencial subvalora por isso as necessidades, até chagarmos à conclusão de que a concorrência vai resolver o problema do quê e como produzir.

Pelo que foi dito, pode atribuir-se à concorrência capacidade de maximização relativamente à produção e isso pressupõe que os preços estão a reflectir todos os custos e proveitos inerentes. No entanto, há que convir de que nem todos os custos, nem todos os proveitos passam forçosamente pelo mercado, é o que se passa quanto à produção industrial e à prevenção sanitária, pelo que se pode concluir que o mercado concorrencial não garante de forma segura a afectação óptima dos recursos e o máximo de rendimento.

As formas não perfeitas de concorrência. Em contraponto da concorrência perfeita, temos a concorrência monopolista e o oligopólio concorrencial, aliás as formas de concorrência que mais se aproximam da realidade dos mercados actuais. Vamos ver o significado de cada uma delas na economia do presente trabalho, seguindo o raciocínio que deixamos atrás e tendo sempre em atenção que estamos a falar da concorrência no âmbito do que é jurídico, não do que é a ciência económica.

Concorrência monopolista

No mercado onde se verifica a concorrência monopolista, encontramos os maiores elementos de aproximação à concorrência perfeita, isto é, a existência de um grande número de vendedores que operam sem qualquer laço de dependência entre si, produzindo cada um de per si uma parcela muito reduzida da oferta e dentro de um sector cujo acesso é aberto. No entanto, é de apontar, que aqui os produtores oferecem no mercado variantes que são diferentes, isto é, o produto não é homogéneo, ou antes, não é perfeitamente homogéneo. Aquela diferenciação do produto não assenta em características técnico/económicas, nas embalagens, no desenho, na sua apresentação ou até mesmo na marca, antes ele é individualizado e distinto no espírito do consumidor. Ora neste particular entre a acção da publicidade, actuando como meio de informação sobre e relativamente às diferenças reais do produto ou para chamar a atenção (obsessiva) das suas características particulares, o produto de cada empresa, embora que idêntico, ganha unicidade e por aí a empresa ganha "poder", poder de monopólio e de algum controle sobre o preço do produto no mercado. Este poder, será tanto maior quanto maior for o grau de subjectividade na diferenciação do produto colocado a concorrer no mercado. Nesta perspectiva, cada vendedor tem interesse próprio em conseguir fazer a distinção do seu produto no mercado face aos demais produtos.

Este esforço de distinção e de diferenciação do produto pode, em muitas situações e no extremo conduzir a que a empresa e a própria economia tenham custos, custos estes que em nada contribuem para a utilidade ou para a satisfação das necessidades do consumidor[7]

Oligopólio concorrencial

Ao contrário da concorrência monopolista, no oligopólio, o mercado tem a presença de poucas empresas, poucos vendedores, de modo que cada um detém já e à partida, uma parte significativa da oferta total, podendo por isso exercer alguma influência sobre o mercado e nomeadamente sobre os consumidores, a tal ponto de criar dificuldades acrescidas à entrada de novos produtos. O comportamento daquelas poucas empresas nem sempre é concorrencial, antes é frequente a existência de acordos (ex. cartéis) ou até a existência de mero paralelismo de comportamento entre empresas, mesmo com as limitações dos mecanismos legais hoje existentes para a restrição e repressão do monopólio.

Os mercados reais e a concorrência

Podemos sacar da análise dos pontos anteriores que a concorrência, independentemente da forma que assuma no mercado existe, excepto no caso da verificação de monopólio legal, em que a própria lei veda a entrada de mais do que uma empresa para a produção e ou para a comercialização do produto. Fora este, todo o mercado está mais ou menos aberto a que se assista à competi-

---

[7] A concorrência, do ponto de vista da actuação dos sujeitos no mercado, traduz-se num esforço para a obtenção de vantagens, sendo que aquele esforço manifesta-se ou pode manifestar-se dentro de uma diversidade vária de elementos, sejam: os preços, a qualidade, a quantidade, as condições de venda, os descontos, a publicidade, etc., etc.

ção entre os agentes económicos do mercado. Neste mercado da concorrência as empresas vão-se relacionando e graduando as suas relações concorrenciais, tornando-se em alguns casos difícil detectar qual o grau e estado de concorrência e de competição e, consequentemente, o nível da concorrência, tendo que se deitar mão de vários elementos de análise para a sua verificação. Ora, mesmo utilizando um conjunto de elementos que servem de detectores da existência de concorrência, como por ex: a homogeneidade ou a dispersão de preços, as margens de lucro, etc., etc., não são deveras suficientes para aquele efeito. O método tentado e testado por J. M. Clark, para obter a formalização de uma noção operacional de concorrência, ficou-se pela utilização de elementos empíricos e dados estatísticos que não são suficientes para o apuramento rigoroso dos dados e a consequente conclusão.

O que é então a concorrência?

O Relatório do Parlamento Europeu sobre o 15.º Relatório da Política de Concorrência da CEE – 1986, a dado passo refere, "...a política de concorrência constitui a melhor maneira de proteger o consumidor, de criar emprego a longo prazo e de assegurar uma economia europeia mais forte...". A concorrência é portanto algo que uma vez utilizado na economia e através de uma política para o seu exercício, se torna como instrumento de desenvolvimento económico. A concorrência será um processo cuja existência é constante e não transitório ou temporário, servindo-se de todo um conjunto de elementos, por isso multidimensional para que alguém, as empresas possam através desse processo e de vários mecanismos colher vantagens próprias em face das demais empresas concorrentes no mercado, vantagens essas que se procuram obter durante o maior período de tempo possível.

Assim, podemos ensaiar o conceito de concorrência apresentado pelo Eng. Eduardo L. Rodrigues que nos diz ser a concorrência "...um processo permanente e multidimensional de gerar vantagens comparativas e de as ir perpetuando quase sempre pela sua renovação e inovação em ordem ao melhor usufruto possível dos factores escassos existentes...".

O sentido e o alcance do direito da concorrência

A disciplina da concorrência, as regras que regem a concorrência, vistos como termos que caracterizam ou são caracterizadores, englobam em si uma multiplicidade de sentidos, nem sempre coincidentes com a matéria do direito da concorrência e ou que tem a ver com tal. Cabe porém fixar o objecto sobre que pretendemos fazer recair o sentido a apurar, pelo que é sabido estarmos a tratar da concorrência enquanto complexo de relações jurídicas que anseiam por um regime jurídico, queremos então o direito da concorrência. Assim, direito da concorrência ou disciplina da concorrência, encaminha-se para um conjunto de normas jurídicas que dizem respeito à distribuição de produtos, de bens ou de serviços no mercado. Porém, este é m sentido daquela multiplicidade de que falava Tullio Ascarelli, in Teoria de la Concorrência y de los Biens Immateriale, 1970. Este sentido abarca o carácter obrigacional, o aspecto negocial, de transacção, pelo que não é o que mais nos vai interessar, outrossim, o sentido da sua regulamentação jurídica mais específica que disciplina o confronto dos sujeitos enquanto agentes no mercado, o confronto entre as empresas que se inter-relacionam no local onde convivem, o mercado e as normas disciplinadoras, aquelas que devem constar de um diploma legal especial a eles dirigido, enquanto agentes participadores do mercado com os produtos, bens e serviços.

Àquele conjunto de normas, ou de regras, podemos chamar direito da concorrência e, numa primeira abordagem, também podemos como afirma Beenitz, dizer que o direito da concorrência, "... é definido como parte do sistema legal que tende à fixação das normas que são aplicáveis ao exercício da actividade económica, através de regras que são relativas ao estabelecimento de empresas, à comercialização dos seus produtos, às relações comerciais, à protecção do consumidor, etc...". Beenitz, opina ainda que o direito da concorrência constitui um ramo de um certo direito de mercado ... será este um direito comercial, direito económico? ... esta é uma questão que vamos procurar responder em outros pontos deste trabalho.

Em suma, o direito da concorrência não é mais que o conjunto das normas jurídicas que visam especial e concretamente a defesa, a preservação, a promoção da estrutura global do mercado, seja ele qual for, contra as atitudes dos respectivos agentes económicos que se movimentam no mercado em defesa da sua empresa e que, de forma natural e por força da natureza e do fim das suas relações, se confrontam com vista à melhor colocação dos seus produtos, bens ou serviços. Desta conclusão, será que ficamos com ideia do que é a concorrência?

A prática da anti-concorrência é já conhecida desde, pelo menos, o período clássico do direito romano e no período pós-clássico, era já uma realidade a existência de um grande número de leis que disciplinavam aquelas práticas. O problema da concorrência é, por isso, conhecido e sentido desde há muito e ao longo dos tempos. A criação legislativa foi, devagar ou depressa, acompanhando as necessidades de regulamentação. É porém nos períodos mais próximos do nosso tempo que a actividade legislativa e a doutrina mais se desenvolveram, e feito compreensível da aceleração do desenvolvimento económico das sociedades e das constantes variações que se verificaram nos mercados dos produtos. A protecção e a defesa da concorrência tornou-se, por isso, peça fundamental do jogo da economia, não apenas da nacional de cada país, mas de toda a economia. Este crescente desenvolvimento do direito da concorrência acompanhou o andar da história e dos seus ciclos. Assim, no direito mercantil – direito comercial para outros, costuma-se enquadrar o seu desenvolvimento e o seu crescimento apontando-se no essencial quatro períodos ou etapas fundamentais, a saber:

    a) O período das corporações – correspondente sensivelmente ao séc. XII, até meados do séc. XVI – embora se não tratasse propriamente de legislação com regras objectivas de defesa da concorrência, demonstravam já essa tendência e esse objectivo;

    b) O período que medeia os meados do séc. XVI até ao séc. XVIII – altura em que começaram a surgir os estados modernos, em que se verifica a expansão colonial, nomeadamente de alguns países europeus, o desenvolvimento da indústria e, no mundo jurídico, se assiste à estatização do direito mercantil;

    c) O período que medeia os fins do séc. XVIII, nomeadamente a partir da Revolução Francesa, até à 1.ª Grande Guerra,

em que se verifica a instituição na economia do liberalismo, marco importante para o desenvolvimento;
d) O período iniciado com a 1.ª Grande Guerra e até ao tempo presente – assistindo-se à intervenção do Estado na economia.

A liberdade de acesso ao mercado só assume assim verdadeira importância a partir da implantação do liberalismo, sendo que a partir dele o mercado abre-se a toda a actividade económica sem grandes entraves. A par desta liberdade de acesso ao mercado, surge também a liberdade de concorrência que, por sua vez e a pouco e pouco, causou a necessidade de regulamentação e de limitação do comportamento dos agentes económicos que actuam no mercado, sem que no entanto se alterem ou modifiquem os grandes princípios orientadores da economia, sejam o princípio da liberdade de indústria, de comércio, a liberdade de acesso ao mercado, a liberdade de iniciativa, a autonomia privada e a liberdade contratual.[8][9]

O DIREITO DA CONCORRÊNCIA E O SEU CAMPO DE APLICAÇÃO

O direito da concorrência aplica-se a todos os sectores da actividade económica, dentro de um espaço e de um tempo bem definido. A aplicação deste conjunto de normas vem definida com relação ao Direito Português, na Lei n.º 18/2003, de 11.06, a sua

---

[8] A concorrência é um dos elementos base (chave) da economia capitalista e, nomeadamente, um elemento imprescindível para a Teoria do liberalismo económico. É pela concorrência que conhecemos o estado de competição que se verifica entre vários agentes económicos num dado momento e num dado lugar (o mercado). Pelo lado do liberalismo económico, a concorrência traduz-se numa competição activa dos agentes económicos que não estão limitados pela acção pública, devendo o poder público abster-se de intervir no mercado, sob pena de aquela concorrência activa pecar por se encontrar falseada.

[9] A concorrência existe quase por toda a parte, desde a economia até à política, seja nos preços, na qualidade dos bens, nos serviços, na publicidade, nos lobbys e nos grupos de pressão que funcionam junto do poder governamental, etc..

aplicação material no espaço e no tempo. O artigo 1.º daquele diploma legal estabelece as regras da sua aplicação que vamos esquematicamente elucidar da forma que passamos a expor nos pontos de estudo seguintes.

A aplicação material

As regras de concorrência aplicam-se a todas as actividades económicas exercidas com carácter permanente ou ocasional, sejam nos sectores privado, no público e ou até no sector cooperativo. A lei francesa vai neste mesmo sentido – art. 53 de L'Ordonnance de 1986 que estabelece: "les régles définies à la présente ordennence s' appliquent à toutes les activités de production, de distribution et de services, y compris celle qui sont le quit de personnes publiques".

A lei estabelece, portanto, a aplicação material das normas da concorrência, nomeadamente a todos os sectores da actividade económica, sejam elas exercidas com carácter de permanência ou ocasional e para todos os sectores da actividade económica, isto é, para os sectores público, privado e cooperativo. Deste modo, vemos que o Direito da Concorrência se aplica a toda a universalidade da actividade económica, esteja esta ou não delimitada por sectores de actividade, não se indicando excepções relativamente à sua aplicação, antes fazendo-se uma abrangência universalista a toda a economia. Neste particular, todas as profissões, todas as actividades económicas e profissionais estão submetidas à disciplina das normas do Direito da Concorrência. Do mesmo modo, o Direito da Concorrência aplica-se a todas as pessoas de direito privado e público.[10]

---

[10] Relativamente à questão de se aplicar as regras da concorrência às empresas públicas, v. de entre outros Robert Lecourt, in L' Europe dês Jugues, Bruxelas,1976, págs. 70 e ss; Sousa Franco, in Comunidades Europeias, 2.ª Edição, Lisboa, 1987 e Jorge Ferreira Alves, in Direito da Concorrência nas Comunidades Europeias, Coimbra, 1989.

A aplicação no espaço

O Direito Português da Concorrência aplica-se a todo o território nacional, relativamente a todas as práticas restritivas da concorrência que, embora não ocorram em território Português, nele produzam os seus efeitos. Nesta matéria o Estado Português tem competência para aplicar o direito comunitário da concorrência e de o fazer cumprir em razão do disposto no art. 89.º do Tratado de Roma e do Regulamento CEE n.º 17 de 06.02.1962, sendo que o referido Regulamento Comunitário é o primeiro dispositivo legal comunitário de aplicação dos artigos 85.º (agora 81.º) e 86.º (agora 82.º) do T.R., dispondo que as autoridades dos Estados Membros, têm competência para aplicar as disposições do artigo 85.º, parág. 1 e o art. 86.º. O Tribunal de Justiça definiu autoridades de um Estado Membro como sendo "Soit les autorités administratives chargées dans la plupart des États membres d' appliques da législation nationale sur la concurrence sour le controle de légalité exercé par les juridiction compétantes, soit les juridictions auxquelles dans d' autres États membres, la même mission a été spécialement confiée ". (cf. o Ac. de 30.04.1986, in processo Ministério Público/Asjes, Graux, Maillot e outros).

A disciplina estipulada pelo art. 1.º n.º 2 da Lei n.º 18/2003 de 11.06, deixa porém uma ressalva ou excepção à regra geral, que é a reserva das obrigações do Estado Português relativamente a acordos internacionais que eventualmente tenha feito em matéria do direito da concorrência e ou relacionados com qualquer acordo em matéria económica.

A aplicação no tempo

Antes da entrada em vigor da Lei n.º 18/2003, de 11 de Junho, o regime jurídico e as regras da concorrência no direito Português constavam do DL n.º 422/83 de 03.11, e depois do DL n.º 371/93, de 29.10 ora revogado, em ordem a uma melhor adaptação da ordem jurídica portuguesa aos desenvolvimentos entretanto verificados na economia nacional e internacional, bem como para que se prosseguisse mais de perto o objectivo definido do melhor equilíbrio da concorrência entre as empresas portuguesas, princípio este delimitado e expresso na C.R.P., no artigo 81.º, alínea f) e ainda para que se procedesse a uma maior aproximação da ordem jurídica portuguesa aos grandes princípios do Direito Comunitário, expressos no Tratado de Roma e concretamente no Tratado de Adesão de Portugal.

DIREITO DA CONCORRÊNCIA E CONCORRÊNCIA DESLEAL

O Direito da Concorrência, enquanto complexo de normas em constante desenvolvimento, tem atinências com outros direitos e sofre de outras influências e atinências, não apenas pelo carácter de relacionamento técnico-jurídico, como também porque tal resulta da vida social. Qual a posição do Direito da Concorrência no quadro do Direito Português e do respectivo sistema jurídico? Alguma doutrina tem opinado que o Direito Industrial está englobado no Direito da Concorrência, sendo que este abrangeria de forma consequente a concorrência desleal. Esta opinião leva à conclusão de que todos os direitos privativos seriam desta maneira, direitos reguladores da concorrência. Ora a concorrência não encerra em si a concorrência desleal do direito da propriedade industrial (v. Paulo Sendim e Carlos Olavo). Porém, se toda a concorrência se estabelece entre empresas, então os titulares dos direitos privativos teriam então forçosamente de ser empresas (v. Oliveira Ascenção). Na verdade, tal não é verdadeiro, porquanto e p. ex. o art. 53.º do anterior C.P.I. [11] – direito à patente – a patente pertence ao seu inventor ou seus sucessores e estes podem não estar ligados à empresa. Acresce que, por outro lado, pode haver defeitos que estejam desligados da concorrência, no entanto a sua função é a

---

[11] Artigo 53.º do C.P.I.(anterior):
1 – O direito à patente pertence ao inventor ou seus sucessores por qualquer título;
2 – Se forem dois ou mais autores da invenção, o direito de requerer a patente pertencerá em comum a todos eles.

de incidirem sobre a concorrência, isto porque, se é conferido ao inventor uma patente e este a explora em exclusivo, então está a ser empresa na mesma posição face aos seus concorrentes (v. Oliveira Ascenção).

Desta maneira, não podemos concluir que os direitos privativos sejam elementos que regulam de forma directa ou indirecta a concorrência, isto porque então poderíamos dizer que todo o Direito Comercial é direito da concorrência e isso não é verdadeiro. Verdade é que o que regula a concorrência é o próprio mercado e só este e isto na medida em que é dele que resultam todas as relações jurídicas que constituem e que solicitam a disciplina jurídica adequada para a criação de um complexo normativo próprio.

Quer isto significar que o direito da concorrência tem as suas regras próprias, em tudo distintas do direito comercial e do direito da empresa, do mesmo modo que o direito da propriedade industrial tem as suas regras e disciplina, podendo ainda dizer-se que existem direitos privativos em situação em que a questão da concorrência não se põe, é o caso da firma, das marcas e das patentes em que a sua utilização nada tem a ver com a concorrência. Com alguns autores somos também da opinião de que a concorrência desleal deveria ser retirada da propriedade industrial e entrar no direito da empresa, isto porque aquela é uma questão que se coloca entre empresas. Além do mais, a concorrência desleal não se confunde, como vimos, com os direitos privativos, aquela é um tipo complexo que não coincide com a violação de qualquer direito privativo.[12]

O antigo Código da Propriedade Industrial (1940) definia concorrência desleal como sendo...todo o acto de concorrência contrário às normas e usos concretos de qualquer ramo de actividade económica (art. 212.º).

---

[12] Lobo d' Ávila, num estudo que dedicou em exclusivo à concorrência desleal, classifica-a de...assunto de âmbito impreciso e rude açambarcamento..., in Da Concorrência Desleal, Coimbra, 1910. Esta afirmação prende-se com a dificuldade que se verifica na doutrina em delimitar os princípios da concorrência desleal e dos limites do seu estudo. O italiano P. Bonfante, diz ainda que... a concorrência desleal é uma nebulosa de consistência duvidosa com contornos vagos e oscilantes..., in revista di Diritto Commerciale, vol. II – 1908.

Hoje, o C.P.I., no artigo 317.º, dispõe: Constitui concorrência desleal todo o acto de concorrência contrário às normas e usos honestos de qualquer ramo de actividade económica, nomeadamente:...

Ora a concorrência desleal não se confunde com o direito da concorrência. Na verdade, a concorrência desleal distingue-se dos vários tipos de restrições à concorrência, aquela tem por função assegurar termos correctos de concorrência e não restrições, do mesmo modo que se distingue das restrições negociais à concorrência, nomeadamente as que resultarem dos possíveis pactos de não concorrência. A concorrência desleal distingue-se ainda do direito da concorrência, relativamente às chamadas leis de defesa da concorrência e nos instrumentos comunitários que cada vez mais são introduzidos na ordem jurídica portuguesa, conceitos e noções inovadores para o Direito Português. Por outro lado, o Direito da Concorrência estabelece por si os quadros em que a concorrência se pode desenvolver e isto constitui matéria da economia, do direito da economia.

Nos dias de hoje, o direito da concorrência visa a concorrência livre, a concorrência desleal, a concorrência leal e da violação das regras da 1.ª pode não resultar prejuízo para os sujeitos singulares, individuais, é o caso por exemplo da constituição dos monopólios. Para a 2.ª a violação das suas regras implica sempre o prejuízo de um sujeito, o concorrente.[13]

O Direito da Concorrência, em suma, tem um carácter injuntivo, já que o interesse primordial a atender é o interesse público, inserido este dentro de um sistema económico. Por seu lado, para a concorrência desleal o seu interesse primordial radica nas empresas que se movimentam no mercado.

---

[13] Sobre o conceito de concorrência desleal, é de v. os Acs. do S.T.J. respectivamente de 25.11.1955 e de 13.02.1959, in Bol. da P.I., 52 – 666 e 84 – 416.

UMA VISÃO DAS REGRAS DA CONCORRÊNCIA NA UNIÃO EUROPEIA. O TRATADO DE ROMA

A criação da União Europeia, com um mercado único, implica, para o seu funcionamento, a suspensão de forma gradual, ou não, das barreiras económicas existentes entre os Estados Membros. Os acordos de direito privado, os acordos celebrados entre as empresas podem afectar as trocas entre os Estados Membros ou até mesmo criar divisões no seio do mercado único. Na verdade, as regras comuns de orientação económica podem ser afectadas com os acordos privados das empresas, na medida em que colidam com os interesses da comunidade e das regras por esta estabelecidas. Desta situação, teve a comunidade conhecimento, que traduziu na elaboração de um conjunto de regras de protecção à concorrência, fazendo para isso constar do próprio Tratado que a instituiu, a disciplina a observar em matéria de concorrência, tudo com a intenção de que não sejam prejudicadas as trocas entre os Estados Membros, nomeadamente com os acordos privados celebrados entre as empresas.

Os artigos 81.º a 89.º do T.R. ocupam-se da disciplina e das regras da concorrência, enquanto instrumento de política económica da União. No desenvolvimento da política económica comum, estabeleceu-se a proibição expressa de determinados comportamentos que visem, de qualquer forma, a alteração e ou a violação das regras da concorrência. É certo que quando o Tratado de Roma entrou em vigor, os Estados Membros tinham já regras que disciplinavam a concorrência, mas estas funcionavam exclusivamente ao nível interno e para as empresas nacionais.[14]

Instituída a comunidade, ora União Europeia, pôs-se forçosamente a questão de saber como relacionar então a existência de dois conjuntos de regras que regulavam a concorrência, ou seja,

---

[14] O controlo das práticas restritivas no âmbito do Direito Comunitário é solucionado a partir de 3 elementos fundamentais: o do controlo dos abusos; o da proibição com excepção legal; o da proibição com reserva de autorização.

por um lado as regras próprias de cada Estado, por outro as regras instituídas pelo Tratado. Nesta matéria surgiram duas teorias, a saber, a teoria da barreira única, que se traduzia no facto de se entender que a concorrência encontraria uma barreira legislativa, a do direito comunitário da concorrência; a teoria da dupla barreira, para a qual se seguia o entendimento de que um qualquer comportamento, para ser legítimo, era preciso que também o fosse não só perante a lei nacional como perante a lei comunitária. A questão era sem dúvida pertinente e efectivamente controversa, dados os valores e os interesses em causa, sejam os interesses das empresas, sejam os interesses dos Estados Membros e da comunidade. O Tribunal de Justiça debruçou-se sobre esta matéria em vários acórdãos que proferiu, resultando de todos eles a ideia de que ... se o comportamento das empresas fosse susceptível de afectar o comércio entre os Estados Membros, isso conduzia a ... determinar, em matéria de regulamentação de acordos, o império do direito comunitário em relação aos Estados .... A este propósito é de cf. os Acs. do T.J. de 13.07.1966 no processo Grundig-Consten; de 13.02.1969 no processo Walt Wilhelen; de 14.12.1972 no processo Boehringer e nos de 10.07.1980 do processo Guerlain, Rochas, Lanwin, Nina Ricei.

Ora a partir desta conclusão do T.J., pode dizer-se que o direito comunitário da concorrência, acaba por ter uma aplicação extraterritorial, pelo que a partir do momento em que o comércio intercomunitário seja de alguma forma afectado pela actuação das empresas nacionais, e ou de um pais terceiro até, é de aplicar sem dúvidas as disposições que constam dos artigos 81.º (antigo 85.º) e 82.º (antigo 86.º) do Tratado de Roma. A aplicação do direito da concorrência no espaço tem por base a análise dos efeitos do comportamento das empresas, por forma a se concluir ou não se aquele comportamento é de se subsumir numa norma do direito da concorrência. Esta conclusão pode também levar a que se não aplique as regras da concorrência previstas no Tratado de Roma a empresas que se situem no espaço comunitário e isto porque tão só os seus actos não produzem quaisquer efeitos dentro das relações comerciais entre os Estados Membros. Contudo e apesar daquela conclusão, relativamente aos acordos entre empresas nacionais e empresas de Estados terceiros, pode-se aplicar as regras da concorrência do T. R. quando os seus efeitos se produzam dentro da União. Cf. além de outros o Ac. do T. J. de 14.07.1962, no processo Matiéres Colorantes.

Dispõe o art. 81.º (antigo 85.º) n.º 1 primeira parte que são proibidos os acordos entre empresas, as decisões de associações de empresas e as práticas concertadas, sendo incompatíveis com o mercado comum, desde que tais comportamentos sejam susceptíveis de afectar o comércio entre os Estados Membros e que tenham por objectivo ou como efeito, impedir, restringir ou de qualquer forma falsear a concorrência no mercado comum. Assim, para se concluir por uma proibição do tipo enunciado, cumpre antes do mais analisar o comportamento tomado pela empresa. Por isso, importa saber, se o acordo celebrado entre empresas, a decisão da associação de empresas ou a prática concertada, é susceptível de afectar ou não o comércio entre os Estados Membros e por outro lado tem por objecto ou por efeito impedir, ou restringir, ou falsear a concorrência dentro do mercado comum. Importa porém saber, o que se deve entender por acordos de empresa e nesta matéria não encontramos no Tratado de Roma qualquer norma que defina ou nos dê ideia do que se deve ou pode entender por empresa. Mas, o T.J. em vários acórdãos foi oferecendo o que se deve entender por empresa para a economia do direito comunitário e nomeadamente para os fins do direito da concorrência comunitário, fixando o entendimento de que...a empresa, é constituída por uma organização unitária de elementos pessoais, materiais e imateriais, referidos a um sujeito juridicamente autónomo e que prossegue de uma maneira duradoura um fim económico determinado... Esta é a noção de empresa [15] que se encontra aceite e fixada para

---

[15] Para uma noção de empresa na perspectiva da ciência económica, cf. Dr. Alcindo dos Reis, in Código dos P.E.R.F., comentário ao artigo 1.º ...Do ponto de vista económico, a empresa é um complexo organizado de pessoas e bens – materiais e imateriais – cujo fim é a obtenção de proveitos ou lucros a favor do titular, o qual assume os riscos inerentes dessa actividade...

Ainda é de ver, o disposto no art. 2.º do C.P.E.R.F. que dispõe: Considera-se empresa, para o efeito do disposto no presente diploma, toda a organização dos factores de produção destinada ao exercício de qualquer actividade agrícola, comercial ou industrial ou de prestação de serviços.

o direito comunitário da concorrência. O T. R. também não nos dá a noção de acordo de empresa, esta tem que ser formulada tendo em conta a noção de empresa. Na verdade, é ainda o T. J. e agora também a própria Comissão que com as suas decisões fixam a noção, neste caso a de acordo de empresa. Para isso, são unânimes em entender que acordo de empresa é todo aquele acordo que reúne o consenso das partes acordantes, seja qual for a forma que assuma. Deste entendimento, podemos com segurança concluir que para o direito comunitário e nomeadamente o da concorrência, acordo de empresa pode ser uma simples associação de facto de empresas, um acordo formal com documento autêntico, uma simples troca de cartas, uma troca de telex e ou até uma simples troca de telefonemas. Na verdade, não se exige qualquer requisito especial, bastando para o efeito um simples consenso das partes, a reunião consensual da vontade das partes independentemente da forma como é feita.

A noção de decisões de associações de empresas não encontra tratamento específico tanto na jurisprudência comunitária como até nas decisões dos órgãos comunitários, sendo certo porém que se trata de uma matéria que é de simples apreciação e interpretação, pelo que com vários autores e até seguindo a posição do T. J. e dos órgãos comunitários, pode dizer-se que aquelas decisões são decisões tomadas pelas associações de empresas no âmbito da defesa dos interesses das empresas suas associadas e consequentemente do interesse comum das empresas associadas.

As práticas concertadas [16] não encontram no texto do Tratado de Roma qualquer norma que as defina ou que lhes aponte a noção. Porém coube ao T.J. apreciar a sua existência e o que se deve entender por prática concertada. É no Ac. proferido pelo T.J. de 16.12.1975 no processo Industrie Européenne du Sucre que, pela primeira vez nos aparece tratada esta noção. Assim, naquele acórdão pode ler-se: ...a noção de prática concertada visa uma forma de coordenação entre empresas que, sem ter sido traduzida

---

[16] A caracterização da prática concertada no âmbito do Direito Comunitário, é difícil, tendo em conta a comparação do comportamento das empresas em relação às condições do mercado.

na realização de uma convenção propriamente dita (formal) constitui uma cooperação prática e real entre elas quanto aos riscos da concorrência que não correspondem às condições normais do mercado, tendo em conta a natureza dos produtos, a importância e o número das empresas, bem como o volume e o carácter do referido mercado. Tal cooperação prática é constituída de uma prática concertada, nomeadamente quando permite aos interessados a cristalização de situações adquiridas em detrimento da liberdade efectiva de circulação dos produtos no mercado comum e a livre escolha pelos consumidores dos seus fornecedores...Cf. também e ainda sobre a noção de prática concertada, o Ac. do T.J. de 14.07.1981 no processo Comissões Bancárias em que o T.J. entendeu estar-se perante uma prática concertada, quando se verifica existir um paralelismo de comportamento que conduz a condições de concorrência que não correspondem às condições normais de mercado, tendo em conta a natureza dos produtos, a importância e o número das empresas e o volume do mercado.

De todo em todo, tem o T.J. considerado que para haver prática concertada, tem necessariamente de haver uma vontade intencional e que para se concluir pela sua existência, tem de se proceder a um estudo económico do mercado em causa, isto para que na análise a fazer, se possa colocar tal prática inserida no contexto do mercado de análise onde aquelas são exercidas.

A aplicação do artigo 81.º (antigo 85.º) do Tratado de Roma

Dispõe o artigo 81.º (antigo 85.º) do Tratado de Roma que:
"São incompatíveis com o mercado comum e proibidos todos os acordos entre empresas, todas as decisões de associações de empresas e todas as práticas concertadas que sejam susceptíveis de afectar o comércio entre os Estados Membros e que tenham por objectivo ou efeito impedir, restringir ou falsear a concorrência no mercado comum designadamente as que consistam em: ..."

Percorridas as noções de acordo de empresa, de decisões de associações de empresas e de práticas concertadas, põe-se agora o problema de saber quando se aplica o artigo 81.º (antigo 85.º) do Tratado de Roma.

Pelo texto da norma, colhemos que aquela se aplica sempre que o acordo de empresas, a decisão de associações de empresas e ou a prática concertada, afecte o comércio entre os Estados Membros. Não basta porém que o comércio entre os Estados Membros fique afectado, é necessário ainda e cumulativamente que aqueles de alguma forma tenham por objectivo e ou como efeito, impedir, restringir ou falsear a concorrência. Quanto à aplicação da disciplina do art. 81.º (antigo 85.º) do Tratado, pronunciou-se já o T.J. nomeadamente nos Acs. de 30.06.1966 no processo Maschinenban Ulm; de 06.03.1964 no processo ICI; de 25.11.1974 no processo Papiers Peints de Belgique e ainda nos acórdãos que foram proferidos nos processos Grundig – Consten e Brasserie de Herecht.

Acresce ainda que, o legislador comunitário, indica no art. 85.º do Tratado, o que designadamente pode afectar o comércio entre os Estados Membros e o que pode conduzir à violação das regras da concorrência, alíneas a) a e) do n.º 1, não estando a sua enumeração feita de forma exaustiva, antes exposta de forma exemplificativa. O n.º 2 do artigo estabelece o regime aplicável aos acordos e decisões violadores, sancionando com a nulidade. Este regime, não é já de aplicar às práticas concertadas em virtude de tão simplesmente estas não serem, na sua génese, sujeitas a forma e consequentemente os seus efeitos no mercado se verificarem de modo diferente daqueles.

A aplicação do artigo 82.º (antigo 86.º) do Tratado de Roma

Dispõe o artigo 82.º (antigo 86.º) do Tratado de Roma que:

É incompatível com o mercado comum e proibido, na medida em que tal seja susceptível de afectar o comércio entre os Estados Membros, o facto de uma ou mais empresas explorarem de forma abusiva uma posição dominante no mercado comum ou numa parte substancial deste...

Cabe entrar agora no que dispõe o artigo 82.º (antigo 86.º) do T.R. e quanto a ele, o regime que prevê, regula e baliza os pressupostos para o controle e o poder do ordenamento comunitário sobre toda a economia. Ao disciplinar as práticas abusivas e a posição dominante, está a norma a estabelecer regras estruturais para o mercado e a criar espaço de controlo económico do mercado em geral. O Tratado de Roma não estabelece em todo o seu texto o que se deve entender por práticas abusivas ou por posição dominante. Desta sorte temos que procurar nas decisões jurisprudenciais e dos órgãos comunitários os elementos de determinação daquelas noções.

Assim, a noção de posição dominante pode ser sacada da decisão tomada pela Comissão no processo United Brands de 17.12.1975 e nos Acs. do T.J. de 14.02.1978 no processo United Brands e de 13.02.1979 no processo Hoffman – La Roche. Destas decisões retira-se que uma posição dominante é aquela que ... uma empresa detêm e que lhe dá o poder (económico) de constituir um obstáculo à manutenção de uma concorrência efectiva no mercado em causa... por isso, para se determinar se uma empresa tem uma posição dominante no mercado e consequentemente viola as regras da concorrência, é necessário ver qual a sua posição e situação no mercado da concorrência, o tipo de empresa, nomeadamente quanto à sua estrutura funcional e de organização em todos os seus sectores, sempre tendo como base o mercado onde aquela posição dominante se verifica.

É proibido pelo texto do T.R. a existência de uma posição dominante e consequentemente o abuso dessa posição dominante, é o que resulta além de outros, do Ac. do T.J. de 13.02.1979 no processo Hoffman – La Roche.[17]

O T.R. no artigo 82.º (antigo 86.º) oferece a título meramente exemplificativo o que pode ser considerado como prática abusiva, pelo que nos termos daquele normativo, as práticas abusivas podem consistir: na imposição de uma forma directa ou indirecta de preços de compra, de preços de venda ou de qualquer outras

---

[17] A lei comunitária não proíbe as posições dominantes em si mesmas, antes proíbe as práticas abusivas de empresas numa situação de domínio económico. Por outro lado, da legislação comunitária resulta que não se fixaram critérios para a determinação da posição dominante, antes tem-se em conta a dimensão da empresa, o mercado, a diferenciação dos produtos, a existência de barreiras, o nível de competitividade, a rentabilidade da empresa, o nível de integração, e o seu avanço tecnológico.

condições de transacção dos produtos que não sejam equitativos; limitação da produção, da distribuição ou do desenvolvimento técnico, sempre em prejuízo dos consumidores; aplicação em relação a parceiros comerciais de condições desiguais por forma a colocá-los em posições desiguais no mercado; subordinação à celebração de contratos, à aceitação por parte de outros contraentes para a prestação de prestações suplementares que nada têm a ver com o objecto do contrato ou nem sequer fazem parte dos usos comerciais.[18] [19]

---

[18] A questão do controlo das concentrações e monopolizações no direito comunitário não está devidamente tratado, sendo que a própria legislação não se encontra vocacionada para aquele controlo efectivo e concreto. É porém o T.J. que através da jurisprudência produzida, encontrou solução para o problema do controlo das concentrações e das monopolizações, e desde logo no aresto sobre o processo Continental Can – Decisão da Comissão, publicada no JOL de 08.01.1972. Neste processo, o Tribunal anulou a decisão da Comissão e entendeu que podia constituir abuso o facto de uma empresa em posição dominante reforçar significativamente a sua posição ao ponto de o grau de domínio causar distorção na concorrência, por forma a não permitir no mercado a existência de empresas independentes face ao comportamento da empresa dominante. Por aqui o T.J. permitiu que se abrisse caminho para o controlo das concentrações. Assim se conclui que se o controlo da concentração é possível, embora que sem mecanismo específico e próprio, então é verdade que a monopolização é ou pode ser um abuso.

[19] O disposto nos artigos 81.º e 82.º do T.R. pode ser aplicado pelas jurisdições nacionais, prevalecendo sobre qualquer dispositivo nacional que lhe seja contrário. Acresce que a actuação da Comissão e a própria jurisprudência do Tribunal da União asseguram o cumprimento e o respeito pelas normas do Tratado, nomeadamente a aplicação e o respeito por aqueles normativos, podendo declarar a nulidade e aplicar multas às empresas violadoras.

LEGISLAÇÃO COMPLEMENTAR

DECRETO-LEI N.º 10/2003
de 18 de Janeiro

1 – A competitividade internacional da economia portuguesa não depende apenas da eficácia das suas empresas, mas também da qualidade do seu enquadramento normativo e da resposta do sistema jurídico às exigências da vida económica num contexto de mercado aberto.

Num tal contexto, as decisões dos operadores económicos quanto à escolha e à localização dos seus investimentos e quanto aos modos e métodos de prosseguimento das suas actividades têm cada vez mais em conta não só a qualidade das regras de concorrência em vigor, mas também, muito em particular, a eficácia com que são aplicadas pelas autoridades reguladoras e pelos tribunais competentes.

Em Portugal, após 20 anos de experiência de aplicação dos diplomas que instituíram o regime nacional de promoção e defesa da concorrência (essencialmente o Decreto-Lei n.º 422/83, de 3 de Dezembro, o Decreto-Lei n.º 428/88, de 19 de Novembro, e, por último, o Decreto-Lei n.º 371/93, de 29 de Outubro, que procedeu à revogação dos primeiros), vem-se sentindo com especial premência a necessidade de criação de uma autoridade prestigiada e independente, que contribua, em primeira linha, para assegurar o respeito das regras de concorrência pelos operadores económicos e outras entidades e para criar em Portugal uma verdadeira cultura da concorrência.

2 – O diploma que agora se publica constitui o primeiro passo para a reforma que se impõe no quadro jurídico da concorrência em Portugal, indispensável à modernização e competitividade da nossa vida económica.

Procede-se assim à criação da Autoridade da Concorrência e aprovam-se os respectivos estatutos, revogando-se, em consequência, o Decreto-Lei n.º 371/93, de 29 de Outubro, no que respeita à estrutura institucional de aplicação da legislação de concorrência aí prevista.

O presente diploma será seguido, a muito curto prazo, pela revisão dos aspectos substantivos e processuais da legislação da concorrência, vertidos igualmente no Decreto-Lei n.º 371/93, de 29 de Outubro, diploma cuja modernização e actualização se impõem no actual quadro comunitário e no contexto de internacionalização e de globalização crescente das economias.

3 – Ao reconhecer à Autoridade o estatuto de independência compatível com a lei e a Constituição da República e ao conferir-lhe as atribuições, os poderes e os órgãos indispensáveis ao cumprimento da sua missão, o Governo pretende, antes de mais, restaurar a credibilidade das instituições responsáveis pela defesa da concorrência em Portugal e assegurar a sua plena integração no sistema comunitário e internacional de reguladores da concorrência.

Em especial, a profunda evolução em curso na legislação comunitária impõe a existência de uma autoridade da concorrência que seja efectivamente capaz de promover a aplicação das normas comunitárias em vigor e de se inserir com eficácia na rede de reguladores da concorrência que, sob a égide da Comissão Europeia, se estenderá a todos os Estados membros da Comunidade.

4 – O primeiro traço característico desta nova entidade é o seu carácter transversal no que respeita à missão de defesa da concorrência: a nova Autoridade terá pois a sua jurisdição alargada a todos os sectores da actividade económica.

Além disso, reunirá quer os poderes de investigação e de punição de práticas anticoncorrenciais e a instrução dos correspondentes processos, quer os de aprovação das operações de concentração de empresas sujeitas a notificação prévia, sem prejuízo, relativamente aos sectores objecto de regulação, da desejável e necessária articulação com as respectivas autoridades reguladoras sectoriais.

Desta forma, por um lado, confere-se unidade orgânica às funções actualmente repartidas, em termos nem sempre claros, entre a Direcção-Geral do Comércio e da Concorrência (DGCC) e o Conselho da Concorrência, pondo-se termo a uma experiência que, com a prática, se revelou fonte de ineficiências e divergências de orientação susceptíveis de minar a credibilidade da política de concorrência em Portugal.

Por outro lado, acentua-se, sem prejuízo da criação de vias de recurso extraordinárias, a desgovernamentalização do processo de apreciação prévia das operações de concentração.

Finalmente, sublinha-se o estatuto de independência que, pelo presente diploma, é conferido à Autoridade, seja pela sua qualificação como pessoa colectiva de direito público de carácter institucional, seja pela atribuição de autonomia patrimonial e financeira, seja ainda pelos requisitos de nomeação, duração do mandato e regime de incompatibilidades e impedimentos dos membros do seu órgão directivo.

5 – São igualmente de realçar as alterações introduzidas no actual regime dos recursos das decisões em matéria de concorrência, as quais passam a ser impugnáveis junto do Tribunal de Comércio de Lisboa, independentemente de serem proferidas em sede de processos de contra-ordenação ou de procedimentos administrativos, evitando-se assim, no contexto de uma indispensável e progressiva especialização dos nossos tribunais, que decisões sobre matérias da mesma natureza sejam apreciadas ora por tribunais judiciais, ora por tribunais administrativos.

É ainda de referir, relativamente ao sistema de controlo prévio das concentrações, a possibilidade, inovadora e inspirada no regime alemão, de os autores da notificação interporem, para o ministro responsável pela área da economia, com fundamento no interesse geral para a economia nacional, um recurso extraordinário das decisões da Autoridade que proíbam operações de concentração de empresas.

6 – Finalmente, em sede de disposições finais e transitórias, registe-se a preocupação de regular com o maior cuidado os problemas suscitados pela transferência de competências dos actuais organismos responsáveis pela aplicação da política de concorrência – Direcção-Geral do Comércio e da Concorrência e Conselho da Concorrência – para a nova Autoridade, no período que medeia entre a sua criação e o momento em que a Autoridade será considerada como estando em condições de exercer a plenitude das suas atribuições.

Define-se igualmente um regime transitório para alguns aspectos processuais e de competência jurisdicional, na medida necessária a evitar situações de vazio legal enquanto não se procede à revisão dos aspectos substantivos e processuais da legislação de concorrência contidos no Decreto-Lei n.º 371/93, de 29 de Outubro. É assim que, entre outros aspectos, se prevê que, transitoriamente, a fiscalização das decisões em matéria de controlo prévio das concentrações continue a ser assegurada pelos tribunais administrativos, mas de acordo com as regras gerais do contencioso administrativo.

7 – Está o Governo plenamente consciente de que a criação da Autoridade da Concorrência, juntamente com a modernização e aperfeiçoamento da legislação de defesa e promoção da concorrência, abre uma nova era no quadro legal de funcionamento da economia portuguesa, assegurando a sua plena inserção nos sistemas mais evoluídos e permitindo aos agentes económicos dispor de um ordenamento concorrencial seguro e moderno, capaz de promover o funcionamento eficiente dos mercados, a repartição eficaz dos recursos nacionais e, sobretudo, a satisfação dos interesses dos consumidores.

Assim:

No uso da autorização legislativa concedida pela Lei n.º 24//2002, de 31 de Outubro, e nos termos das alíneas a) e b) do n.º 1 do artigo 198.º da Constituição, o Governo decreta o seguinte:

CAPÍTULO I

Artigo 1.º

Objecto

É criada a Autoridade da Concorrência, adiante designada por Autoridade, à qual caberá assegurar o respeito pelas regras de concorrência, tendo em vista o funcionamento eficiente dos mercados, a repartição eficaz dos recursos e os interesses dos consumidores.

Artigo 2.º
Natureza e regime jurídico

A Autoridade é uma pessoa colectiva de direito público, de natureza institucional, dotada de órgãos, serviços, pessoal e património próprios e de autonomia administrativa e financeira, sendo o seu regime jurídico definido nos Estatutos anexos ao presente diploma.

Artigo 3.º
Estatutos da Autoridade

São aprovados os Estatutos da Autoridade, os quais constam de anexo ao presente diploma, de que fazem parte integrante.

CAPÍTULO II
Disposições finais e transitórias

Artigo 4.º
Período de instalação

1 – A Autoridade é considerada como estando em condições de desempenhar a plenitude das suas atribuições no prazo de 60 dias contados a partir da data da entrada em vigor do presente decreto-lei.

2 – Os membros do conselho da Autoridade devem ser nomeados no prazo máximo de 30 dias contados a partir da data da entrada em vigor do presente diploma.

3 – Compete aos membros do conselho da Autoridade, no decurso do prazo referido no n.º 1 deste artigo, praticar os actos necessários à assunção, pela Autoridade, da plenitude das suas atribuições, designadamente aprovar os regulamentos internos a que se referem os artigos 26.º e 27.º dos Estatutos e contratar o pessoal indispensável ao início das suas actividades.

4 – Os encargos decorrentes do funcionamento da Autoridade, até ao termo do prazo referido no n.º 1 deste artigo, são suportados pelo orçamento do Ministério da Economia, podendo, para o efeito, ser movimentadas verbas dos capítulos I e II do referido orçamento.

5 – A Secretaria-Geral do Ministério da Economia assegurará as instalações, equipamentos e outros meios necessários à actividade da Autoridade, durante o período referido no n.º 1 do presente artigo.

Artigo 5.º
Conselho da Concorrência e Direcção-Geral do Comércio e da Concorrência

1 – No termo do prazo referido no n.º 1 do artigo anterior:
a) É extinto o Conselho da Concorrência;
b) A Autoridade passa a exercer as competências conferidas à Direcção-Geral do Comércio e da Concorrência pelo Decreto-Lei n.º 370/93, de 29 de Outubro, na redacção que lhe foi dada pelo Decreto-Lei n.º 140/98, de 16 de Maio, sem prejuízo do disposto no número seguinte.

2 – A Direcção-Geral do Comércio e da Concorrência continua a exercer, até à publicação de novo diploma orgânico, as competências que lhe estão legalmente conferidas que não colidam com as atribuições cometidas à Autoridade pelo presente diploma.

Artigo 6.º
Articulação com autoridades reguladoras sectoriais

1 – As atribuições cometidas à Autoridade pelos Estatutos anexos ao presente diploma são por aquela desempenhadas sem prejuízo do respeito pelo quadro normativo aplicável às entidades reguladoras sectoriais.

2 – A lei definirá os modos de intervenção ou participação da Autoridade em questões ou processos relativos a domínios submetidos a regulação sectorial, na medida necessária à salvaguarda dos objectivos prosseguidos pela legislação de concorrência.

3 – A lei definirá, igualmente, as obrigações das autoridades reguladoras sectoriais relativamente às práticas restritivas da concorrência de que tenham conhecimento no desempenho das suas atribuições, bem como à colaboração com a Autoridade em matérias sujeitas a regulação sectorial.

4 – Para efeitos do disposto neste artigo, constituem entidades reguladoras sectoriais, entre outras, as seguintes:
a) Banco de Portugal (BP);
b) Instituto de Seguros de Portugal (ISP);

c) Comissão do Mercado de Valores Mobiliários (CMVM);
d) Entidade Reguladora dos Serviços Energéticos (ERSE);
e) ICP – Autoridade Nacional de Comunicações (ICP – ANACOM);
f) Instituto Regulador das Águas e Resíduos (IRAR);
g) Instituto Nacional do Transporte Ferroviário (INTF);
h) Instituto Nacional de Aviação Civil (INAC);
i) Instituto dos Mercados de Obras Públicas e Particulares e do Imobiliário (IMOPPI).

Artigo 7.º
Referências legais

As referências, contidas em preceitos legais não revogados pelo presente diploma, ao Conselho da Concorrência e à Direcção-Geral do Comércio e da Concorrência, neste último caso apenas quando estejam em causa aspectos relacionados com as atribuições deste serviço em matéria de concorrência, consideram-se feitas à Autoridade, a partir do termo do prazo referido no n.º 1 do artigo 4.º do presente diploma.

Artigo 8.º
Transmissão de processos

1 – Os processos que se encontrem pendentes na Direcção-Geral do Comércio e da Concorrência e no Conselho da Concorrência no 30.º dia anterior ao termo do prazo referido no n.º 1 do artigo 4.º do presente diploma são, nessa data, remetidos oficiosamente à Autoridade.

2 – Nos casos a que se refere o número anterior, os prazos procedimentais, processuais ou substantivos consideram-se automaticamente suspensos, na primeira data ali referida, reiniciando-se a sua contagem no 30.º dia posterior ao termo do prazo referido no n.º 1 do artigo 4.º deste diploma, sem prejuízo do disposto no número seguinte.

3 – Os prazos procedimentais em procedimentos de autorização prévia de operações de concentração de empresas abrangidos pelo disposto no n.º 1 do presente artigo interrompem-se no 30.º dia anterior ao termo do prazo referido no n.º 1 do artigo 4.º do

presente diploma, iniciando-se nova contagem no dia seguinte ao termo do referido prazo.

4 – Nos casos abrangidos pelo disposto no número anterior, o prazo máximo de decisão do Conselho é, sob pena de deferimento tácito, de 30 ou 60 dias, consoante estejam em causa processos que se encontravam pendentes, na data referida no n.º 1 do presente artigo, respectivamente, no Conselho da Concorrência ou na Direcção-Geral do Comércio e da Concorrência.

5 – As notificações, denúncias, comunicações e demais documentos recebidos na Direcção-Geral do Comércio e da Concorrência ou no Conselho da Concorrência posteriormente ao 30.º dia anterior ao termo do prazo referido no n.º 1 do artigo 4.º deste diploma são imediatamente remetidos à Autoridade, iniciando-se, nestes casos, o cômputo dos prazos procedimentais, processuais ou substantivos a que houver lugar no dia seguinte ao termo do prazo referido no citado preceito legal.

Artigo 9.º
Operações de concentração

Até à publicação de diploma que estabeleça novas regras procedimentais em matéria de procedimentos de autorização prévia de operações de concentração de empresas, o n.º 1 do artigo 31.º do Decreto-Lei n.º 371/93, de 29 de Outubro, passa a ter a seguinte redacção:

«A Autoridade decide no prazo máximo de 60 dias, contado a partir da data da recepção da notificação, valendo a ausência de decisão no referido prazo como não oposição à operação de concentração.»

Artigo 10.º
Recursos

Até à entrada em vigor de diploma que estabeleça o regime processual dos recursos a que refere o n.º 2 do artigo 38.º dos Estatutos anexos a este diploma, as decisões aí previstas são impugnáveis junto dos tribunais administrativos, de acordo com as regras gerais aplicáveis ao contencioso administrativo.

Artigo 11.º
Norma revogatória

No termo do prazo referido no n.º 1 do artigo 4.º, são revogados:
a) Os artigos 12.º a 20.º, 27.º, 28.º, 32.º, 33.º, 34.º, n.os 1 e 2, 35.º e 39.º, todos do Decreto-Lei n.º 371/93, de 29 de Outubro, na redacção que lhe foi dada pela Lei n.º 3/99, de 13 de Janeiro;
b) O n.º 3 do artigo 5.º, o artigo 6.º, na parte respeitante à competência para instrução de processos, e o artigo 7.º, todos do Decreto-Lei n.º 370/93, de 29 de Outubro, na redacção que lhe foi dada pelo Decreto-Lei n.º 140/98, de 16 de Maio;
c) A alínea a) do artigo 9.º e o artigo 33.º do Decreto-Lei n.º 222/96, de 25 de Novembro.

Visto e aprovado em Conselho de Ministros de 20 de Novembro de 2002. – José Manuel Durão Barroso – Maria Manuela Dias Ferreira Leite – Maria Celeste Ferreira Lopes Cardona – Luís Francisco Valente de Oliveira – Isaltino Afonso de Morais.
Promulgado em 8 de Janeiro de 2003.
Publique-se.
O Presidente da República, JORGE SAMPAIO.
Referendado em 9 de Janeiro de 2003.
O Primeiro-Ministro, *José Manuel Durão Barroso.*

ESTATUTOS DA AUTORIDADE DA CONCORRÊNCIA

CAPÍTULO I
Disposições gerais

Artigo 1.º
Natureza e finalidade

1 – A Autoridade da Concorrência, adiante designada por Autoridade, é uma pessoa colectiva de direito público, de natureza institucional, dotada de património próprio e de autonomia administrativa e financeira.

2 – A Autoridade tem por missão assegurar a aplicação das regras de concorrência em Portugal, no respeito pelo princípio da economia de mercado e de livre concorrência, tendo em vista o funcionamento eficiente dos mercados, a repartição eficaz dos recursos e os interesses dos consumidores, nos termos previstos na lei e nos presentes Estatutos.

Artigo 2.º

Regime jurídico

A Autoridade rege-se pelos presentes Estatutos, pelas disposições legais que lhe sejam especificamente aplicáveis e, supletivamente, pelo regime aplicável aos fundos e serviços autónomos.

Artigo 3.º

Sede

A Autoridade tem sede em Lisboa.

Artigo 4.º

Independência

A Autoridade é independente no desempenho das suas atribuições, no quadro da lei, sem prejuízo dos princípios orientadores de política da concorrência fixados pelo Governo, nos termos constitucionais e legais, e dos actos sujeitos a tutela ministerial, nos termos previstos na lei e nos presentes Estatutos.

Artigo 5.º

Capacidade

1 – A capacidade jurídica da Autoridade abrange os direitos e obrigações necessários à prossecução das suas atribuições.

2 – A Autoridade goza de capacidade judiciária activa e passiva.

Artigo 6.º

Atribuições

1 – Para garantia da realização das finalidades previstas no artigo 1.º dos presentes Estatutos, incumbe à Autoridade:

a) Velar pelo cumprimento das leis, regulamentos e decisões destinados a promover a defesa da concorrência;
b) Fomentar a adopção de práticas que promovam a concorrência e a generalização de uma cultura de concorrência junto dos agentes económicos e do público em geral;
c) Difundir, em especial junto dos agentes económicos, as orientações consideradas relevantes para a política da concorrência;
d) Acompanhar a actividade das autoridades de defesa da concorrência em outros países e estabelecer, com elas e com os organismos comunitários e internacionais competentes relações de cooperação;
e) Promover a investigação em matéria de defesa da concorrência, desenvolvendo as iniciativas e estabelecendo os protocolos de associação ou de cooperação com entidades públicas ou privadas que se revelarem adequados para esse efeito;
f) Contribuir para o aperfeiçoamento do sistema normativo português em todos os domínios que possam afectar a livre concorrência, por sua iniciativa ou a pedido do Governo;
g) Exercer todas as competências que o direito comunitário confira às autoridades administrativas nacionais no domínio das regras de concorrência aplicáveis às empresas;
h) Assegurar a representação técnica do Estado Português nos organismos comunitários ou internacionais em matéria de política de concorrência;
i) Exercer as demais atribuições que lhe sejam legalmente cometidas.

2 – O ministro responsável pela área da economia pode solicitar à Autoridade da Concorrência a elaboração de estudos e análises relativos a práticas ou métodos de concorrência que possam afectar o fornecimento e distribuição de bens ou serviços ou a qualquer outra matéria relacionada com a concorrência.

3 – Os estudos e análises mencionados no número anterior serão objecto de relatório a enviar ao ministro responsável pela área da economia.

Artigo 7.º
Poderes

1 – Para o desempenho das suas atribuições, a Autoridade dispõe de poderes sancionatórios, de supervisão e de regulamentação.

2 – No exercício dos seus poderes sancionatórios, cumpre à Autoridade:
   a) Identificar e investigar as práticas susceptíveis de infringir a legislação de concorrência nacional e comunitária, proceder à instrução e decidir sobre os respectivos processos, aplicando, se for caso disso, as sanções previstas na lei;
   b) Adoptar medidas cautelares, quando necessário.

3 – No exercício dos seus poderes de supervisão, compete à Autoridade:
   a) Proceder à realização de estudos, inquéritos, inspecções ou auditorias que, em matéria de concorrência, se revelem necessários;
   b) Instruir e decidir procedimentos administrativos relativos à compatibilidade de acordos ou categorias de acordos entre empresas com as regras de concorrência;
   c) Instruir e decidir procedimentos administrativos respeitantes a operações de concentração de empresas sujeitas a notificação prévia.

4 – No exercício dos seus poderes de regulamentação, pode a Autoridade:
   a) Aprovar ou propor a aprovação de regulamentos, nos termos legalmente previstos;
   b) Emitir recomendações e directivas genéricas;
   c) Propor e homologar códigos de conduta e manuais de boas práticas de empresas ou associações de empresas.

Artigo 8.º
Obrigações das empresas quanto à informação

As empresas, associações de empresas ou quaisquer outras pessoas ou entidades devem prestar à Autoridade todas as informações e fornecer todos documentos que esta lhes solicite em ordem ao cabal desempenho das suas atribuições.

Artigo 9.º
Cooperação de autoridades públicas

As autoridades e serviços públicos integrantes da administração directa, indirecta ou autónoma do Estado colaborarão com a Autoridade em tudo o que for necessário ao cabal desempenho das atribuições desta.

CAPÍTULO II
Organização

SECÇÃO I

Artigo 10.º
Órgãos

São órgãos da Autoridade:
a) O conselho;
b) O fiscal único.

SECÇÃO II
Conselho

Artigo 11.º
Conselho

O conselho é o órgão máximo da Autoridade, responsável pela aplicação da legislação de promoção e defesa da concorrência, bem como pela direcção dos respectivos serviços, nos termos definidos nos presentes Estatutos.

Artigo 12.º
Composição e nomeação

1 – O conselho é composto por um presidente e dois ou quatro vogais, devendo, neste último caso, ser designado, de entre estes, um vice-presidente.

2 – Os membros do conselho são nomeados por resolução do Conselho de Ministros, sob proposta do ministro responsável pela área da economia, ouvidos os ministros responsáveis pelas áreas das finanças e da justiça, de entre pessoas de reconhecida competência, com experiência em domínios relevantes para o desempenho das atribuições cometidas à Autoridade.

3 – Não pode haver nomeação de membros do conselho depois da demissão do Governo ou da convocação de eleições para a Assembleia da República nem antes da confirmação parlamentar do Governo recém-nomeado.

Artigo 13.º
Duração do mandato

1 – O mandato dos membros do conselho tem a duração de cinco anos, renovável uma vez nos termos do número seguinte.

2 – Na primeira nomeação do conselho, ou após dissolução, os membros serão divididos em dois grupos, sendo um deles nomeado por três anos, renováveis por mais cinco, e os demais nomeados por cinco anos.

3 – Em caso de vaga, os novos membros são designados por um novo mandato de cinco anos.

Artigo 14.º
Incompatibilidades e impedimentos

1 – Durante o seu mandato, os membros do conselho não podem:
  a) Desempenhar quaisquer outras funções públicas ou privadas, ainda que não remuneradas, com excepção das funções docentes no ensino superior em regime de tempo parcial;
  b) Participar em deliberações do conselho relativas a empresas em que detenham interesses significativos, tal como definidas no artigo 8.º da Lei n.º 64/93, de 26 de Agosto, na redacção que lhe foi dada pela Lei n.º 28/95, de 18 de Agosto, ou com as quais tenham mantido relações profissionais de qualquer tipo, nos últimos dois anos.

2 – Os membros do conselho estão sujeitos às demais incompatibilidades e impedimentos dos titulares de altos cargos públicos, em geral, e do pessoal dirigente dos institutos públicos, em especial, bem como aos deveres de discrição e reserva exigidos pela natureza das suas funções, quer durante quer após o termo dos seus mandatos.

3 – Nos dois anos seguintes à cessação do seu mandato, os membros do conselho não podem estabelecer qualquer vínculo ou entrar em qualquer relação profissional, remunerada ou não, com entidades que durante esse período tenham participado em operações de concentração de empresas sujeitas a jurisdição da Autoridade ou que tenham sido objecto de processos de contra-ordenação pela adopção de comportamentos restritivos da concorrência.

Artigo 15.º
Cessação do mandato

1 – Os membros do conselho não podem ser exonerados do cargo antes de terminar o mandato, salvo o disposto nos números seguintes.

2 – O conselho só pode ser dissolvido mediante resolução do Conselho de Ministros, em caso de falta grave, de responsabilidade colectiva.

3 – Constituem falta grave, para efeitos do número anterior:
a) O desrespeito grave ou reiterado dos Estatutos ou das normas por que se rege a Autoridade;
b) O incumprimento substancial e injustificado do plano de actividades ou do orçamento.

4 – O mandato dos membros do conselho cessa também colectivamente com a extinção da Autoridade ou com a sua fusão com outro organismo.

5 – Os mandatos individuais podem cessar:
a) Por incapacidade permanente;
b) Por renúncia;
c) Por incompatibilidade;
d) Por condenação por crime doloso ou em pena de prisão;
e) Por falta grave, nos termos do n.º 3.

6 – No caso de cessação do mandato, os membros do conselho mantêm-se no exercício de funções até à sua efectiva substituição, salvo declaração ministerial de cessação de funções.

Artigo 16.º
Estatuto remuneratório

1 – Os membros do conselho estão sujeitos, para efeitos remuneratórios, ao estatuto do gestor público, sendo a sua remuneração fixada em despacho conjunto dos ministros responsáveis pelas áreas das finanças, economia e administração pública.

2 – É aplicável aos membros do conselho o regime geral da segurança social, salvo quando pertencerem aos quadros da função pública, caso em que lhes será aplicável o regime próprio do seu lugar de origem.

3 – Nos dois anos seguintes à cessação do seu mandato, os antigos membros do conselho têm direito a um subsídio equivalente a dois terços da respectiva remuneração, cessando esse abono a partir do momento em que estes sejam contratados ou nomeados para o desempenho, remunerado, de qualquer função ou serviço público ou privado.

4 – O subsídio a que se refere o número anterior não é acumulável com indemnizações a que haja lugar por força da cessação de funções nos termos do n.º 4 do artigo 15.º, podendo, neste caso, os membros do conselho optar entre o subsídio e a indemnização.

Artigo 17.º
Competências do conselho

1 – Compete ao conselho:
a) Ordenar a abertura e decidir os processos relativos às práticas restritivas da concorrência, aplicando as coimas previstas na lei e adoptando as medidas cautelares que se revelarem necessárias, no quadro da legislação nacional ou comunitária;
b) Tomar as decisões que por lei são atribuídas à Autoridade relativamente às operações de concentração de empresas sujeitas a notificação prévia;

c) Decidir procedimentos administrativos relativos à compatibilidade de acordos ou categorias de acordos entre empresas com as regras de concorrência;
d) Ordenar a realização de investigações, inquéritos, inspecções ou auditorias;
e) Pronunciar-se, nos termos previstos na lei, relativamente a auxílios públicos susceptíveis de afectar a concorrência;
f) Pronunciar-se, por sua iniciativa ou a pedido do Governo, sobre quaisquer questões ou normas que possam pôr em causa a liberdade de concorrência;
g) Propor ao Governo quaisquer alterações legislativas ou regulamentares que contribuam para o aperfeiçoamento do regime jurídico de defesa da concorrência;
h) Aprovar regulamentos, sempre que tal competência se encontre legalmente atribuída à Autoridade, incluindo a definição das taxas a que se refere o artigo 31.º dos presentes Estatutos;
i) Adoptar e dirigir às empresas e agentes económicos as recomendações e directrizes que se mostrem necessárias à boa aplicação das regras de concorrência e ao desenvolvimento de uma cultura favorável à liberdade de concorrência.

2 – Compete ao conselho, no que respeita ao funcionamento da Autoridade:
a) Definir a orientação geral dos serviços da Autoridade e acompanhar a sua execução, sem prejuízo do disposto no n.º 2 do artigo 20.º;
b) Decidir sobre a contratação de pessoal e exercer os poderes de direcção, gestão e disciplina do mesmo;
c) Aprovar os regulamentos internos relativos à organização e funcionamento dos órgãos e serviços da Autoridade, bem como praticar os demais actos de gestão necessários ao bom funcionamento dos mesmos;
d) Constituir mandatários e designar representantes da Autoridade junto de outras entidades, nacionais ou estrangeiras;
e) Administrar o património da Autoridade, arrecadar as receitas e autorizar a realização das despesas;

f) Proceder à aquisição de bens e à contratação de serviços necessários ao exercício das funções da Autoridade;
g) Elaborar os planos de actividades e os orçamentos, bem como os relatórios de actividades e contas da Autoridade.

3 – Compete ainda ao conselho praticar todos os demais actos necessários à realização das atribuições cometidas à Autoridade para que não seja competente outro órgão.

Artigo 18.º
Delegação de poderes

1 – O conselho pode delegar, por acta, poderes em um ou mais dos seus membros, no que respeita à direcção dos serviços da Autoridade, e autorizar a que se proceda à subdelegação desses poderes, estabelecendo em cada caso os respectivos limites e condições.

2 – Sem prejuízo da inclusão de outros poderes, a atribuição de um pelouro a um membro do conselho implica a delegação das competências necessárias para dirigir e fiscalizar os serviços respectivos e para praticar os actos de gestão corrente das unidades organizacionais envolvidas.

Artigo 19.º
Funcionamento

1 – O conselho reúne ordinariamente com a periodicidade que o seu regulamento interno fixar e extraordinariamente sempre que for convocado pelo seu presidente ou a pedido de, pelo menos, dois dos seus membros.

2 – Os directores dos serviços da Autoridade, bem como outros funcionários da mesma, podem ser chamados a participar nas reuniões do conselho, sem direito a voto.

3 – As deliberações são tomadas por maioria dos votos dos membros presentes, não sendo admitidas abstenções.

4 – Das reuniões do conselho são lavradas actas, as quais serão assinadas pelos membros presentes.

Artigo 20.º
Competência do presidente do conselho

1 – Compete ao presidente do conselho:
a) Convocar, presidir e dirigir as reuniões do conselho;
b) Assegurar as relações da Autoridade com as autoridades públicas nacionais e comunitárias, bem como com instituições internacionais e com as autoridades de concorrência de outros países;
c) Assegurar a representação da Autoridade em juízo e fora dele.

2 – Compete ainda ao presidente da Autoridade, sem faculdade de delegação, definir a orientação geral dos serviços em matéria de investigação e instrução de práticas anticoncorrenciais e acompanhar a respectiva execução.

3 – O presidente do conselho é substituído, nas suas ausências ou impedimentos, pelo vice-presidente e, na falta deste, pelo vogal mais antigo ou, em caso de igual antiguidade, pelo vogal de mais idade.

4 – Por razões de urgência, devidamente fundamentadas, o presidente do conselho, ou quem o substituir nas suas ausências e impedimentos, pode praticar quaisquer actos da competência do conselho, os quais deverão, no entanto, ser sujeitos a ratificação na primeira reunião realizada após a prática do acto.

Artigo 21.º
Responsabilidade dos membros

1 – Os membros do conselho são solidariamente responsáveis pelos actos praticados no exercício das suas funções.

2 – São isentos de responsabilidade os membros que, tendo estado presentes na reunião em que foi tomada a deliberação, tiverem manifestado o seu desacordo, em declaração registada em acta, bem como os membros ausentes que tenham declarado por escrito o seu desacordo, que igualmente será registado em acta.

Artigo 22.º
Vinculação

1 – A Autoridade obriga-se pela assinatura:
a) Do presidente do conselho ou, no caso de ausência ou impedimento deste, do vice-presidente;
b) De dois membros do conselho, no caso de ausência ou impedimento do presidente e do vice-presidente;
c) Do membro do conselho que, para tanto, tenha recebido, em acta, delegação do conselho para a prática de acto ou actos determinados.

2 – Os actos de mero expediente podem ser assinados por qualquer membro do conselho ou por funcionários da Autoridade a quem tal poder tenha sido expressamente conferido por deliberação do conselho.

3 – A Autoridade obriga-se ainda pela assinatura de mandatários, no âmbito restrito dos poderes que lhes hajam sido conferidos.

SECÇÃO III
Fiscal único

Artigo 23.º
Fiscal único

O fiscal único é o órgão responsável pelo controlo da legalidade e economia da gestão financeira e patrimonial da Autoridade e de consulta do conselho, nos termos previstos nos artigos seguintes.

Artigo 24.º
Nomeação, mandato e remuneração

1 – O fiscal único é um revisor oficial de contas ou uma sociedade de revisores oficiais de contas, nomeado por despacho conjunto dos ministros responsáveis pelas áreas das finanças e da economia, após consulta do conselho.

2 – O mandato do fiscal único tem a duração de três anos, sendo renovável por igual período de três anos, pela forma prevista no número anterior.

3 – À cessação do mandato do fiscal único aplica-se, com as devidas adaptações, o disposto no artigo 15.º dos presentes Estatutos.

4 – A remuneração do fiscal único é fixada em despacho conjunto dos ministros responsáveis pelas áreas das finanças, economia e administração pública.

Artigo 25.º
Competências

Compete ao fiscal único:
a) Acompanhar e controlar a gestão financeira e patrimonial da Autoridade;
b) Examinar periodicamente a situação financeira e económica da Autoridade e verificar o cumprimento das normas que regulam a sua actividade;
c) Emitir parecer sobre a aquisição, alienação, oneração ou arrendamento de bens imóveis;
d) Emitir parecer sobre o orçamento e as contas anuais da Autoridade;
e) Emitir parecer sobre o plano anual de actividades, na perspectiva da sua cobertura orçamental;
f) Emitir parecer sobre qualquer assunto que lhe seja submetido pelo conselho da Autoridade, no âmbito das suas competências genéricas;
g) Participar às entidades competentes as irregularidades que detecte.

SECÇÃO IV
Serviços e pessoal

Artigo 26.º
Serviços

A Autoridade dispõe dos serviços necessários ao desempenho das suas atribuições, sendo a respectiva organização e funcionamento fixados em regulamento interno, sem prejuízo do disposto no artigo seguinte.

Artigo 27.º
Pessoal

1 – A Autoridade dispõe de um quadro de pessoal próprio estabelecido em regulamento interno.

2 – O pessoal da Autoridade encontra-se sujeito ao regime do contrato individual de trabalho, sendo abrangido pelo regime geral da segurança social.

3 – As condições de prestação e de disciplina de trabalho são definidas em regulamento próprio da Autoridade.

4 – O regulamento de carreiras e o regime retributivo do pessoal da Autoridade carece de homologação dos ministros responsáveis pelas áreas das finanças, economia e administração pública.

5 – A Autoridade pode ser parte em instrumentos de regulamentação colectiva de trabalho.

6 – O pessoal da Autoridade não pode prestar trabalho ou outros serviços, remunerados ou não, quer a empresas quer a outras entidades cuja actividade colida com as atribuições da Autoridade.

Artigo 28.º
Mobilidade

1 – A Autoridade pode solicitar a colaboração de pessoal vinculado à Administração Pública ou pertencente a quadros de empresas públicas ou privadas, para o desempenho de funções inerentes às respectivas atribuições.

2 – Ao pessoal vinculado à Administração Pública aplica-se o regime de destacamento e requisição ou de comissão de serviço, com garantia do lugar de origem e dos direitos nele adquiridos.

3 – O período de destacamento, requisição ou de comissão conta-se como tempo de serviço prestado nos quadros de proveniência, designadamente para efeitos de aposentação.

4 – A Autoridade suporta todas as despesas inerentes à requisição ou comissão de serviço, podendo o pessoal requisitado optar pelo vencimento de origem ou pelo correspondente às suas funções na Autoridade.

5 – A Autoridade contribuirá para o financiamento da Caixa Geral de Aposentações com uma importância mensal de montante igual ao das quotas pagas pelos trabalhadores abrangidos pelo regime de protecção social da função pública ao seu serviço.

6 – A requisição de outros trabalhadores depende igualmente de solicitação da Autoridade aos órgãos dirigentes das empresas em cujos quadros o funcionário se integra, bem como da aquiescência deste.

CAPÍTULO III
Gestão financeira e patrimonial

Artigo 29.º
Regime orçamental e financeiro

A Autoridade encontra-se sujeita ao regime orçamental e financeiro dos serviços e fundos autónomos.

Artigo 30.º
Património

1 – A Autoridade dispõe de património próprio, constituído pela universalidade dos seus bens, direitos, garantias ou obrigações de conteúdo económico.

2 – A Autoridade pode ter sob a sua administração bens do património do Estado que sejam afectados ao exercício das suas funções, por lei ou por despacho conjunto dos ministros responsáveis pelas áreas das finanças e da economia.

3 – Os bens da Autoridade que se revelem desnecessários ou inadequados ao cumprimento das suas atribuições serão incorporados no património do Estado, salvo quando devam ser alienados, sendo essa incorporação determinada por despacho conjunto dos ministros responsáveis pelas áreas das finanças e da economia.

4 – Em caso de extinção, o património da Autoridade reverte para o Estado, salvo quando se tratar de fusão ou incorporação, caso em que o património pode reverter para o novo organismo.

Artigo 31.º
Receitas

Constituem receitas da Autoridade:
a) As taxas cobradas pelos serviços prestados;
b) 40% do produto das coimas aplicadas pelas infracções que lhe compete investigar e sancionar, revertendo os 60% remanescentes para o Estado;
c) O produto da venda de estudos, publicações ou outros documentos;
d) Quaisquer outras receitas, rendimentos ou valores que provenham da sua actividade ou que por lei ou contrato lhe venham a pertencer ou a ser atribuídos, bem como quaisquer doações, legados ou outras formas de apoio financeiro;
e) Supletivamente, as dotações do Orçamento do Estado, na medida necessária a assegurar o cabal desempenho das suas atribuições, inscritas para o efeito no orçamento do ministério responsável pela área da economia.

Artigo 32.º
Despesas

Constituem despesas da Autoridade as que, realizadas no exercício das atribuições e competências que lhe estão cometidas, respeitem a encargos decorrentes da sua actividade e da aquisição de bens de imobilizado.

CAPÍTULO IV
Tutela e responsabilidade

Artigo 33.º
Tutela

1 – No estrito respeito pela sua independência, a Autoridade está sujeita à tutela do ministro responsável pela área da economia, nos termos dos presentes Estatutos e demais legislação aplicável.
2 – Carecem de aprovação do ministro da tutela:
a) O plano de actividades e o orçamento;

b) O relatório de actividades e as contas anuais;
c) A aquisição ou alienação de bens imóveis, nos termos da lei;
d) Outros actos de incidência financeira ou orçamental previstos na lei.

3 – Carecem também de aprovação do ministro responsável pela área das finanças os documentos e actos previstos nas alíneas b), c) e d) do número anterior.

Artigo 34.º
Recurso extraordinário

1 – Em recurso para o efeito interposto pelos autores da notificação, o membro do Governo responsável pela área da economia pode, mediante decisão fundamentada, autorizar uma operação de concentração proibida por decisão da Autoridade, quando os benefícios dela resultantes para a prossecução de interesses fundamentais da economia nacional superem as desvantagens para a concorrência inerentes à sua realização.

2 – A decisão ministerial que autorize uma operação de concentração nos termos do número anterior pode ser acompanhada de condições e obrigações tendentes a minorar o impacte negativo sobre a concorrência decorrente da sua realização.

3 – O recurso extraordinário previsto neste artigo é interposto no prazo de 30 dias contados da data de notificação da decisão da Autoridade que proíbe a operação de concentração, suspendendo-se com a sua interposição o prazo de impugnação judicial desta decisão.

Artigo 35.º
Responsabilidade financeira, civil, penal e disciplinar

1 – Os titulares dos órgãos da Autoridade, bem como o seu pessoal, respondem financeira, civil e criminalmente pelos actos e omissões que pratiquem no exercício das suas funções, nos termos da Constituição e demais legislação aplicável, sem prejuízo da responsabilidade disciplinar a que houver lugar.

2 – A responsabilidade financeira é efectivada pelo Tribunal de Contas, nos termos da respectiva legislação.

Artigo 36.º
Sigilo

Os titulares dos órgãos da Autoridade, bem como o seu pessoal, estão especialmente obrigados a guardar sigilo dos factos cujo conhecimento lhes advenha pelo exercício das suas funções e que não possam ser divulgados, nos termos do disposto na lei.

Artigo 37.º
Responsabilidade pública

A Autoridade elabora e envia, anualmente, ao Governo, que o remete, nesse momento, à Assembleia da República, um relatório sobre a respectiva actividade no domínio da defesa e promoção da concorrência, o qual será publicado.

Artigo 38.º
Controlo jurisdicional

1 – As decisões da Autoridade proferidas em processos de contra-ordenação são impugnáveis junto do Tribunal de Comércio de Lisboa.

2 – As decisões da Autoridade em procedimentos administrativos, respeitantes a matéria de concorrência, bem como a decisão ministerial a que alude o artigo 34.º deste diploma, são igualmente impugnáveis junto do Tribunal de Comércio de Lisboa.

Artigo 39.º
Página electrónica

A Autoridade deve disponibilizar um sítio na Internet, com todos os dados relevantes, nomeadamente os diplomas legislativos que lhe dizem respeito, os Estatutos e regulamentos internos, a composição dos seus órgãos, incluindo os correspondentes elementos biográficos, os planos, orçamentos, relatórios e contas dos últimos dois anos, bem como os principais instrumentos regulatórios em vigor.

DECRETO-LEI N.º 298/92
de 31 de Dezembro

Aprova o Regime Geral das Instituições de Crédito e Sociedades Financeiras

TÍTULO I
Disposições gerais

Artigo 2.º [*]
Instituições de crédito

1 – São instituições de crédito as empresas cuja actividade consiste em receber do público depósitos ou outros fundos reembolsáveis, a fim de os aplicarem por conta própria mediante a concessão de crédito.

2 – São também instituições de crédito as empresas que tenham por objecto a emissão de meios de pagamento sob a forma de moeda electrónica.

Artigo 3.º [*]
Espécies de instituições de crédito

São instituições de crédito:
a) Os bancos;
b) As caixas económicas;

---

[*] Alterado pelo Decreto-Lei n.º 201/2002, de 26-09.

c) A Caixa Central de Crédito Agrícola Mútuo e as caixas de crédito agrícola mútuo;
d) As instituições financeiras de crédito;
e) As sociedades de investimento;
f) As sociedades de locação financeira;
g) As sociedades de factoring;
h) As sociedades financeiras para aquisições a crédito;
i) As sociedades de garantia mútua;
j) As instituições de moeda electrónica;
l) Outras empresas que, correspondendo à definição do artigo anterior, como tal sejam qualificadas pela lei.

Artigo 4.º *
Actividades das instituições de crédito

1 – Os bancos podem efectuar as operações seguintes:
a) Recepção de depósitos ou outros fundos reembolsáveis;
b) Operações de crédito, incluindo concessão de garantias e outros compromissos, locação financeira e factoring;
c) Operações de pagamento;
d) Emissão e gestão de meios de pagamento, tais como cartões de crédito, cheques de viagem e cartas de crédito;
e) Transacções, por conta própria ou da clientela, sobre instrumentos do mercado monetário e cambial, instrumentos financeiros a prazo, opções e operações sobre divisas, taxas de juro, mercadorias e valores mobiliários;
f) Participação em emissões e colocações de valores mobiliários e prestação de serviços correlativos;
g) Actuação nos mercados interbancários;
h) Consultoria, guarda, administração e gestão de carteiras de valores mobiliários;
i) Gestão e consultoria em gestão de outros patrimónios;
j) Consultoria das empresas em matéria de estrutura do capital, de estratégia empresarial e de questões conexas, bem como consultoria e serviços no domínio da fusão e compra de empresas;

---

* Alterado pelo Decreto-Lei n.º 201/2002, de 26-09.

l) Operações sobre pedras e metais preciosos;
m) Tomada de participações no capital de sociedades;
n) Comercialização de contratos de seguro;
o) Prestação de informações comerciais;
p) Aluguer de cofres e guarda de valores;
q) Outras operações análogas e que a lei lhes não proíba.
r) Prestação dos serviços de investimento a que se refere o artigo 199.°-A, não abrangidos pelas alíneas anteriores; **
s) Outras operações análogas e que a lei lhes não proíba.

2 – As restantes instituições de crédito só podem efectuar as operações permitidas pelas normas legais e regulamentares que regem a sua actividade.

Artigo 5.°
Sociedades financeiras

São sociedades financeiras as empresas que não sejam instituições de crédito e cuja actividade principal consista em exercer uma ou mais das actividades referidas nas alíneas b) a i) do n.° 1 do artigo anterior, excepto locação financeira e factoring.

Artigo 6.° *
Espécies de sociedades financeiras

1 – São sociedades financeiras:
a) As sociedades financeiras de corretagem;
b) As sociedades correctoras;
c) As sociedades mediadoras dos mercados monetário ou de câmbios;
d) As sociedades gestoras de fundos de investimento;
e) As sociedades emitentes ou gestoras de cartões de crédito;
f) As sociedades gestoras de patrimónios;
g) As sociedades de desenvolvimento regional;
h) As sociedades de capital de risco;

** Texto inroduzido pelo Decreto-Lei n.° 285/2001, de 03-11.
* Alterado pelo Decreto-Lei n.° 201/2002, de 26-09.

i) As agências de câmbios;
j) As sociedades gestoras de fundos de titularização de créditos;
l) Outras empresas que sejam como tal qualificadas pela lei.

2 – É também sociedade financeira a FINANGESTE – Empresa Financeira de Gestão e Desenvolvimento, S. A.

3 – Para os efeitos deste diploma, não se consideram sociedades financeiras as empresas de seguros e as sociedades gestoras de fundos de pensões.

4 – Rege-se por legislação especial a actividade das casas de penhores.

Artigo 7.º
Actividade das sociedades financeiras

As sociedades financeiras só podem efectuar as operações permitidas pelas normas legais e regulamentares que regem a respectiva actividade.

Artigo 8.º *
Princípio da exclusividade

1 – Só as instituições de crédito, com excepção das instituições de moeda electrónica, podem exercer a actividade de recepção, do público, de depósitos ou outros fundos reembolsáveis, para utilização por conta própria.

2 – Só as instituições de crédito e as sociedades financeiras podem exercer, a título profissional, as actividades referidas nas alíneas b) a i) e r) do n.º 1 do artigo 4.º, com excepção da consultoria referida na alínea i).

3 – O disposto no n.º 1 não obsta a que as seguintes entidades recebam do público fundos reembolsáveis, nos termos das disposições legais, regulamentares ou estatutárias aplicáveis:
    a) Estado, incluindo fundos e institutos públicos dotados de personalidade jurídica e autonomia administrativa e financeira;
    b) Regiões autónomas e autarquias locais;

---

* Alterado pelo Decreto-Lei n.º 201/2002, de 26-09.

c) Banco Europeu de Investimento e outros organismos internacionais de que Portugal faça parte e cujo regime jurídico preveja a faculdade de receberem do público, em território nacional, fundos reembolsáveis;
d) Empresas de seguros, no respeitante a operações de capitalização.

Artigo 9.º
Fundos reembolsáveis recebidos do público e concessão de crédito

1 – Para os efeitos do presente diploma, não são considerados como fundos reembolsáveis recebidos do público os fundos obtidos mediante emissão de obrigações, nos termos e limites do Código das Sociedades Comerciais, nem os fundos obtidos através da emissão de papel comercial, nos termos e limites da legislação aplicável.

2 – Para efeitos dos artigos anteriores, não são considerados como concessão de crédito:
a) Os suprimentos e outras formas de empréstimos e adiantamentos entre uma sociedade e os respectivos sócios;
b) A concessão de crédito por empresas aos seus trabalhadores, por razões de ordem social;
c) As dilações ou antecipações de pagamento acordadas entre as partes em contratos de aquisição de bens ou serviços;
d) As operações de tesouraria, quando legalmente permitidas, entre sociedades que se encontrem numa relação de domínio ou de grupo;
e) A emissão de senhas ou cartões para pagamento dos bens ou serviços fornecidos pela empresa emitente.

Artigo 10.º *
Entidades habilitadas

1 – Estão habilitadas a exercer as actividades a que se refere o presente diploma as seguintes entidades:
a) Instituições de crédito e sociedades financeiras com sede em Portugal;

---
* Alterado pelo Decreto-Lei n.º 201/2002, de 26-09.

b) Sucursais de instituições de crédito e de instituições financeiras com sede no estrangeiro.

2 – As instituições de crédito e as instituições financeiras autorizadas noutros Estados membros da Comunidade Europeia podem prestar em Portugal, nos termos do presente diploma, serviços que se integrem nas mencionadas actividades e que os prestadores estejam autorizados a efectuar no seu país de origem.

[...]

CAPÍTULO IV
Alterações estatutárias

Artigo 34.º
Alterações estatutárias em geral

1 – Estão sujeitas a prévia autorização do Banco de Portugal as alterações dos contratos de sociedade das instituições de crédito relativas aos aspectos seguintes:
   a) Firma ou denominação;
   b) Objecto;
   c) Local da sede, salvo se a mudança ocorrer dentro do mesmo concelho ou para concelho limítrofe;
   d) Capital social, quando se trate de redução;
   e) Criação de categorias de acções ou alteração das categorias existentes;
   f) Estrutura da administração ou da fiscalização;
   g) Limitação dos poderes dos órgãos de administração ou de fiscalização;
   h) Dissolução.

2 – As alterações do objecto que impliquem mudança do tipo de instituição estão sujeitas ao regime definido nos capítulos I e II do presente título, considerando-se autorizadas as restantes alterações se, no prazo de 30 dias a contar da data em que receber o respectivo pedido, o Banco de Portugal nada objectar.

Artigo 35.º
Fusão e cisão

1 – A fusão de instituições de crédito, entre si ou com sociedades financeiras, depende de autorização prévia do Banco de Portugal.

2 – Depende igualmente de autorização prévia do Banco de Portugal a cisão de instituições de crédito.

3 – Aplicar-se-á, sendo caso disso, o regime definido nos capítulos I e II do presente título.

TÍTULO III
Actividade no estrangeiro de instituições de crédito com sede em Portugal

CAPÍTULO I
Estabelecimento de sucursais

Artigo 36.º
Requisitos do estabelecimento em país da Comunidade Europeia

1 – A instituição de crédito com sede em Portugal que pretenda estabelecer sucursal em Estado membro da Comunidade Europeia deve notificar previamente desse facto o Banco de Portugal, especificando os seguintes elementos:
   a) País onde se propõe estabelecer a sucursal;
   b) Programa de actividades, no qual sejam indicados, nomeadamente, o tipo de operações a realizar e a estrutura de organização da sucursal;
   c) Endereço da sucursal no país de acolhimento;
   d) Identificação dos responsáveis pela sucursal.

2 – A gestão corrente da sucursal deve ser confiada a um mínimo de dois gerentes, sujeitos a todos os requisitos exigidos aos membros do órgão de administração das instituições de crédito.

Artigo 86.º
Outras operações

Os membros do órgão de administração, os directores e outros empregados, os consultores e os mandatários das instituições de crédito não podem intervir na apreciação e decisão de operações em que sejam directa ou indirectamente interessados os próprios, seu cônjuges, parentes ou afins em 1.º grau, ou sociedades ou outros entes colectivos que uns ou outros directa ou indirectamente dominem.

CAPÍTULO IV
Defesa da concorrência e publicidade

Artigo 87.º
Defesa da concorrência

1 – A actividade das instituições de crédito, bem como a das suas associações empresariais, está sujeita à legislação da defesa da concorrência.

2 – Não se consideram restritivos da concorrência os acordos legítimos entre instituições de crédito e as práticas concertadas que tenham por objecto as operações seguintes:
   a) Participação em emissões e colocações de valores mobiliários ou instrumentos equiparados;
   b) Concessão de créditos ou outros apoios financeiros de elevado montante a uma empresa ou a um conjunto de empresas.

3 – Na aplicação da legislação da defesa da concorrência às instituições de crédito e suas associações empresariais ter-se-ão sempre em conta os bons usos da respectiva actividade, nomeadamente no que respeite às circunstâncias de risco ou solvabilidade.

Artigo 88.º
Colaboração do Banco de Portugal e da Comissão do Mercado de Valores Mobiliários

Nos processos instaurados por práticas restritivas da concorrência imputáveis a instituições de crédito ou suas associações empresariais será obrigatoriamente solicitado e enviado ao Conselho de Concorrência o parecer do Banco de Portugal, bem como, se estiver em causa o exercício de actividades de intermediação de valores mobiliários, o parecer da Comissão do Mercado de Valores Mobiliários.

Artigo 89.º*
Publicidade

1 – A publicidade das instituições de crédito e das suas associações empresariais está sujeita ao regime geral, e, relativamente às actividades de intermediação de valores mobiliários, ao estabelecido no Código do Mercado de Valores Mobiliários.

2 – As instituições de crédito autorizadas noutros Estados membros da Comunidade Europeia podem fazer publicidade dos seus serviços em Portugal nos mesmos termos e condições que as instituições com sede no País.

3 – Sem prejuízo do disposto no número seguinte, a fiscalização da observância das normas aplicáveis, a instrução dos processos de ilícitos de mera ordenação social e a aplicação das sanções correspondentes competem ao Banco de Portugal.

4 – (Revogado.)

5 – (Revogado.)

[...]

Artigo 101.º*
**Relação das participações com o capital
das sociedades participadas**

1 – Sem prejuízo do disposto no n.º 4, as instituições de crédito não podem deter, directa ou indirectamente, numa sociedade, por prazo seguido ou interpolado, superior a três anos, participação que lhes confira mais de 25% dos direitos de voto, correspondentes ao capital da sociedade participada.

2 – Considera-se participação indirecta a detenção de acções ou outras partes de capital por pessoas ou em condições que deter-

---

* Alterado pelo Decreto-Lei n.º 201/2002, de 26-09.

minem equiparação de direitos de voto para efeitos de participação qualificada.

3 – Não se aplica o limite estabelecido no n.º 1 às participações de uma instituição de crédito noutras instituições de crédito, sociedades financeiras, instituições financeiras, sociedades de serviços auxiliares, sociedades de titularização de créditos, empresas de seguros, filiais de empresas de seguros detidas em conformidade com a lei a estas aplicável, corretoras e mediadoras de seguros, sociedades gestoras de fundos de pensões e sociedades gestoras de participações sociais que apenas detenham partes de capital nas sociedades antes referidas.

4 – O prazo previsto no n.º 1 é de cinco anos relativamente às participações indirectas detidas através de sociedades de capital de risco.

Artigo 102.º [*]
Participações qualificadas

1 – A pessoa singular ou colectiva que, directa ou indirectamente, pretenda deter participação qualificada numa instituição de crédito deve comunicar previamente ao Banco de Portugal o seu projecto.

2 – Devem ainda ser comunicados previamente ao Banco de Portugal os actos que envolvam aumento de uma participação qualificada, sempre que deles possa resultar, consoante os casos, uma percentagem que atinja ou ultrapasse qualquer dos limiares de 5%, 10%, 20%, 33% ou 50% do capital ou dos direitos de voto na instituição participada, ou quando esta se transforme em filial da entidade adquirente.

3 – A comunicação prevista nos números anteriores deve ser feita sempre que da iniciativa ou do conjunto de iniciativas projectadas pela pessoa em causa possa resultar qualquer das situações indicadas, ainda que o resultado não esteja de antemão assegurado.

4 – Sem prejuízo do disposto no n.º 1, os actos ou factos de que tenha resultado a aquisição de uma participação que atinja, pelo menos, 2% do capital ou dos direitos de voto na instituição

---

[*] Alterado pelo Decreto-Lei n.º 201/2002, de 26-09.

participada devem ser comunicados ao Banco de Portugal no prazo de 15 dias a contar da respectiva verificação.

5 – No caso previsto no número anterior, o Banco de Portugal informará o interessado, no prazo de 30 dias, se considera que a participação adquirida tem carácter qualificado.

6 – Se o Banco de Portugal, nos casos previstos nos n.os 4 e 5, entender que a participação não tem carácter qualificado, poderá a todo o tempo exigir do respectivo titular a comunicação prévia ou subsequente de qualquer acto ou facto de que possa resultar ou tenha resultado, consoante os casos, a detenção de uma percentagem igual ou superior a 3% ou 4% do capital ou dos direitos de voto na instituição participada.

7 – As comunicações previstas no presente artigo devem especificar os actos ou factos jurídicos de que resultem ou possam resultar a detenção da participação, a identidade da contraparte nesses actos, quando determinável, e o montante da participação em causa.

[...]

Artigo 110.º
Relação de accionistas

1 – Até cinco dias antes da realização das assembleias gerais das instituições de crédito, deve ser publicada, em dois dos jornais mais lidos da localidade da sede, a relação dos accionistas, com indicação das respectivas participações no capital social.

2 – A relação só tem de incluir os accionistas cujas participações excedam 2% do capital social.

3 – O disposto nos números anteriores não se aplica no caso de as assembleias se realizarem ao abrigo do artigo 54.º do Código das Sociedades Comerciais.

Artigo 111.º
Registo de acordos parassociais

1 – Os acordos parassociais entre accionistas de instituições de crédito relativos ao exercício do direito de voto estão sujeitos a registo no Banco de Portugal, sob pena de ineficácia.

2 – O registo pode ser requerido por qualquer das partes do acordo.

Artigo 112.º
Aquisição de imóveis

1 – As instituições de crédito não podem, salvo autorização concedida pelo Banco de Portugal, adquirir imóveis que não sejam indispensáveis à sua instalação e funcionamento ou à prossecução do seu objecto social.

2 – O Banco de Portugal determinará as normas, designadamente de contabilidade, que a instituição de crédito deve observar na aquisição de imóveis.

Artigo 113.º *
Rácio do imobilizado e aquisição de títulos de capital

O Banco de Portugal poderá definir, por aviso, os limites ao valor do activo imobilizado das instituições de crédito, bem como ao valor total das acções ou outras partes de capital de quaisquer sociedades não abrangidas no referido activo, que as instituições de crédito podem deter.

Artigo 114.º *
Aquisições em reembolso de crédito próprio

Os limites previstos nos artigos 100.º e 101.º podem ser excedidos e a restrição constante do artigo 112.º ultrapassada, em resultado de aquisições em reembolso de crédito próprio, devendo as situações daí resultantes ser regularizadas no prazo de dois anos, o qual, havendo motivo fundado, poderá ser prorrogado pelo Banco de Portugal, nas condições que este determinar.

Artigo 115.º *
Regras de contabilidade e publicações

1 – Compete ao Banco de Portugal, sem prejuízo das atribuições da Comissão de Normalização Contabilística e do disposto no

---

* Alterado pelo Decreto-Lei n.º 201/2002, de 26-09.

Código do Mercado de Valores Mobiliários, estabelecer normas de contabilidade aplicáveis às instituições sujeitas à sua supervisão, bem como definir os elementos que as mesmas instituições lhe devem remeter e os que devem publicar.

2 – As instituições de crédito organizarão contas consolidadas nos termos previstos em legislação própria.

3 – As instituições sujeitas à supervisão do Banco de Portugal devem publicar as suas contas nos termos e com a periodicidade definidas em aviso do Banco de Portugal, podendo este exigir a respectiva certificação legal.

CAPÍTULO III
Supervisão

SECÇÃO I
Supervisão em geral

Artigo 116.º
Procedimentos de supervisão

No desempenho das suas funções de supervisão, compete em especial ao Banco de Portugal:

a) Acompanhar a actividade das instituições de crédito;
b) Vigiar pela observância das normas que disciplinam a actividade das instituições de crédito;
c) Emitir recomendações para que sejam sanadas as irregularidades detectadas;
d) Tomar providências extraordinárias de saneamento;
e) Sancionar as infracções.

Artigo 117.º *
Sociedades gestoras de participações sociais

1 – Ficam sujeitas à supervisão do Banco de Portugal as sociedades gestoras de participações sociais quando as participações

---

* Alterado pelo Decreto-Lei n.º 201/2002, de 26-09.

detidas, directa ou indirectamente, lhes confiram a maioria dos direitos de voto em uma ou mais instituições de crédito ou sociedades financeiras.

2 – O Banco de Portugal pode ainda sujeitar à sua supervisão as sociedades gestoras de participações sociais que, não estando incluídas na previsão do número anterior, detenham participação qualificada em instituição de crédito ou em sociedade financeira.

3 – Exceptuam-se da aplicação do número anterior as sociedades gestoras de participações sociais sujeitas à supervisão do Instituto de Seguros de Portugal.

4 – O disposto no artigo 43.º-A é aplicável às sociedades gestoras de participações sociais a que se refere o n.º 1 do presente artigo.

Artigo 117.º-A
Sociedades relevantes para sistemas de pagamentos

1 – O Banco de Portugal pode sujeitar à sua supervisão as entidades que tenham por objecto exercer, ou que de facto exerçam, uma actividade especialmente relevante para o funcionamento dos sistemas de pagamentos, especificando as regras e as obrigações que lhes são aplicáveis, de entre as previstas no presente diploma para as sociedades financeiras.

2 – As entidades que exerçam qualquer actividade no âmbito dos sistemas de pagamentos devem comunicar esse facto ao Banco de Portugal e prestar-lhe todas as informações que ele lhes solicitar.

3 – Para os efeitos do n.º 1, considera-se especialmente relevante para os sistemas de pagamentos, nomeadamente, a actividade de gestão de uma rede electrónica através da qual se efectuem pagamentos.

Artigo 118.º [*]
Gestão sã e prudente

1 – Se as condições em que decorre a actividade de uma instituição de crédito não respeitarem as regras de uma gestão sã e

---

[*] Alterado pelo Decreto-Lei n.º 201/2002, de 26-09.

prudente, o Banco de Portugal pode notificá-la para, no prazo que lhe fixar, tomar as providências necessárias para restabelecer ou reforçar o equilíbrio financeiro, ou corrigir os métodos de gestão.

2 – Sempre que tiver conhecimento do projecto de uma operação por uma instituição de crédito que, no seu entender, seja susceptível de implicar a violação ou o agravamento da violação de regras prudenciais aplicáveis ou infringir as regras de uma gestão sã e prudente, o Banco de Portugal pode notificar essa instituição para se abster de realizar tal operação.

TÍTULO X
Sociedades financeiras

CAPÍTULO I
Autorização de sociedades financeiras com sede em Portugal

Artigo 174.º
Requisitos gerais

1 – As sociedades financeiras com sede em Portugal devem satisfazer os seguintes requisitos:
   a) Corresponder a um dos tipos previstos na lei portuguesa;
   b) Ter por objecto alguma ou algumas das actividades referidas no artigo 5.º, ou outra actividade prevista em lei especial;
   c) Ter capital social não inferior ao mínimo legal.

2 – Na data da constituição, capital social deve estar inteiramente subscrito e realizado em montante não inferior ao mínimo legal.

Artigo 175.º
Autorização

1 – A constituição de sociedades financeiras com sede em Portugal depende de autorização a conceder, caso a caso, pelo Banco de Portugal.

2 – À autorização e ao correspondente pedido aplica-se o disposto nos artigos 17.º, 18.º e 19.º e no n.º 2 do artigo 20.º

Artigo 176.º *
Recusa de autorização

A autorização para a constituição de sociedades financeiras será recusada sempre que:
a) O pedido de autorização não estiver instruído com todas as informações e documentos necessários;
b) A instrução do pedido enfermar de inexactidões ou de falsidades;
c) A sociedade a constituir não corresponder aos requisitos estabelecidos no artigo 174.º;
d) O Banco de Portugal não considerar demonstrado que todos os accionistas satisfazem os requisitos estabelecidos no artigo 103.º;
e) A sociedade não dispuser de meios técnicos e recursos financeiros suficientes para o tipo e volume das operações que pretende realizar.

Artigo 177.º *
Caducidade da autorização

1 – A autorização de uma sociedade financeira caduca se os requerentes a ela expressamente renunciarem ou se a sociedade não iniciar actividade no prazo de 12 meses.

2 – O Banco de Portugal poderá, a pedido dos interessados, prorrogar o prazo referido no número anterior por igual período.

3 – A autorização caduca ainda se a sociedade for dissolvida, sem prejuízo da prática dos actos necessários à respectiva liquidação.

---

* Alterado pelo Decreto-Lei n.º 201/2002, de 26-09.

Artigo 178.º *
Revogação da autorização

1 – A autorização de uma sociedade financeira pode ser revogada com os seguintes fundamentos, além de outros legalmente previstos:
  a) Se tiver sido obtida por meio de falsas declarações ou outros expedientes ilícitos, independentemente das sanções penais que ao caso couberem;
  b) Se deixar de se verificar algum dos requisitos estabelecidos no artigo 174.º;
  c) Se a actividade da sociedade não corresponder ao objecto estatutário autorizado;
  d) Se a sociedade cessar actividade ou a reduzir para nível insignificante por período superior a 12 meses;
  e) Se se verificarem irregularidades graves na administração, organização contabilística ou fiscalização interna da sociedade;
  f) Se a sociedade não puder honrar os seus compromissos, em especial quanto à segurança dos fundos que lhe tiverem sido confiados;
  g) Se a sociedade violar as leis ou os regulamentos que disciplinam a sua actividade, ou não observar as determinações do Banco de Portugal, por modo a pôr em risco os interesses dos investidoras e demais credores ou as condições normais de funcionamento do mercado monetário, financeiro ou cambial.

2 – A revogação da autorização implica dissolução e liquidação da sociedade salvo se, no caso indicado na alínea d) do número anterior, o Banco de Portugal o dispensar.

Artigo 179.º
Competência e forma da revogação

A competência e a forma da revogação regem-se pelo disposto no artigo 23.º

---

* Alterado pelo Decreto-Lei n.º 201/2002, de 26-09.

Artigo 180.º
Regime especial

As sociedades financeiras, relativamente às quais se verifique alguma das circunstâncias mencionadas no artigo 24.º, estão sujeitas, com as necessárias adaptações, ao disposto nos artigos 25.º e 26.º, nos n.os 1, 2 e 3 do artigo 27.º e no artigo 28.º

Artigo 181.º
Intervenção da Comissão do Mercado de Valores Mobiliários

1 – Sempre que o objecto da sociedade financeira compreender alguma actividade de intermediação de valores mobiliários, a autorização da constituição da sociedade será precedida de parecer da Comissão do Mercado de Valores Mobiliários.

2 – A Comissão emitirá parecer no prazo de dois meses, entendendo-se em caso de silêncio que se pronunciou em sentido favorável à autorização.

3 – A revogação da autorização de sociedade financeira abrangida pelo n.º 1 deve ser precedida de consulta da Comissão, a qual se pronunciará no prazo de 15 dias, entendendo-se em caso de silêncio que se pronunciou em sentido favorável à revogação.

Artigo 182.º
Administração e fiscalização

Salvo o disposto em lei especial, são aplicáveis às sociedades financeiras, com as necessárias adaptações, os artigos 30.º a 33.º

Artigo 183.º [*]
Alterações estatutárias

Estão sujeitas a prévia autorização do Banco de Portugal as alterações dos contratos de sociedade e a fusão e cisão das sociedades financeiras, nos termos dos artigos 34.º e 35.º

---

[*] Alterado pelo Decreto-Lei n.º 201/2002, de 26-09.

CAPÍTULO II
Actividade no estrangeiro de sociedades financeiras com sede em Portugal

Artigo 184.º
Sucursais de filiais de instituições de crédito em países comunitários

1 – O disposto no artigo 36.º, no n.º 1 do artigo 37.º e nos artigos 38.º a 40.º aplica-se ao estabelecimento, em Estados membros da Comunidade Europeia, de sucursais de sociedades financeiras com sede em Portugal, quando estas sociedades financeiras, por sua vez, sejam filiais de uma ou várias instituições de crédito que estejam sujeitas à lei portuguesa, gozem de regime legal que lhes permita o exercício de uma ou mais actividades referidas nos n.os 2 a 12 da lista anexa à Directiva n.º do Conselho, de 15 de Dezembro de 1989, e preencham cumulativamente as seguintes condições:

a) Se as empresas-mãe forem autorizadas como instituições de crédito em Portugal;

b) Se as actividades em questão forem efectivamente exercidas em território português;

c) Se as empresas-mãe detiverem 90% ou mais dos direitos de voto correspondentes ao capital da filial;

d) Se as empresas-mãe assegurarem, a contento do Banco de Portugal, a gestão prudente da filial e se declararem, com a anuência do mesmo Banco, solidariamente garantes dos compromissos assumidos pela filial;

e) Se a filial for efectivamente incluída, em especial no que respeita às actividades em questão, na supervisão em base consolidada a que estiver sujeita a respectiva empresa-mãe ou cada uma das empresas-mãe, nomeadamente no que se refere ao cálculo do rácio de solvabilidade, ao controlo de grandes riscos e à limitação de participações noutras sociedades;

f) Se a filial estiver também sujeita a supervisão em base individual.

2 – Da comunicação referida no n.º 1 do artigo 37.º deverá constar o montante dos fundos próprios da sociedade financeira e o rácio de solvabilidade consolidado da instituição de crédito que constitui a respectiva empresa-mãe.

3 – Se uma sociedade financeira que beneficie do disposto no presente artigo deixar de preencher algumas das condições referidas, o Banco de Portugal informará do facto as autoridades de supervisão dos países onde a sociedade tenha estabelecido sucursais.

Artigo 185.º
Sucursais de outras sociedades no estrangeiro

As sociedades financeiras com sede em Portugal que não sejam abrangidas pelo artigo anterior e pretendam estabelecer sucursais em país estrangeiro observarão o disposto no artigo 42.º.

Artigo 186.º
Intervenção da Comissão do Mercado de Valores Mobiliários

Sempre que o objecto da sociedade financeira que pretende estabelecer sucursal no estrangeiro compreender alguma actividade de intermediação de valores mobiliários, o Banco de Portugal solicitará parecer da Comissão do Mercado de Valores Mobiliários, aplicando-se o disposto no n.º 2 do artigo 181.º

Artigo 187.º
Prestação de serviços noutros Estados Membros da Comunidade Europeia

1 – A prestação de serviços noutro Estado membro da Comunidade Europeia por uma sociedade financeira que preencha as condições referidas no n.º 1 do artigo 184.º obedece ao disposto no artigo 43.º, devendo a comunicação do Banco de Portugal aí prevista ser acompanhada por comprovativo do preenchimento daquelas condições.

2 – É aplicável, com as necessárias adaptações, o n.º 3 do artigo 184.º

CAPÍTULO III
Actividade em Portugal de instituições financeiras com sede no estrangeiro

Artigo 188.º
Sucursais de filiais de instituições de crédito de países comunitários

1 – Rege-se pelo disposto nos artigos 44.º e 46.º a 56.º o estabelecimento, em Portugal, de sucursais de instituições financeiras sujeitas à lei de outros Estados membros da Comunidade Europeia quando estas instituições tenham a natureza de filial de instituição de crédito ou de filial comum de várias instituições de crédito, gozem de regime que lhes permita exercer uma ou mais das actividades referidas nos n.os 2 a 12 da lista anexa à Directiva n.º do Conselho, de 15 de Dezembro de 1989, e preencham cumulativamente as seguintes condições:
   a) Se as empresas-mãe forem autorizadas como instituições de crédito no Estado membro a cuja lei a filial se encontrar sujeita;
   b) Se as actividades em questão forem efectivamente exercidas no território do mesmo Estado membro;
   c) Se as empresas-mãe detiverem 90% ou mais dos direitos de voto correspondentes ao capital da filial;
   d) Se as empresas-mãe assegurarem, a contento das autoridades de supervisão do Estado membro de origem, a gestão prudente da filial e se declararem, com a anuência das mesmas autoridades, solidariamente garantes dos compromissos assumidos pela filial;
   e) Se a filial for efectivamente incluída, em especial no que respeita às actividades em questão, na supervisão em base consolidada a que estiver sujeita a respectiva empresa-mãe ou cada uma das empresas-mãe, nomeadamente no que se refere ao cálculo do rácio de solvabilidade, ao controlo de grandes riscos e à limitação de participações noutras sociedades;
   f) Se a filial estiver também sujeita a supervisão em base individual pelas autoridades do Estado membro de origem, nos termos exigidos pela legislação comunitária.

2 – É condição do estabelecimento que o Banco de Portugal receba, da autoridade de supervisão do país de origem, comunicação da qual constem as informações mencionadas nas alíneas a), feitas as necessárias adaptações, b) e c) do n.º 1 do artigo 49.º, o montante dos fundos próprios da instituição financeira, o rácio de solvabilidade consolidado da instituição de crédito que constitui a empresa-mãe da instituição financeira titular e um atestado, passado pela autoridade de supervisão do país de origem, comprovativo da verificação das condições referidas no número anterior.

3 – Se uma instituição financeira deixar de preencher alguma das condições previstas no n.º 1 do presente artigo, as sucursais que tenha estabelecido em território português ficam sujeitas ao regime dos artigos 189.º e 190.º

4 – O disposto nos n.os 1, 3 e 4 do artigo 122.º e nos artigos 123.º e 124.º é aplicável, com as necessárias adaptações, às filiais referidas no presente artigo.

[...]

Artigo 195.º

Regras de conduta

Salvo o disposto em lei especial, as sociedades financeiras estão sujeitas, com as necessárias adaptações, às normas contidas nos artigos 73.º a 90.º

Artigo 196.º

Normas prudenciais

1 – Salvo o disposto em lei especial, é aplicável às sociedades financeiras o disposto nos artigos 94.º a 97.º, 99.º e 115.º

2 – Os adquirentes de participações iguais ou superiores a 10% do capital ou dos direitos de voto de sociedade financeira não abrangida pelo título X-A devem comunicar o facto ao Banco de Portugal, nos termos previstos no artigo 104.º, podendo o Banco de Portugal exigir a prestação das informações a que se refere o n.º 7 do artigo 103.º e usar dos poderes previstos no artigo 106.º

Artigo 197.º *
Supervisão

1 – Salvo o disposto em lei especial, é aplicável às sociedades financeiras, com as necessárias adaptações, o disposto nos artigos 93.º, 116.º, 118.º a 121.º e 125.º a 128.º.

2 – Quando uma instituição financeira com sede no estrangeiro, e que em Portugal preste serviços ou disponha de escritório de representação, exerça no País actividade de intermediação de valores mobiliários, a supervisão dessa actividade compete igualmente à Comissão do Mercado de Valores Mobiliários.

Artigo 198.º
Saneamento

1 – Salvo o disposto em lei especial, é aplicável, com as necessárias adaptações, às sociedades financeiras e às sucursais estabelecidas em Portugal o disposto nos artigos 139.º a 153.º

2 – Tratando-se de sociedades financeiras que exerçam alguma actividade de intermediação de valores mobiliários, o Banco de Portugal manterá a Comissão do Mercado de Valores Mobiliários informada das providências que tomar nos termos dos artigos referidos no número anterior e, sempre que possível, ouvi-la-á antes de tomar alguma das providências ou decisões previstas nos artigos 141.º a 145.º e 152.º

Artigo 199.º
Remissão

Em tudo quanto não contrarie o disposto no presente diploma, as sociedades financeiras regem-se pela legislação especial aplicável.

---

* Alterado pelo Decreto-Lei n.º 201/2002, de 26-09.

TÍTULO XI
Sanções

CAPÍTULO I
Disposição penal

Artigo 199°-A
Definições

Para efeitos deste título, entende-se por:
1.º Serviço de investimento:
a) Recepção e transmissão, por conta de investidores, de ordens relativas a qualquer dos instrumentos financeiros referidos no n.º 2.º deste artigo;
b) Execução, por conta de terceiros, de ordens relativas a qualquer dos instrumentos financeiros referidos no n.º 2.º deste artigo;
c) Negociação, por conta própria, de qualquer dos instrumentos financeiros referidos no n.º 2.º deste artigo;
d) Gestão de carteiras de investimento, numa base discricionária e individualizada, no âmbito de mandato conferido pêlos investidores, sempre que essas carteiras incluam algum dos instrumentos financeiros referidos no n.º 2.º deste artigo;
e) Colocação, com ou sem tomada firme, de qualquer dos instrumentos financeiros referidos no n.º 2.º deste artigo;

2.º – Instrumentos financeiros: os indicados na secção B do anexo à Directiva n.º 93/22/CEE, do Conselho, de 10 de Maio de 1993;
3º – Empresas de investimento: empresas em cuja actividade habitual se inclua a prestação de serviços de investimento a terceiros e que estejam sujeitas aos requisitos de fundos próprios previstos na Directiva n.º 93/6/CEE, do Conselho, de 15 de Março de 1993, com excepção das instituições de crédito e das entidades abrangidas no âmbito de previsão do n.º 2 do artigo 2.º da Directiva n.º 93/22/CEE, do Conselho, de 10 de Maio de 1993.

Artigo 199.°-B
Regime jurídico

1 – As empresas de investimento estão sujeitas a todas as normas do presente diploma aplicáveis às sociedades financeiras e, em especial, às disposições do presente título.

2 – O disposto nas alíneas e) e f) do artigo 199.°-E é também aplicável às instituições de crédito, no âmbito da prestação de serviços de investimento.

CAPÍTULO II
Autorização de empresas de investimento com sede em Portugal

Artigo 199.°-C
Autorização de empresas de investimento com sede em Portugal

O título II é aplicável, com as necessárias adaptações, às empresas de investimento com sede em Portugal, com as seguintes modificações:

a) Não é aplicável a alínea b) do n.° 1 do artigo 14.°;
b) O capital das empresas de investimento que adoptem a forma de sociedade anónima deve ser representado por acções nominativas ou ao portador registadas;
c) Os n.os 3 a 5 do artigo 16.° só são aplicáveis quando a empresa de investimento seja filial de empresa-mãe com sede em país não membro da Comunidade Europeia;
d) O disposto no artigo 18.° é também aplicável quando a empresa a constituir seja filial de uma empresa de investimento autorizada noutro país, ou filial de empresa-mãe de empresa de investimento nestas condições, ou dominada pelas mesmas pessoas singulares ou colectivas que dominem uma empresa de investimento autorizada noutro país;
e) No n.° 6 do artigo 16.°, a referência feita à Directiva n.° 2000/12/CE, do Parlamento Europeu e do Conselho, de 20 de Março de 2000, é substituída pela referência à Directiva n.° 93/22/CEE, do Conselho, de 10 de Maio de 1993;

f) O artigo 33.º aplica-se sem prejuízo do disposto em lei especial.

CAPÍTULO III
Actividade, na Comunidade Europeia, de empresas de investimento com sede em Portugal

Artigo 199.º-D
Actividade, na Comunidade Europeia, de empresas de investimento com sede em Portugal

1 – O estabelecimento de sucursais e a prestação de serviços em outros Estados membros da Comunidade Europeia por empresas de investimento com sede em Portugal rege-se, com as necessárias adaptações, pelo disposto nos artigos 36.º, 37.º, n.º 1, 38.º a 40.º e 43.º, com as modificações seguintes:
   a) As notificações referidas no n.º 1 do artigo 36.º e no n.º 1 do artigo 43.º devem ser feitas também à Comissão do Mercado de Valores Mobiliários;

[...]

DECRETO-LEI N.º 370/93
de 29 de Outubro

Proíbe práticas individuais restritivas de comércio *

O Decreto-Lei n.º 422/83, de 3 de Dezembro, ocupou-se não só dos efeitos económicos danosos decorrentes de acordos e práticas concertados entre empresas, de decisões de associações de empresas e de abusos de posição dominante, como ainda da proibição de certas práticas individuais restritivas da concorrência.

A inclusão das práticas individuais no diploma funcionou como instrumento pedagógico do comportamento dos agentes económicos e simultaneamente contribuiu para a transparência do mercado.

Ao proceder à revisão do Decreto-Lei n.º 422/83, houve que ponderar entre a manutenção deste conjunto de práticas na lei nacional de defesa da concorrência ou – seguindo as tendências e soluções de outros países – o seu deslocamento para sede legislativa mais adequada à realidade.

Adoptando esta última solução, evita-se que o Conselho da Concorrência se pronuncie sobre práticas que já no actual quadro legislativo não eram ponderadas à luz dos critérios enunciados no artigo 15.º do Decreto-Lei n.º 422/83 (balanço económico) mas que de per se constituem comportamentos menos transparentes embora sem efeitos graves a nível de concorrência.

---

* É de V. Adalberto Costa – Práticas Restritivas do Comércio, Vislis, Lisboa – 2000.

Não obstante, porque não raro certas práticas individuais são consequência de acordos restritivos da concorrência, ou de abusos de poder económico, que, enquanto tal, devem ser apreciados em sede de legislação de defesa da concorrência, quer para efeitos de condenação, quer de isenção, houve o cuidado de distinguir claramente o âmbito de aplicação de ambas as disciplinas.

Retomam-se assim neste diploma as figuras das práticas individuais que constavam do Decreto-Lei n.º 422/83, acrescentando--lhe a figura de «venda com prejuízo» já existente na legislação nacional na actividade do comércio a retalho (Decreto-Lei n.º 253/86, de 25 de Agosto), abrangendo agora as relações entre agentes económicos. Evita-se, desta forma, a ocorrência de tratamento legal discriminatório mais susceptível de ocorrer dado que se esbateram as fronteiras anteriormente rigidamente definidas.

Assim:

Nos termos da alínea a) do n.º 1 do artigo 201.º da Constituição, o Governo decreta o seguinte:

Artigo 1.º
Aplicação de preços ou de condições de venda discriminatórios

1 - É proibido ao mesmo agente económico praticar preços ou condições de venda discriminatórios relativamente a prestações equivalentes, nomeadamente quando tal prática se traduza na aplicação de diferentes prazos de execução das encomendas ou de diferentes modalidades de embalamento, entrega, transporte e pagamento, não justificadas por diferenças correspondentes no custo de fornecimento ou do serviço.

2 – São prestações equivalentes aquelas que respeitem a bens ou serviços similares e que não defiram de maneira sensível nas características comerciais essenciais, nomeadamente naquelas que tenham repercussão nos correspondentes custos de produção ou de comercialização.

3 – Não se consideram prestações equivalentes aquelas entre cujas datas de conclusão se tenha verificado uma alteração duradoura dos preços ou das condições de venda praticados pelo vendedor.

4 – Não são consideradas discriminatórias as ofertas de objectos desprovidos de valor comercial.

Artigo 2.º
Tabelas de preços e condições de venda

1 – Os produtores, fabricantes, importadores, distribuidores, embaladores e grossistas de bens e os prestadores de serviços são obrigados a possuir tabelas de preços com as correspondentes condições de venda e facultá-las, quando solicitados, a qualquer revendedor ou utilizador.

2 – As condições de venda devem referenciar, nomeadamente, os prazos de pagamento, as diferentes modalidades de descontos praticados e respectivos escalões.

3 – As condições em que um agente económico obtenha uma remuneração financeira ou de outra natureza dos seus fornecedores, como contrapartida da prestação de serviços específicos, devem ser reduzidas a escrito.

Artigo 3.º
Venda com prejuízo

1 – É proibido oferecer para venda ou vender um bem por um preço inferior ao seu preço de compra efectivo, acrescido dos impostos aplicáveis a essa venda e, se for caso disso, dos encargos relacionados com o transporte.

2 – Entende-se por preço de compra efectivo o preço constante da factura de compra após a dedução dos descontos nela contidos.

3 – O disposto no n.º 1 não é aplicável a:
a) Bens perecíveis, a partir do momento em que se encontrem ameaçados de deterioração rápida;
b) Bens cujo valor comercial esteja afectado, quer por ter decorrido a situação que determinou a sua necessidade, quer por redução das suas possibilidades de utilização, quer por superveniência de importante inovação técnica;
c) Bens cujo reaprovisionamento se efectue a preço inferior, sendo então o preço efectivo de compra substituído pelo preço resultante da nova factura de compra;

d) Bens cujo preço se encontre alinhado pelo preço licitamente praticado para os mesmos bens por um outro comerciante do mesmo ramo de actividades.

4 – Incumbe ao vendedor a prova documental do preço de compra efectivo, bem como das justificações previstas no número anterior.

Artigo 4.º
Recusa de venda de bens ou de prestações de serviços

1 – É proibido recusar a venda de bens ou a prestação de serviços, segundo os usos normais da respectiva actividade ou de acordo com as disposições legais ou regulamentares aplicáveis, ainda que se trate de bens ou de serviços não essenciais e que da recusa não resulte prejuízo para o regular abastecimento do mercado.

2 – É equiparada à recusa de venda a subordinação da venda de um bem ou da prestação de um serviço à aquisição de outro bem ou serviço.

3 – São consideradas causas justificativas de recusa:
a) A satisfação das exigências normais da exploração industrial ou comercial do vendedor, designadamente a manutenção dos seus stocks de segurança ou das necessidades de consumo próprio;
b) A satisfação de compromissos anteriormente assumidos pelo vendedor;
c) A desproporção manifesta da encomenda face às quantidades normais de consumo do adquirente ou aos volumes habituais das entregas do vendedor;
d) A falta de capacidade do adquirente para, face às características do bem ou serviço, assegurar a sua revenda em condições técnicas satisfatórias ou manter um adequado serviço de pós-venda;
e) A fundada falta de confiança do vendedor quanto à pontualidade do pagamento pelo adquirente, tratando-se de vendas a crédito;

f) A existência de débitos vencidos e não liquidados referentes a fornecimentos anteriores;
g) A ocorrência de qualquer outra circunstância inerente às condições concretas da transacção que, segundo os usos normais da respectiva actividade, tornaria a venda do bem ou a prestação do serviço anormalmente prejudicial para o vendedor.

4 – Incumbe ao vendedor a prova das causas justificativas a que se refere o número anterior.

Artigo 5.º *

Infracções

1 – As infracções ao disposto nos artigos 1.º, 2.º, 3.º e 4.º constituem contra-ordenação punível nos termos do artigo 68.º do Decreto-Lei n.º 28/84, de 20 de Janeiro.

2 – A aplicação das respectivas coimas compete à Comissão a que se refere o n.º 2 do artigo 52.º do Decreto-Lei n.º 28/84.

Artigo 6.º *

Fiscalização e instrução dos processos

A fiscalização do disposto no presente diploma e a instrução dos respectivos processos competem especialmente à Inspecção--Geral das Actividades Económicas, nos termos do artigo 73.º do Decreto-Lei n.º 28/84.

Artigo 7.º *

Destino do montante das coimas

O produto das coimas por infracção ao disposto neste diploma reverte em 60% para os cofres do Estado e em 40% para a Inspecção-Geral das Actividades Económicas.

---

* Alterado pelo artigo 11.º do DL n.º 10/2003, de 18.01.

Artigo 8.º
Entrada em vigor

O presente diploma entra em vigor no dia 1 de Janeiro de 1994.

Visto e aprovado em Conselho de Ministros de 29 de Julho de 1993. – Joaquim Fernando Nogueira – Alexandre Carlos de Mello Vieira Costa Relvas.

Promulgado em 12 de Outubro de 1993.

Publique-se.

O Presidente da República, MÁRIO SOARES.

Referendado em 14 de Outubro de 1993.

O Primeiro-Ministro, *Aníbal António Cavaco Silva.*

TRATADO DA COMUNIDADE EUROPEIA

Sua Majestade o Rei dos Belgas, o Presidente da República Federal da Alemanha, o Presidente da República Francesa, o Presidente da República Italiana, sua Slteza Real, a Grã-Duquesa do Luxemburgo, sua Majestade a Rainha dos Países Baixos,

Determinados a estabelecer os fundamentos de uma união cada vez mais estreita entre os povos europeus,

Decididos a assegurar, mediante uma acção comum, o progresso económico e social dos seus países eliminando as barreiras que dividem a europa,

Fixando como objectivo essencial dos seus esforços a melhoria constante das condições de vida e de trabalho dos seus povos,

Reconhecendo que a eliminação dos obstáculos existentes requer uma acção concertada tendo em vista garantir a estabilidade na expansão económica, o equilíbrio nas trocas comerciais e a lealdade na concorrência,

Preocupados em reforçar a unidade das suas economias e assegurar o seu desenvolvimento harmonioso pela redução das desigualdades entre as diversas regiões e do atraso das menos favorecidas,

Desejosos de contribuir, mercê de uma política comercial comum, para a supressão progressiva das restrições ao comércio internacional,

Pretendendo confirmar a solidariedade que liga a europa e os países ultramarinos, e desejando assegurar o desenvolvimento da prosperidade destes, em conformidade com os princípios da Carta das Nações Unidas,

Resolvidos a consolidar, pela união dos seus recursos, a defesa da paz e da liberdade e apelando para os outros povos da

Europa que partilham dos seus ideais para que se associem aos seus esforços,

Determinados a promover o desenvolvimento do mais elevado nível possível de conhecimentos dos seus povos, através de um amplo acesso à educação, e da contínua actualização desses conhecimentos,

Decidiram criar uma Comunidade Económica Europeia e para esse efeito, designaram como plenipotenciários:

Os quais, depois de terem trocado os seus plenos poderes reconhecidos em boa e devida forma, acordaram no seguinte:

PARTE I
Os Princípios

Artigo 1.º

Pelo presente Tratado, as Altas Partes contratantes instituem entre si uma Comunidade Europeia.

Artigo 2.º

A Comunidade tem como missão, através da criação da um mercado comum e de uma união económica e monetária e da aplicação das políticas ou acções comuns a que se referem os artigos 3.º e 4.º, promover, em toda a Comunidade, o desenvolvimento harmonioso, equilibrado e sustentável das actividades económicas, um elevado nível de emprego e de protecção social, a igualdade entre homens e mulheres, um crescimento sustentável e não inflacionista, um alto grau de competitividade e de convergência dos comportamentos das economias, um elevado nível de protecção e de melhoria da qualidade do ambiente, o aumento do nível e da qualidade de vida, a coesão económica e social e a solidariedade entre os Estados-Membros.

Artigo 3.º

1. Para alcançar os fins enunciados no artigo 2.º, a acção da Comunidade implica, nos termos do disposto e segundo o calendário previsto no presente Tratado:
   a) A *proibição* entre os Estados-Membros, dos direitos aduaneiros e das restrições quantitativas à entrada e à saída de mercadorias, bem como de quaisquer outras medidas de efeito equivalente;
   b) Uma política comercial comum;
   c) Um mercado interno caracterizado pela abolição, entre os Estados-Membros, dos obstáculos à livre circulação de mercadorias, de pessoas, de serviços e de capitais;
   d) *Medidas relativas à entrada e circulação de pessoas de acordo com o disposto no título IV*;
   e) Uma política comum no domínio da agricultura e das pescas;
   f) Uma política comum no domínio dos transportes;
   g) Um regime que garanta que a concorrência não seja falseada no mercado interno;
   h) A aproximação das legislações dos Estados-Membros na medida do necessário para o funcionamento do mercado comum;
   i) *A promoção de uma coordenação entre as políticas de emprego dos Estados-Membros, com o objectivo de reforçar a sua eficácia, mediante a elaboração de uma estratégia coordenada em matéria de emprego*;
   j) Uma política social que inclui um Fundo Social Europeu;
   k) O reforço da coesão económica e social;
   l) Uma política no domínio do ambiente;
   m) O reforço da capacidade concorrencial da indústria da Comunidade;
   n) A promoção da investigação e do desenvolvimento tecnológico;
   o) O incentivo à criação e ao desenvolvimento de redes transeuropeias;
   p) Uma contribuição para a realização de um elevado nível de protecção da saúde;

q) Uma contribuição para um ensino e uma formação de qualidade, bem como para o desenvolvimento das culturas dos Estados-Membros;
r) Uma política no domínio da cooperação para o desenvolvimento;
s) A associação dos países e territórios ultramarinos tendo por objectivo incrementar as trocas comerciais e prosseguir em comum o esforço de desenvolvimento económico e social;
t) Uma contribuição para o reforço da defesa dos consumidores;
u) Medidas nos domínios da energia, da protecção civil e do turismo.

2. *Na realização de todas as acções previstas no presente artigo, a Comunidade terá por objectivo eliminar as desigualdades e promover a igualdade entre homens e mulheres.*

Artigo 4.º [1]

1. Para alcançar os fins enunciados no artigo 2.º, a acção dos Estados-Membros e da Comunidade implica, nos termos do disposto e segundo o calendário previsto no presente Tratado, a adopção de uma política económica baseada na estreita coordenação das políticas económicas dos Estados-Membros, no mercado interno e na definição de objectivos comuns, e conduzida de acordo com o princípio de uma economia de mercado aberto e de livre concorrência.

2. Paralelamente, nos termos do disposto e segundo o calendário e os procedimentos previstos no presente Tratado, essa acção implica a fixação irrevogável das taxas de câmbio conducente à criação de uma moeda única, o ecu, e a definição e condução de uma política monetária e de uma política cambial únicas, cujo objectivo primordial é a manutenção da estabilidade dos preços e, sem prejuízo desse objectivo, o apoio às políticas económicas gerais na Comunidade, de acordo com o princípio de uma economia de mercado aberto e de livre concorrência.

---

[1] Era o artigo 3.º-A.

3. Essa acção dos Estados-Membros e da Comunidade implica a observância dos seguintes princípios orientadores: preços estáveis, finanças públicas e condições monetárias sólidas e balança de pagamentos sustentável.

Artigo 5.º [1]

A Comunidade actuará nos limites das atribuições que lhe são conferidas e dos objectivos que lhe são cometidos pelo presente Tratado.

Nos domínios que não sejam das suas atribuições exclusivas, a Comunidade intervém apenas, de acordo com o princípio da subsidiariedade, se e na medida em que os objectivos da acção encarada não possam ser suficientemente realizados pelos Estados--Membros, e possam pois, devido à dimensão ou aos efeitos da acção prevista, ser melhor alcançados ao nível comunitário.

A acção da Comunidade não deve exceder o necessário para atingir os objectivos do presente Tratado.

Artigo 9.º [2]

É instituído um Banco Europeu de Investimento, que actuará nos limites das atribuições que lhe são conferidas pelo presente Tratado e pelos Estatutos que lhe vêm anexos.

Artigo 10.º [3]

Os Estados-Membros tomarão todas as medidas gerais ou especiais capazes de assegurar o cumprimento das obrigações decorrentes do presente Tratado ou resultantes de actos das instituições da Comunidade. Os Estados-Membros facilitarão à Comunidade o cumprimento da sua missão.

Os Estados-Membros abster-se-ão de tomar quaisquer medidas susceptíveis de pôr em perigo a realização dos objectivos do presente Tratado.

---

[1] Era o artigo 3.º-B.
[2] Era o artigo 4.º-B.
[3] Era o artigo 5.º.

Artigo 11.º [1]

1. Os Estados-Membros que se proponham instituir entre si uma cooperação reforçada num dos domínios referidos no presente Tratado devem dirigir um pedido nesse sentido à Comissão, que pode apresentar ao Conselho uma proposta para o efeito. Caso não apresente uma proposta, a Comissão informará os referidos Estados-Membros das razões que a motivaram.

2. A autorização para dar início à cooperação reforçada a que se refere o n.º 1 é concedida, no respeito dos artigos 43.º a 45.º do Tratado da União Europeia, pelo Conselho, deliberando por maioria qualificada, sob proposta da Comissão e após consulta ao Parlamento Europeu. Quando a cooperação reforçada vise um domínio abrangido pelo processo previsto no artigo 251.º do presente Tratado, é necessário o parecer favorável do Parlamento Europeu.

Qualquer membro do Conselho pode pedir que o assunto seja levado ao Conselho Europeu. Nessa sequência, o Conselho pode deliberar nos termos do disposto no primeiro parágrafo.

3. Salvo disposição em contrário contida no presente artigo e nos artigos 43.º a 45.º do Tratado da União Europeia, os actos e decisões necessários à execução das acções de cooperação reforçada ficam sujeitos a todas as disposições aplicáveis do presente Tratado.

[...]

PARTE III
As Políticas Da Comunidade

TÍTULO I
A livre circulação de mercadorias

Artigo 23.º [2]

1. A Comunidade assenta numa união aduaneira que abrange a totalidade do comércio de mercadorias e implica a proibição,

---

[1] Artigo aditado pelo Tratado de Amesterdão (como artigo 5.º-A)
[2] Era o artigo 9.º.

entre os Estados-Membros, de direitos aduaneiros de importação e de exportação e de quaisquer encargos de efeito equivalente, bem como a adopção de uma pauta aduaneira comum nas suas relações com países terceiros.

2. O disposto no artigo 25.º e no capítulo 2 do presente título é aplicável tanto aos produtos originários dos Estados-Membros, como aos produtos provenientes de países terceiros que se encontrem em livre prática nos Estados-Membros.

Artigo 24.º [1]

Consideram-se em livre prática num Estado-Membro os produtos provenientes de países terceiros em relação aos quais se tenham cumprido as formalidades de importação e cobrado os direitos aduaneiros ou encargos de efeito equivalente exigíveis nesse Estado-Membro, e que não tenham beneficiado de draubaque total ou parcial desses direitos ou encargos.

[...]

TÍTULO III
A livre circulação de pessoas, de serviços e de capitais

CAPÍTULO 1
Os trabalhadores

Artigo 39.º [2]

1. A livre circulação dos trabalhadores fica assegurada na Comunidade.

2. A livre circulação dos trabalhadores implica a abolição de toda e qualquer discriminação em razão da nacionalidade, entre os trabalhadores dos Estados-Membros, no que diz respeito ao emprego, à remuneração e demais condições de trabalho.

---

[1] Era o artigo 10.º.
[2] Era o artigo 48.º.

3. A livre circulação dos trabalhadores compreende, sem prejuízo das limitações justificadas por razões de ordem pública, segurança pública e saúde pública, o direito de:
a) Responder a ofertas de emprego efectivamente feitas;
b) Deslocar-se livremente, para o efeito, no território dos Estados-Membros;
c) Residir num dos Estados-Membros a fim de nele exercer uma actividade laboral, em conformidade com as disposições legislativas, regulamentares e administrativas que regem o emprego dos trabalhadores nacionais;
d) Permanecer no território de um Estado-Membro depois de nele ter exercido uma actividade laboral, nas condições que serão objecto de regulamentos de execução a estabelecer pela Comissão.

4. O disposto no presente artigo não é aplicável aos empregos na administração pública.

Artigo 40.º [1]

O Conselho, deliberando de acordo com o procedimento previsto no artigo 251.º e após consulta do Comité Económico e Social, tomará, por meio de directivas ou de regulamentos, as medidas necessárias à realização da livre circulação dos trabalhadores, tal como se encontra definida no artigo anterior, designadamente:
a) Assegurando uma colaboração estreita entre os serviços nacionais de emprego;
b) Eliminando, tanto por procedimentos e práticas administrativas, como os prazos de acesso aos empregos disponíveis, decorrentes, quer da legislação nacional, quer de acordos anteriormente concluídos entre os Estados-Membros, cuja manutenção constitua obstáculo à liberalização dos movimentos dos trabalhadores;
c) Eliminando todos os prazos e outras restrições previstas, quer na legislação nacional quer em acordos anteriormente

---

[1] Era o artigo 49.º.

concluídos entre os Estados-Membros, que imponham aos trabalhadores dos outros Estados-Membros condições diferentes das que se aplicam aos trabalhadores nacionais quanto à livre escolha de um emprego;
d) Criando mecanismos adequados a pôr em contacto as ofertas e pedidos de emprego e a facilitar o seu equilíbrio em condições tais que excluam riscos graves para o nível de vida e de emprego nas diversas regiões e indústrias.

[...]

CAPÍTULO 2
O direito de estabelecimento

Artigo 43.º [1]

No âmbito das disposições seguintes, são proibidas as restrições à liberdade de estabelecimento dos nacionais de um Estado-Membro no território de outro Estado-Membro. Esta proibição abrangerá igualmente as restrições à constituição de agências, sucursais ou filiais pelos nacionais de um Estado-Membro estabelecidos no território de outro Estado-Membro.

A liberdade de estabelecimento compreende tanto o acesso às actividades não assalariadas e o seu exercício, como a constituição e a gestão de empresas e designadamente de sociedades, na acepção do segundo parágrafo do artigo 48.º, nas condições definidas na legislação do país de estabelecimento para os seus próprios nacionais, sem prejuízo do disposto no capítulo relativo aos capitais.

Artigo 44.º [2]

1. Para realizar a liberdade de estabelecimento numa determinada actividade, o Conselho, deliberando de acordo com o procedimento previsto no artigo 251.º, e após consulta do Comité Económico e Social, adoptará directivas.

---

[1] Era o artigo 52.º.
[2] Era o artigo 54.º.

2. O Conselho e a Comissão exercerão as funções que lhes são confiadas nos termos das disposições anteriores, designadamente:
   a) Dando prioridade, em geral, às actividades em que a liberdade de estabelecimento constitua uma contribuição particularmente útil para o desenvolvimento da produção e das trocas comerciais;
   b) Assegurando uma colaboração estreita entre os serviços nacionais competentes tendo em vista conhecer as situações especiais, na Comunidade, das diversas actividades em causa;
   c) Eliminando os procedimentos e práticas administrativas decorrentes, quer da legislação nacional quer de acordos anteriormente concluídos entre os Estados-Membros, cuja manutenção constitua obstáculo à liberdade de estabelecimento;
   d) Velando por que os trabalhadores assalariados de um dos Estados-Membros, empregados no território de outro Estado--Membro, possam permanecer nesse território, para nele exercerem uma actividade não assalariada, desde que satisfaçam as condições que lhes seriam exigidas se chegassem a esse Estado no momento em que pretendem ter acesso a essa actividade;
   e) Tornando possível a aquisição e exploração de propriedades fundiárias, situadas no território de um Estado-Membro, por um nacional de outro Estado-Membro, na medida em que não sejam lesados os princípios estabelecidos no n.º 2 do artigo 33.º;
   f) Aplicando a supressão gradual das restrições à liberdade de estabelecimento em todos os ramos de actividade considerados, por um lado, quanto às condições de constituição de agências, sucursais ou filiais no território de um Estado--Membro e, por outro, quanto às condições que regulam a admissão de pessoal do estabelecimento principal nos órgãos de gestão ou de fiscalização daquelas;
   g) Coordenando as garantias que, para protecção dos interesses dos sócios e de terceiros, são exigidas nos Estados--Membros às sociedades, na acepção do segundo parágrafo do artigo 48.º, na medida em que tal seja necessário, e a fim de tornar equivalentes essas garantias;
   h) Certificando-se de que as condições de estabelecimento não sejam falseadas pelos auxílios concedidos pelos Estados--Membros.

TÍTULO VI
As regras comuns relativas à concorrência, à fiscalidade e à aproximação das legislações

CAPÍTULO 1
As regras de concorrência

SECÇÃO 1
As regras aplicáveis às empresas

Artigo 81.º [1]

1. São incompatíveis com o mercado comum e proibidos todos os acordos entre empresas, todas as decisões de associações de empresas e todas as práticas concertadas que sejam susceptíveis de afectar o comércio entre os Estados-Membros e que tenham por objectivo ou efeito impedir, restringir ou falsear a concorrência no mercado comum, designadamente as que consistam em:
 a) Fixar, de forma directa ou indirecta, os preços de compra ou de venda, ou quaisquer outras condições de transacção;
 b) Limitar ou controlar a produção, a distribuição, o desenvolvimento técnico ou os investimentos;
 c) Repartir os mercados ou as fontes de abastecimento;
 d) Aplicar, relativamente a parceiros comerciais, condições desiguais no caso de prestações equivalentes colocando-os, por esse facto, em desvantagem na concorrência;
 e) Subordinar a celebração de contratos à aceitação, por parte dos outros contraentes, de prestações suplementares que, pela sua natureza ou de acordo com os usos comerciais, não têm ligação com o objecto desses contratos.

2. São nulos os acordos ou decisões proibidos pelo presente artigo.

---

[1] Era o título V.

3. As disposições no n.º 1 podem, todavia, ser declaradas inaplicáveis:
- a qualquer acordo, ou categoria de acordos, entre empresas,
- a qualquer decisão, ou categoria de decisões, de associações de empresas, e
- a qualquer prática concertada, ou categoria de práticas concertadas, que contribuam para melhorar a produção ou a distribuição dos produtos ou para promover o progresso técnico ou económico, contanto que aos utilizadores se reserve uma parte equitativa do lucro daí resultante, e que:
  a) Não imponham às empresas em causa quaisquer restrições que não sejam indispensáveis à consecução desses objectivos;
  b) Nem dêem a essas empresas a possibilidade de eliminar a concorrência relativamente a uma parte substancial dos produtos em causa.

Artigo 82.º [1]

É incompatível com o mercado comum e proibido, na medida em que tal seja susceptível de afectar o comércio entre os Estados-Membros, o facto de uma ou mais empresas explorarem de forma abusiva uma posição dominante no mercado comum ou numa parte substancial deste.

Estas práticas abusivas podem, nomeadamente, consistir em:
  a) Impor, de forma directa ou indirecta, preços de compra ou de venda ou outras condições de transacção não equitativas;
  b) Limitar a produção, a distribuição ou o desenvolvimento técnico em prejuízo dos consumidores;
  c) Aplicar, relativamente a parceiros comerciais, condições desiguais no caso de prestações equivalentes colocando-os, por esse facto, em desvantagem na concorrência;
  d) Subordinar a celebração de contratos à aceitação, por parte dos outros contraentes, de prestações suplementares que, pela sua natureza ou de acordo com os usos comerciais, não têm ligação com o objecto desses contratos.

---

[1] Era o artigo 86.º.

Artigo 83.º [1]

1. Os regulamentos ou directivas necessários à aplicação dos princípios constantes dos artigos 81.º e 82.º serão estabelecidos pelo Conselho, deliberando por maioria qualificada sob proposta da Comissão, após consulta do Parlamento Europeu.

2. Os regulamentos e as directivas referidas no n.º 1 têm por finalidade, designadamente:

a) Garantir o respeito das proibições referidas no n.º 1 do artigo 81.º e no artigo 82.º, pela cominação de multas e adstrições;

b) Determinar as modalidades de aplicação do n.º 3 do artigo 81.º, tendo em conta a necessidade, por um lado, de garantir uma fiscalização eficaz e, por outro, de simplificar o mais possível o controlo administrativo;

c) Definir, quando necessário, o âmbito de aplicação do disposto nos artigos 81.º e 82.º, relativamente aos diversos sectores económicos;

d) Definir as funções respectivas da Comissão e do Tribunal de Justiça quanto à aplicação do disposto no presente número;

e) Definir as relações entre as legislações nacionais e as disposições constantes da presente secção ou as adoptadas em execução do presente artigo.

Artigo 84.º [2]

Até à data da entrada em vigor das disposições adoptadas em execução do artigo 83.º, as autoridades dos Estados-Membros decidirão sobre a admissibilidade dos acordos, decisões e práticas concertadas e sobre a exploração abusiva de uma posição dominante no mercado comum, em conformidade com o direito dos seus próprios países e com o disposto no artigo 81.º, designadamente no n.º 3, e no artigo 82.º

---

[1] Era o artigo 87.º.
[2] Era o artigo 88.º.

Artigo 85.º [1]

1. Sem prejuízo do disposto no artigo 84.º, a Comissão velará pela aplicação dos princípios enunciados nos artigos 81.º e 82.º. A pedido de um Estado-Membro, ou oficiosamente, e em cooperação com as autoridades competentes dos Estados-Membros, que lhe prestarão assistência, a Comissão instruirá os casos de presumível infracção a estes princípios. Se a Comissão verificar que houve infracção, proporá os meios adequados para se lhe pôr termo.

2. Se a infracção não tiver cessado, a Comissão declarará verificada essa infracção aos princípios, em decisão devidamente fundamentada. A Comissão pode publicar a sua decisão e autorizar os Estados-Membros a tomarem as medidas, de que fixará as condições e modalidades, necessárias para sanar a situação.

Artigo 86.º [2]

1. No que respeita às empresas públicas e às empresas a que concedam direitos especiais ou exclusivos, os Estados-Membros não tomarão nem manterão qualquer medida contrária ao disposto no presente Tratado, designadamente ao disposto nos artigos 12.º e 81.º a 89.º, inclusive.

2. As empresas encarregadas da gestão de serviços de interesse económico geral ou que tenham a natureza de monopólio fiscal ficam submetidas ao disposto no presente Tratado, designadamente às regras de concorrência, na medida em que a aplicação destas regras não constitua obstáculo ao cumprimento, de direito ou de facto, da missão particular que lhes foi confiada. O desenvolvimento das trocas comerciais não deve ser afectado de maneira que contrarie os interesses da Comunidade.

3. A Comissão velará pela aplicação do disposto no presente artigo e dirigirá aos Estados-Membros, quando necessário, as directivas ou decisões adequadas.

---

[1] Era o artigo 89.º.
[2] Era o artigo 90.º.

SECÇÃO 2
Os auxílios concedidos pelos estados

Artigo 87.º [1]

1. Salvo disposição em contrário do presente Tratado, são incompatíveis com o mercado comum, na medida em que afectem as trocas comerciais entre os Estados-Membros, os auxílios concedidos pelos Estados ou provenientes de recursos estatais, independentemente da forma que assumam, que falseiem ou ameacem falsear a concorrência, favorecendo certas empresas ou certas produções.

2. São compatíveis com o mercado comum:
a) Os auxílios de natureza social atribuídos a consumidores individuais com a condição de serem concedidos sem qualquer discriminação relacionada com a origem dos produtos;
b) Os auxílios destinados a remediar os danos causados por calamidades naturais ou por outros acontecimentos extraordinários;
c) Os auxílios atribuídos à economia de certas regiões da República Federal da Alemanha afectadas pela divisão da Alemanha, desde que sejam necessários para compensar as desvantagens económicas causadas por esta divisão.

3. Podem ser considerados compatíveis com o mercado comum:
a) Os auxílios destinados a promover o desenvolvimento económico de regiões em que o nível de vida seja anormalmente baixo ou em que exista grave situação de subemprego;
b) Os auxílios destinados a fomentar a realização de um projecto importante de interesse europeu comum, ou a sanar uma perturbação grave da economia de um Estado-Membro;
c) Os auxílios destinados a facilitar o desenvolvimento de certas actividades ou regiões económicas, quando não alterem as condições das trocas comerciais de maneira que contrariem o interesse comum;

---

[1] Era o artigo 92.º.

d) Os auxílios destinados a promover a cultura e a conservação do património, quando não alterem as condições das trocas comerciais e da concorrência na Comunidade num sentido contrário ao interesse comum;
e) As outras categorias de auxílios determinadas por decisão do Conselho, deliberando por maioria qualificada, sob proposta da Comissão.

Artigo 88.º [1]

1. A Comissão procederá, em cooperação com os Estados--Membros, ao exame permanente dos regimes de auxílios existentes nesses Estados. A Comissão proporá também aos Estados-Membros as medidas adequadas, que sejam exigidas pelo desenvolvimento progressivo ou pelo funcionamento do mercado comum.

2. Se a Comissão, depois de ter notificado os interessados para apresentarem as suas observações, verificar que um auxílio concedido por um Estado ou proveniente de recursos estatais não é compatível com o mercado comum nos termos do artigo 87.º, ou que esse auxílio está a ser aplicado de forma abusiva, decidirá que o Estado em causa deve suprimir ou modificar esse auxílio no prazo que ela fixar.

Se o Estado em causa não der cumprimento a esta decisão no prazo fixado, a Comissão ou qualquer outro Estado interessado podem recorrer directamente ao Tribunal de Justiça, em derrogação do disposto nos artigos 226.º e 227.º.

A pedido de qualquer Estado-Membro, o Conselho, deliberando por unanimidade, pode decidir que um auxílio, instituído ou a instituir por esse Estado, deve considerar-se compatível com o mercado comum, em derrogação do disposto no artigo 87.º ou nos regulamentos previstos no artigo 89.º, se circunstâncias excepcionais justificarem tal decisão. Se, em relação a este auxílio, a Comissão tiver dado início ao procedimento previsto no primeiro parágrafo deste número, o pedido do Estado interessado dirigido ao Conselho terá por efeito suspender o referido procedimento até que o Conselho se pronuncie sobre a questão.

---
[1] Era o artigo 93.º.

Todavia, se o Conselho não se pronunciar no prazo de três meses a contar da data do pedido, a Comissão decidirá.

3. Para que possa apresentar as suas observações, deve a Comissão ser informada atempadamente dos projectos relativos à instituição ou alteração de quaisquer auxílios. Se a Comissão considerar que determinado projecto de auxílio não é compatível com o mercado comum nos termos do artigo 87.º, deve sem demora dar início ao procedimento previsto no número anterior. O Estado-Membro em causa não pode pôr em execução as medidas projectadas antes de tal procedimento haver sido objecto de uma decisão final.

Artigo 89.º [1]

O Conselho, deliberando por maioria qualificada, sob proposta da Comissão, e após consulta do Parlamento Europeu, pode adoptar todos os regulamentos adequados à execução dos artigos 87.º e 88.º e fixar, designadamente, as condições de aplicação do n.º 3 do artigo 88.º e as categorias de auxílios que ficam dispensadas desse procedimento.

CAPÍTULO 2
Disposições fiscais

Artigo 90.º [2]

Nenhum Estado-Membro fará incidir, directa ou indirectamente, sobre os produtos dos outros Estados-Membros imposições internas, qualquer que seja a sua natureza, superiores às que incidam, directa ou indirectamente, sobre produtos nacionais similares.

Além disso, nenhum Estado-Membro fará incidir sobre os produtos dos outros Estados-Membros imposições internas de modo a proteger indirectamente outras produções.

---

[1] Era o artigo 94.º.
[2] Era o artigo 95.º.

Artigo 91.º

Os produtos exportados para o território de um dos Estados-Membros não podem beneficiar de qualquer reembolso de imposições internas, superior às imposições que sobre eles tenham incidido, directa ou indirectamente.

[...]

TÍTULO VII[1]
A política económica e monetária

CAPÍTULO 1
A política económica

Artigo 98.º [2]

Os Estados-Membros conduzirão as suas políticas económicas no sentido de contribuir para a realização dos objectivos da Comunidade, tal como se encontram definidos no artigo 2.º, e no âmbito das orientações gerais a que se refere o n.º 2 do artigo 99.º. Os Estados-Membros e a Comunidade actuarão de acordo com o princípio de uma economia de mercado aberto e de livre concorrência, favorecendo uma repartição eficaz dos recursos, e em conformidade com os princípios estabelecidos no artigo 4.º

Artigo 99.º [3]

1. Os Estados-Membros consideram as suas políticas económicas uma questão de interesse comum e coordená-las-ão no Conselho, de acordo com o disposto no artigo 98.º

2. O Conselho, deliberando por maioria qualificada, sob recomendação da Comissão, elabora um projecto de orientações gerais das políticas económicas dos Estados-Membros e da Comunidade

---

[1] Era o título VI.º.
[2] Era o artigo 102.º-A.
[3] Era o artigo 103.º.

e apresentará um relatório ao Conselho Europeu com as suas conclusões.

O Conselho Europeu, deliberando com base no relatório do Conselho, discutirá uma conclusão sobre as orientações gerais das políticas económicas dos Estados-Membros e da Comunidade.

Com base nessa conclusão, o Conselho, deliberando por maioria qualificada, aprovará uma recomendação que estabeleça essas orientações gerais. O Conselho informará o Parlamento Europeu da sua recomendação.

3. A fim de garantir uma coordenação mais estreita das políticas económicas e uma convergência sustentada dos comportamentos das economias dos Estados-Membros, o Conselho, com base em relatórios apresentados pela Comissão, acompanhará a evolução económica em cada Estado-Membro e na Comunidade e verificará a compatibilidade das políticas económicas com as orientações gerais a que se refere o n.º 2, procedendo regularmente a uma avaliação global da situação.

Para efeitos desta supervisão multilateral, os Estados-Membros enviarão informações à Comissão acerca das medidas importantes por eles tomadas no domínio das suas políticas económicas e quaisquer outras informações que considerem necessárias.

4. Sempre que se verificar, no âmbito do procedimento a que se refere o n.º 3, que as políticas económicas de determinado Estado-Membro não são compatíveis com as grandes orientações a que se refere o n.º 2 ou que são susceptíveis de comprometer o bom funcionamento da união económica e monetária, o Conselho, deliberando por maioria qualificada, sob recomendação da Comissão, pode dirigir as recomendações necessárias ao Estado-Membro em causa. O Conselho, deliberando por maioria qualificada, sob proposta da Comissão, pode decidir tornar públicas as suas recomendações.

O Presidente do Conselho e a Comissão apresentarão um relatório ao Parlamento Europeu sobre os resultados da supervisão multilateral. O Presidente do Conselho pode ser convidado a comparecer perante a competente Comissão do Parlamento Europeu, se o Conselho tiver tornado públicas as suas recomendações.

5. O Conselho, deliberando de acordo com o procedimento previsto no artigo 252.º, pode aprovar as regras do procedimento de supervisão multilateral a que se referem os n.ºs 3 e 4 do presente artigo.

REGULAMENTO N.º 17/CEE
de 6 de Fevereiro de 1962*

Primeiro Regulamento de execução dos artigos 85.º e 86.º do Tratado de Roma

O Conselho da Comunidade Económica Europeia,

Tendo em conta o Tratado que institui a Comunidade Económica Europeia e, no meadamente, o seu artigo 87.º,

Tendo em conta a proposta da Comissão,

Tendo em conta o parecer do Comité Económico e Social,

Tendo em conta o parecer do Parlamento Europeu,

Considerando que, para estabelecer um regime que assegure que a concorrência não seja falseada no mercado comum, há que proceder à aplicação equilibrada dos artigos 85.º e 86.º, de maneira uniforme nos Estados-membros;

Considerando que as regras de aplicação do n.º 3 do artigo 85.º devem ser estabelecidas tendo em conta a necessidade, por um lado, de assegurar uma fiscalização eficaz e, por outro, de simplificar tanto quanto possível o controlo administrativo;

Considerando que se afigura necessário, por consequência, sujeitar, em princípio, as empresas que desejam beneficiar do disposto no n.º 3 do artigo 85.º à obrigação de notificar à Comissão os seus acordos, decisões e práticas concertadas;

Considerando, no entanto, que, por uma lado, que estes acordos, decisões e práticas concertadas são provàvelmente muito numerosos e não poderão, por isso, ser examinados simultaneamente

---

* Jornal oficial das Comunidades Europeias, n.º 204, de 21 de Fevereiro de 1962.

e, por outro, que alguns deles têm características específicas que podem torná-los menos prejudiciais ao desenvolvimento do mercado comum;

Considerando que, por consequência, há que prever, provisoriamente, um regime mais flexível para determinadas categorias de acordos, decisões e práticas concertadas, sem prejuízo de decisão posterior sobre a sua validade em face do artigo 85.º;

Considerando, por outro lado, que as empresas podem ter interesse em saber se os acordos, decisões ou práticas em que participam, ou tencionam participar, são susceptíveis de originar a intervenção da Comissão por força do n.º 1 do artigo 85.º ou do artigo 86.º;

Considerando que, para assegurar uma aplicação uniforme no mercado comum do disposto nos artigos 85.º e 86.º, é necessário fixar as regras com base nas quais a Comissão, agindo em estreita e constante ligação com as autoridades competentes dos Estados-membros, poderá tomar as medidas necessárias à aplicação dos artigos 85.º e 86.º;

Considerando que, para o efeito, a Comissão deve obter a cooperação das autoridades competentes dos Estados-membros e dispor, além disso, em todo o mercado comum, do poder de exigir as informações e de proceder às averiguações necessárias para detectar os acordos, decisões e práticas concertadas proibidas pelo n.º 1 do artigo 85.º, bem como a exploração abusiva de uma posição dominante proibida pelo artigo 86.º;

Considerando que, para cumprir a sua missão de velar pela aplicação das disposições do Tratado, a Comissão deve poder dirigir às empresas ou associações de empresas recomendações e decisões tendentes a fazer cessar as infracções aos artigos 85.º e 86.º;

Considerando que o cumprimento dos artigos 85.º e 86.º e a execução das obrigações impostas às empresas e às associações de empresas em aplicação do presente regulamento devem poder ser asseguradas por meio de multas e adstrições;

Considerando que convém consagrar o direito de as empresas interessadas serem ouvidas pela Comissão, que convém dar a terceiros, cujos interesses possam ser afectados por uma decisão, a oportunidade de apresentarem previamente as suas observações, bem como assegurar uma ampla publicidade das decisões tomadas;

Considerando que todas as decisões tomadas pela Comissão em aplicação do presente regulamento estão sujeitas ao controlo do Tribunal de Justiça nas condições definidas pelo Tratado e que convém ainda atribuir, nos termos do artigo 172.º, plena jurisdição ao Tribunal de Justiça no que respeita às decisões através das quais a Comissão aplique multas ou adstrições;

Considerando que o presente regulamento pode entrar em vigor sem prejuízo de outras disposições que sejam posteriormente adoptadas por força do artigo 87.º,

ADOPTOU O PRESENTE REGULAMENTO:

Artigo 1.º
Disposição de princípio

Sem prejuízo do disposto nos artigos 6.º, 7.º e 23.º do presente regulamento, os acordos, decisões e práticas concertadas referidos no n.º 1 do artigo 85.º do Tratado e a exploração abusiva de uma posição dominante no mercado, na acepção do artigo 86.º do Tratado, são proibidos, sem que seja necessária, para o efeito, uma decisão prévia.

Artigo 2.º
Certificados negativos

A Comissão pode declarar verificado, a pedido das empresas e associações de empresas interessadas, que, face aos elementos ao seu dispor, não há azão para intervir, nos termos do n.º 1 do artigo 85.º ou do artigo 86.º, relativamente a um acordo, a uma decisão ou a uma prática.

Artigo 3.º
Cessação das infracções

1. Se a Comissão verificar, a pedido ou oficiosamente, uma infracção ao disposto no artigo 85.º ou no artigo 86.º do Tratado, pode, através de decisão, obrigar as empresas e associações de empresas em causa a pôr termo a essa infracção.

2. Podem apresentar um pedido para este efeito:
a) Os Estados-membros;
b) As pessoas singulares ou colectivas que invoquem um interesse legítimo;

3. Sem prejuízo das outras disposições do presente regulamento, a Comissão pode, antes de tomar a decisão referida no n.º 1, dirigir às empresas e associações de empresas em causa recomendações com o fim de fazer cessar a infracção.

Artigo 4.º
Notificação de novos acordos, decisões e práticas

1. Os acordos, decisões e práticas concertadas referidos no n.º 1 do artigo 85.º do Tratado, ocorridos após a entrada em vigor do presente regulamento e em relação aos quais os interessados desejem beneficiar do disposto no n.º 3 do artigo 85.º, devem ser notificados à Comissão. Enquanto não forem notificados, não pode ser tomada uma decisão de aplicação do n.º 3 do artigo 85.º.

2. O disposto no n.º 1 não é aplicável aos acordos, decisões e práticas concertadas quando:
1) Neles participem apenas empresas de um único Estado-membro e tais acordos, decisões ou práticas não digam respeito à importação nem à exportação entre Estados-membros.
2) Neles participem apenas duas empresas e tais acordos tenham somente por efeito:
   a) Restringir a liberdade de formação dos preços ou condições de transacção de uma das partes contratantes aquando da revenda de mercadorias que adquira à outra parte contratante, ou
   b) Impor restrições ao exercício de direitos de propriedade industrial ao adquirente ou ao utilizador – nomeadamente patentes, modelos de utilidade, desenhos e modelos ou marcas – ou ao beneficiário de contratos relativos à cessão ou concessão do direito de usar processos de fabrico ou conhecimentos relacionados com a utilização e a aplicação de técnicas industriais;

3) Tenham apenas por objecto:
a) A elaboração ou a aplicação uniforme de normas ou de tipos;
b) A investigação em comum de melhoramentos técnicos, se o resultado for acessível a todos os participantes e qualquer um deles o puder explorar.

Estes acordos, decisões e práticas podem ser notificados à Comissão.

Artigo 5.º
Notificação dos acordos, decisões e práticas existentes

1. Os acordos, decisões e práticas concertadas referidos no n.º 1 do artigo 85.º do Tratado, existentes à data de entrada em vigor do presente regulamento e em relação aos quais os interessados desejem beneficiar do disposto no n.º 3 do artigo 85.º, devem ser notificados à Comissão antes de 1 de Agosto de 1962.

2. O disposto no n.º 1 não é aplicável aos acordos, decisões e práticas concertadas incluídos nas categorias referidas no n.º 2 do artigo 4.º; estes podem ser notificados à Comissão.

Artigo 6.º
Decisões de aplicação do n.º 3 do artigo 85.º

1. Quando a Comissão proferir uma decisão de aplicação do n.º 3 do artigo 85.º do Tratado, indicará a data a partir da qual essa decisão produz efeitos. Esta data não pode ser anterior ao dia da notificação.

2. O disposto na segunda frase do n.º 1 não é aplicável aos acordos, decisões e práticas concertadas referidos no n.º 2 do artigo 4.º e no n.º 2 do artigo 5.º, nem aos referidos no n.º 1 do artigo 5.º que tenham sido notificados no prazo fixado nesta última disposição.

Artigo 7.º
Disposições específicas para os acordos, decisões e práticas existentes

1. Se acordos, decisões e práticas concertadas existentes à data de entrada em vigor do presente regulamento e notificados

antes de 1 de Agosto de 1962 não preencherem as condições previstas no n.º 3 do artigo 85.º do Tratado, e se as empresas e associações de empresas em causa lhes puserem termo ou os modificarem de tal modo que deixem de ficar abrangidos pela proibição contida no n.º 1 do artigo 85.º, ou de tal modo que preencham as condições de aplicação do n.º 3 do artigo 85.º, a proibição constante do n.º 1 do artigo 85.º aplica-se apenas durante o período fixado pela Comissão. Não será oponível a empresas e associações de empresas que não tenham dado o seu acordo expresso à notificação uma decisão da Comissão proferida nos termos do disposto na frase anterior.

2. O disposto no n.º 1 é aplicável aos acordos, decisões e práticas concertadas incluídos nas categorias referidas no n.º 2 do artigo 4.º, existentes à data da entrada em vigor do presente regulamento, se tiverem sido notificados antes de 1 de Janeiro de 1964.

Artigo 8.º
Vigência e revogação das decisões de aplicação do n.º 3 do artigo 85.º

1. A decisão de aplicação do n.º 3 do artigo 85.º do Tratado será concedida por um período determinado e pode incluir condições e obrigações.

2. A decisão pode ser renovada a pedido, caso as condições de aplicação do n.º 3 do artigo 85.º do Tratado continuem a ser preenchidas.

3. A Comissão pode revogar ou alterar a sua decisão ou proibir às partes determinados actos:

   a) Se a situação de facto se alterar em relação a um elemento essencial para a decisão;
   b) Se as partes não cumprirem uma obrigação incluída na decisão;
   c) Se a decisão se fundamentar em indicações inexactas ou tiver sido obtida fraudulentamente; ou
   d) Se as partes abusarem da isenção do disposto no n.º 1 do artigo 85.º do Tratado, que lhes tenha sido concedida pela decisão.

Nos casos referidos nas alíneas b), c) e d), a decisão pode também ser revogada com efeito retroactivo.

Artigo 9.º
Competência

1. Sem prejuízo do controlo da decisão pelo Tribunal de Justiça, a Comissão tem competência exclusiva para declarar inaplicável o disposto no n.º 1 do artigo 85.º, nos termos do n.º 3 do artigo 85.º do Tratado.

2. A Comissão tem competência para aplicar o disposto no n.º 1 do artigo 85.º e no artigo 86.º do Tratado, ainda que não tenham decorrido os prazos fixados no n.º 1 do artigo 5.º, e no n.º 2 do artigo 7.º para proceder à notificação.

3. Enquanto a Comissão não der início a qualquer processo nos termos dos artigos 2.º, 3.º ou 6.º, as autoridades dos Estados-membros têm competência para aplicar o disposto no n.º 1 do artigo 85.º e no artigo 86.º nos termos do artigo 88.º do Tratado, ainda que não tenham decorrido os prazos previstos no n.º 1 do artigo 5.º e no n.º 2 do artigo 7.º para proceder à notificação.

Artigo 10.º
Cooperação com as autoridades dos Estados-membros

1. A Comissão transmitirá imediatamente às autoridades competentes dos Estados-membros cópia dos pedidos e das notificações, bem como dos documentos mais importantes que lhe sejam dirigidos tendo em vista declarar verificadas infracções ao disposto no artigo 85.º ou no artigo 86.º do Tratado, ou obter um certificado negativo ou uma decisão de aplicação do n.º 3 do artigo 85.º.

2. A Comissão conduzirá os processos referidos no n.º 1 em ligação estreita e constante com as autoridades competentes dos Estados-membros, que têm o direito de se pronunciar relativamente a esses processos.

3. Será consultado um Comité Consultivo em matéria de acordos, decisões e práticas concertadas e de posições dominantes antes de tomada qualquer decisão na sequência de um processo nos termos do n.º 1, e de qualquer decisão respeitante à renovação, modificação ou revogação de uma decisão tomada nos termos do n.º 3 do artigo 85.º do Tratado.

4. O Comité Consultivo será composto por funcionários competentes em matéria de acordos, decisões e práticas concertadas e de posições dominantes. Cada Estado-membro designará um funcionário que o representa e que pode ser substituído, em caso de impedimento, por outro funcionário.

5. A consulta realizar-se-á durante uma reunião conjunta, convocada pela Comissão e realizada catorze dias, o mais tardar, após o envio da convocatória. A esta serão anexados uma exposição do processo com indicação dos elementos mais importantes e um anteprojecto de decisão para cada caso a examinar.

6. O Comité Consultivo pode formular o seu parecer, ainda que alguns dos seus membros estejam ausentes e não se tenham feito representar. O resultado da consulta será objecto de um relatório escrito que acompanhará o projecto de decisão. Não será tornado público.

Artigo 11.º
Pedido de informações

1. No cumprimento dos deveres que lhe são impostos pelo artigo 89.º e pelas disposições adoptadas em aplicação do artigo 87.º do Tratado, a Comissão pode obter todas as informações necessárias junto dos Governos e das autoridades competentes dos Estados-membros, bem como das empresas e associações de empresas.

2. Sempre que a Comissão formule um pedido de informações a uma empresa ou associação de empresas, enviará simultaneamente uma cópia do mesmo pedido à autoridade competente do Estado-membro em cujo território se situe a sede da empresa ou da associação de empresas.

3. No seu pedido a Comissão indicará os fundamentos jurídicos e o objectivo do pedido, bem como as sanções previstas no n.º 1, alínea b), do artigo 15.º do presente regulamento para o caso de ser prestada uma informação inexacta.

4. São obrigados a fornecer as informações pedidas os titulares das empresas ou seus representantes e, no caso de pessoas colectivas, de sociedades ou de associações sem personalidade jurídica, as pessoas encarregadas de as representar, segundo a lei ou os estatutos.

5. Se uma empresa ou associação de empresas não prestar as informações pedidas no prazo fixado pela Comissão ou se as fornecer de modo incompleto, a Comissão, mediante decisão, exigirá que a informação seja prestada. A decisão especificará as informações pedidas, fixará um prazo conveniente no qual a informação deve ser prestada e indicará as sanções previstas no n.º 1, alínea b), do artigo 15.º e no n.º 1, alínea c), do artigo 16.º, bem como a possibilidade de recurso da decisão para o Tribunal de Justiça.

6. A Comissão enviará simultaneamente cópia da sua decisão à autoridade competente do Estado-membro em cujo território se situe a sede da empresa ou da associação de empresas.

Artigo 12.º
Inquéritos por sectores económicos

1. Se, num sector económico, a evolução das trocas comerciais entre Estados-membros, as flutuações de preços, a rigidez dos preços ou outras circunstâncias fizerem presumir que, no sector económico considerado, a concorrência se encontra restringida ou falseada no mercado comum, a Comissão pode decidir proceder a um inquérito geral e, no âmbito deste, pedir às empresas deste sector económico as informações necessárias para a aplicação dos princípios enunciados nos artigos 85.º e 86.º do Tratado e para o desempenho das tarefas que lhe estão confiadas.

2. A Comissão pode, nomeadamente, pedir a todas as empresas e grupos de empresas do sector considerado que lhe comuniquem todos os acordos, decisões e práticas concertadas que estejam dispensados de notificação por força do n.º 2 do artigo 4 do n.º 2 do artigo 5.º.

3. Sempre que a Comissão proceda aos inquéritos previstos no n.º 2, solicitará igualmente às empresas e aos grupos de empresas cuja dimensão faça presumir que ocupam uma posição dominante no mercado comum ou uma parte substancial deste, a declaração dos elementos relativos à estrutura das empresas e ao seu comportamento, necessários para apreciar a sua situação face ao disposto no artigo 86.º do Tratado.

4. É aplicável por analogia o disposto nos nos. 3 e 6 do artigo 10.º e nos artigos 11.º, 13.º e 14.º

Artigo 13.º
Diligências de instrução pelas autoridades dos Estados-membros

1. A pedido da Comissão, as autoridades competentes dos Estados-membros procederão às diligências de instrução que a Comissão considere necessárias nos termos do n.º 1 do artigo 14.º ou que tenha ordenado por decisão tomada ao abrigo do n.º 3 do artigo 14.º Os agentes das autoridades competentes dos Estados--membros, encarregados de proceder a essas diligências, exercerão os seus poderes mediante apresentação de mandado escrito emitido pela autoridade competente do Estado-membro em cujo território as diligências de instrução devam efectuar-se. O mandado indicará o objecto e a finalidade das diligências de instrução.

2. A pedido da Comissão ou da autoridade competente do Estado- membro em cujo território deva efectuar-se a diligência de instrução, podem os agentes da Comissão prestar assistência aos agentes daquela autoridade no desempenho da sua tarefa.

Artigo 14.º
Poderes da Comissão em matéria de instrução

1. No cumprimento dos deveres que lhe são impostos pelo artigo 89.º e pelas disposições adoptadas em aplicação do artigo 87.º do Tratado, a Comissão pode proceder a todas as diligências de instrução necessárias junto das empresas e associações de empresas.

Para o efeito, compete aos agentes incumbidos pela Comissão:
a) Inspeccionar os livros e outros documentos profissionais;
b) Tirar cópias ou extractos dos livros e documentos profissionais;
c) Pedir «in loco» explicações orais;
d) Ter acesso às instalações, terrenos e meios de transporte das empresas.

2. Os agentes incumbidos pela Comissão destas diligências exercerão os seus poderes mediante apresentação de mandado escrito que indicará o objecto e a finalidade da diligência, bem como a sanção prevista no n.º 1, alínea c), do artigo 15.º do presente regulamento, no caso de os livros ou outros documentos profissio-

nais exigidos serem apresentados de maneira incompleta. Em tempo útil ante da diligência de instrução a Comissão informará a autoridade competente do Estado-membro em cujo território a mesma deve efectuar-se sobre a diligência de instrução e a identidade dos agentes dela incumbidos.

3. As empresas e associações de empresas são obrigadas a sujeitar-se às diligências de instrução que a Comissão tenha ordenado mediante decisão. A decisão indicará o objecto e a finalidade da diligência, fixará a data em que esta se inicia e indicará as sanções previstas no n.º 1, alínea c), do artigo 15.º e no n.º 1, alínea d), do artigo 16.º, bem como a possibilidade de recurso da decisão para o Tribunal de Justiça.

4. A Comissão tomará as decisões referidas no n.º 3 depois ouvida a autoridade competente do Estado-membro em cujo território deve efectuar-se a diligência de instrução.

5. Os agentes da autoridade competente do Estado-membro em cujo território deva efectuar-se a diligência de instrução podem, a pedido desta autoridade ou da Comissão, prestar assistência aos agentes da Comissão no cumprimento das suas tarefas.

6. Quando uma empresa se opuser a uma diligência de instrução ordenada nos termos do presente artigo, o Estado-membro em causa prestará aos agentes incumbidos pela Comissão a assistência necessária para lhes permitir executar essa diligência. Os Estados--membros, após consulta da Comissão, tomarão as medidas necessárias para o efeito, antes de 1 de Outubro de 1962.

Artigo 15.º

Multas

1. A Comissão pode, mediante decisão, aplicar às empresas e associações de empresas multas no montante de cem a cinco mil unidades de conta sempre que, deliberada ou negligentemente:

a) Dêem indicações inexactas ou deturpadas aquando dum pedido apresentado nos termos do artigo 2.º ou de uma notificação nos termos dos artigos 4.º e 5.º;

b) Prestem uma informação inexacta, em resposta a uma pedido feito nos termos do n.º 3 ou n.º 5 do artigo 11.º, ou do artigo 12.º, ou não prestem uma informação no prazo fixado em decisão tomada por força do n.º 5 do artigo 11.º; ou

c) Apresentem de forma incompleta, aquando das diligências de instrução efectuadas em conformidade com os artigos 13.º ou 14.º, os livros ou outros documentos profissionais exigidos, ou não se sujeitem às diligências ordenadas mediante decisão tomada em execução do n.º 3 do artigo 14.º.

2. A Comissão pode, mediante decisão, aplicar às empresas e associações de empresas multas de mil unidades de conta, no mínimo, a um milhão de unidades de conta, podendo este montante ser superior desde que não exceda dez por centro do volume de negocios realizado, durante o exercício social anterior, por cada uma das empresas que tenha participado na infracção sempre que, deliberada ou negligentemente:
    a) Cometam uma infracção ao disposto no n.º 1 do artigo 85.º ou no artigo 86.º do Tratado, ou
    b) Não cumpram uma obrigação imposta por força do n.º 1 do artigo 8.º.

Para determinar o montante da multa, deve tomar-se em consideração, além da gravidade da infracção, a duração da mesma.

3. É aplicável o disposto nos nos. 3 a 6 do artigo 10.º

4. As decisões tomadas por força dos nos. 1 e 2 não têm natureza penal.

5. As multas previstas na alínea a) do n.º 2 não podem ser aplicadas em relação a comportamentos:
    a) Posteriores à notificação à Comissão e anteriores à decisão pela qual ela conceda ou recuse a aplicação do n.º 3 do artigo 85.º do Tratado, desde que se mantenham dentro dos limites da actividade descrita na modificação;
    b) Anteriores à notificação dos acordos, decisões e práticas concertadas existentes à data de entrada em vigor do presente regulamento, desde que esta notificação tenha sido feita nos prazos previstos no n.º 1 do artigo 5.º e no n.º 2 do artigo 7.º.

6. Não é aplicável o disposto no n.º 5, desde que a Comissão tenha comunicado às empresas em causa que, após exame provisório, considera que estão preenchidas as condições de aplicação do n.º 1 do artigo 85.º do Tratado e que não se justifica a aplicação do n.º 3 do artigo 85.º.

Artigo 16.º
Adstrições

1. A Comissão pode mediante decisão, aplicar às empresas e associações de empresas adstrições de cinquenta a mil unidades de conta por dia de atraso, a contar da data fixada na decisão, com o fim de as compelir:
   a) A pôr termo a uma infracção ao disposto no artigo 85.º ou no artigo 86.º do Tratado, em conformidade com uma decisão tomada em execução do artigo 3.º do presente regulamento;
   b) A abster-se de qualquer acção proibida por força do n.º 3 do artigo 8.º;
   c) A fornecer de maneira completa e exacta informações que tenha pedido, mediante decisão tomada em execução do n.º 5 do artigo 11.º;
   d) A sujeitar-se a uma diligência de instrução que tenha ordenado mediante decisão tomada em execução do n.º 3 do artigo 14.º.

2. Sempre que as empresas ou associações de empresas tenham cumprido a obrigação para cuja execução a adstrição fora aplicada, a Comissão pode fixar o montante definitivo da mesma num montante inferior ao que resultaria da decisão inicial.

3. É aplicável o disposto nos nos. 3 a 6 do artigo 10.º.

Artigo 17.º
Controlo do Tribunal de Justiça

O Tribunal de Justiça decidirá com plena jurisdição, na acepção do artigo 172.º do Tratado, os recursos interpostos das decisões em que tenha sido fixada uma multa ou uma adstrição pela Comissão; o Tribunal pode suprimir, reduzir ou aumentar a multa ou a adstrição aplicadas.

Artigo 18.º
Unidade de conta

Para aplicação dos artigos 15.º a 17.º, a unidade de conta será a utilizada na elaboração do orçamento da Comunidade por força do disposto nos artigos 207.º e 209.º do Tratado.

Artigo 19.º
Audição dos interessados e de terceiros

1. Antes de tomar as decisões previstas nos artigos 2.º, 3.º, 6.º, 7.º, 8.º, 15.º e 16.º, a Comissão dará às empresas e associações de empresas interessadas a oportunidade de se pronunciarem sobre as acusações por ela formuladas.
2. Se a Comissão ou as autoridades competentes dos Estados-membros o considerarem necessário, podem também ouvir outras pessoas singulares ou colectivas. Se estas, invocando um interesse relevante, pedirem para ser ouvidas, o seu pedido deve ser satisfeito.
3. Sempre que a Comissão se proponha emitir um certificado negativo por força do artigo 2.º ou proferir uma decisão de aplicação do n.º 3 do artigo 85.º do Tratado, publicará o essencial do conteúdo do pedido ou da notificação em causa convidando os terceiros interessados a apresentarem as suas observações no prazo que fixar, e que não pode ser inferior a um mês. A publicação deve ter em conta o legítimo interesse das empresas na protecção dos seus segredos comerciais.

Artigo 20.º
Segredo profissional

1. As informações obtidas nos termos dos artigos 11.º, 12.º, 13.º e 14.º só podem ser utilizadas para os fins para que tenham sido pedidas.
2. Sem prejuízo no disposto nos artigos 19.º e 21.º, a Comissão e as autoridades competentes dos Estados-membros, bem como os seus funcionários e outros agentes, são obrigados a não divulgar as informações obtidas nos termos do presente regulamento e que, pela sua natureza, estejam abrangidos pelo segredo profissional.
3. O disposto nos nos 1 e 2 não prejudica a publicação de informações gerais ou estudos que não contenham informações individuais relativas às empresas ou associações de empresas.

Artigo 21.º
Publicação das decisões

1. A Comissão publicará as decisões que tomar nos termos dos artigos 2.º, 3.º, 6.º, 7.º e 8.º.

2. A publicação mencionará as partes em causa e o essencial da decisão; deve ter em conta o legítimo interesse das empresas na protecção dos seus segredos comerciais.

Artigo 22.º
Disposições específicas

1. A Comissão submeterá ao Conselho propostas tendentes a que certas categorias de acordos, de decisões e de práticas concertadas referidos no n.º 2 do artigo 4.º e no n.º 2 do artigo 5.º fiquem sujeitos à notificação prevista nos artigos 4.º e 5.º.

2. Dentro do prazo de uma ano a contar da entrada em vigor do presente regulamento o Conselho examinará, sob proposta da Comissão, quais as disposições especiais que poderiam ser adoptadas, em derrogação ao disposto no presente regulamento, relativamente aos acordos, decisões e práticas concertadas referidos no n.º 2 do artigo 4.º e no n.º 2 do artigo 5.º.

Artigo 23.º
Regime transitório aplicável às decisões das autoridades dos Estados-membros

1. Os acordos, decisões e práticas concertadas referidos no n.º 1 do artigo 85.º do Tratado relativamente aos quais, antes da entrada em vigor do presente regulamento, a autoridade competente de um Estado-membro tenha declarado inaplicável o disposto no n.º 1 do artigo 85.º por força do n.º 3 do artigo 85.º, não estão sujeitos à notificação prevista no artigo 5.º A decisão da autoridade competente do Estado-membro vale como decisão na acepção do artigo 6.º; a sua vigência cessa, o mais tardar, na data limite fixada, mas, em qualquer caso, não podendo exceder três anos após a entrada em vigor do presente regulamento. É aplicável o disposto no n.º 3 do artigo 8.º.

2. A Comissão decidirá, nos termos do n.º 2 do artigo 8.º, sobre os pedidos de renovação das decisões referidas no n.º 1 deste artigo.

Artigo 24.º
Disposições de execução

A Comissão fica autorizada a adoptar disposições de execução respeitantes à forma, conteúdo e outras regras relativas aos pedidos referidos nos artigos 2.º e 3.º e à notificação referida nos artigos 4.º e 5.º, bem como às audições referidas nos nos. 1 e 2 do artigo 19.º.

O presente regulamento é obrigatório em todos os seus elementos e directamente aplicável em todos os Estados- membros.

Feito em Bruxelas em 6 de Fevereiro de 1962.

Pelo Conselho
O Presidente
M. COUVE de MURVILLE

REGULAMENTO (CEE) N.º 4064/89 do Conselho
de 21 de Dezembro de 1989 *

Relativo ao controlo das operações de concentração de empresas

O Conselho das Comunidades Europeias,

Tendo em conta o Tratado que institui a Comunidade Económica Europeia e, nomeadamente, os seus artigos 87.º e 235.º,

Tendo em conta a proposta da Comissão,

Tendo em conta o parecer do Parlamento Europeu,

Tendo em conta o parecer do Comité Económico e Social,

1. Considerando que, com vista à realização dos objectivos do Tratado que institui a Comunidade Económica Europeia, a alínea f) do seu artigo 3.º confia à Comunidade a incumbência do «estabelecimento de um regime que garanta que a concorrência não seja falseada no mercado comum»;

2. Considerando que esse objectivo se revela essencial na perspectiva da realização do mercado interno prevista para 1992 e do seu posterior aprofundamento;

3. Considerando que a supressão das fronteiras internas conduz e conduzirá a importantes reestruturações das empresas na Comunidade, nomeadamente sob a forma de operações de concentração;

---

* Jornal oficial das Comunidades Europeias, n.º L. 395/1, de 30 de Dezembro de 1989. Rectificação em Jornal oficial das Comunidades Europeias n.º L 257/13, de 21 de Setembro de 1990. Este regulamento é completado pelo Regulamento (CEE) n.º 2367/90, da Comissão, de 25 de Julho de 1990.

4. Considerando que tal evolução dever ser apreciada de modo positivo, uma vez que corresponde às exigências de uma concorrência dinâmica e que, pela sua natureza, contribui para aumentar a competitividade da indústria europeia, para melhorar as condições do crescimento e para elevar o nível de vida na Comunidade;

5. Considerando que é, no entanto, necessário garantir que o processo de reestruturação não acarrete um prejuízo duradouro para a concorrência; que o direito comunitário deve, consequentemente, conter normas aplicáveis às operações de concentração susceptíveis de entravar de modo significativo uma concorrência efectiva no mercado comum ou numa parte substancial deste último;

6. Considerando que os artigos 85.º e 86.º do Tratado, embora aplicáveis, segundo a jurisprudência do Tribunal de Justiça, a determinadas concentrações, não são todavia suficientes para impedir todas as operações susceptíveis de se revelar incompatíveis com o regime de concorrência não falseada previsto no Tratado;

7. Considerando, por conseguinte, que se impõe a criação de um novo instrumento jurídico, sob a forma de regulamento, que permita um controlo eficaz de todas as operações de concentração em função do seu efeito sobre a estrutura da concorrência na Comunidade e que seja o único aplicável às referidas concentrações;

8. Considerando que esse regulamento se deve basear, por conseguinte, não apenas no artigo 87.º do Tratado, mas principalmente no seu artigo 235.º, por força do qual a Comunidade se pode dotar dos poderes de acção necessários à realização dos seus objectivos, também no que respeita às concentrações nos mercados dos produtos agrícolas referidos no anexo II do Tratado;

9. Considerando que as disposições a adoptar no presente regulamento devem ser aplicáveis às modificações estruturais importantes cujos efeitos no mercado se projectem para além das fronteiras nacionais de um Estado-membro;

10. Considerando que é conveniente, assim, definir o âmbito de aplicação do presente regulamento em função do domínio geográfico da actividade das empresas em causa, circunscrevendo-o mediante limiares de natureza quantitativa, a fim de abranger as operações de concentração que se revestem de uma dimensão comunitária; que, após uma fase inicial de aplicação do presente

regulamento, se impõe rever os referidos limiares em função da experiência adquirida;

11. Considerando que há operação de concentração de dimensão comunitária quando o volume de negócios total do conjunto das empresas em causa ultrapassa, tanto a nível mundial como na Comunidade, um dado nível e quando pelo menos duas das empresas em causa têm o seu domínio de actividades exclusivo ou principal num Estado-membro diferente ou quando, ainda que as empresas em questão operem principalmente num único Estado-membro, pelos menos uma delas desenvolve actividades substanciais em pelo menos outro Estado-membro; que é igualmente o caso quando as operações de concentração são realizadas por empresas que não têm o seu domínio de actividade na Comunidade, mas que nela desenvolvem actividades substanciais;

12. Considerando que no regime a instituir para o controlo das concentrações se deve respeitar, sem prejuízo do n.º 2 do artigo 90.º do Tratado, o princípio da igualdade de tratamento entre os sectores público e privado; que daí resulta, no sector público, que, para calcular o volume de negócios de uma empresa que participe na concentração, é necessário ter em conta as empresas que constituem um grupo económico dotado de poder de decisão autónomo, independentemente de quem detém o respectivo capital ou das regras de tutela administrativa que lhe são aplicáveis;

13. Considerando que se impõe determinar se as operações de concentração de dimensão comunitária são ou não compatíveis com o mercado comum em função da necessidade de preservar e incentivar uma concorrência efectiva no mercado comum; que, ao fazer isso, a Comissão deverá enquadrar a sua apreciação no âmbito geral da realização dos objectivos fundamentais referidos no artigo 2.º do Tratado, incluindo o objectivo de reforço da coesão económica e social da Comunidade referido no artigo 130.ºA do Tratado;

14. Considerando que o presente regulamento deve estabelecer o princípio segundo o qual as operações de concentração de dimensão comunitária que criam ou reforçam uma posição de que resulta um entrave significativo da concorrência efectiva no mercado comum ou numa parte substancial do mesmo devem ser declaradas incompatíveis com o mercado comum;

15. Considerando que se pode presumir que as operações de concentração que, devido à parte de mercado limitada das empresas em causa, não sejam susceptíveis de entravar a manutenção de uma concorrência efectiva são compatíveis com o mercado comum; que, sem prejuízo dos artigos 85.º e 86.º do Tratado, essa presunção existe, nomeadamente, quando a parte de mercado das empresas em causa não ultrapassa 25 %, nem no mercado comum, nem numa parte substancial deste;

16. Considerando que a Comissão deve ser incumbida de tomar todas as decisões quanto à compatibilidade ou incompatibilidade com o mercado comum das operações de concentração de dimensão comunitária, bem como as decisões destinadas a restabelecer uma concorrência efectiva;

17. Considerando que, para garantir um controlo eficaz, se deve obrigar as empresas a notificar previamente as suas operações de concentração que tenham dimensão comunitária, bem como suspender a realização dessas operações durante um período limitado, prevendo-se simultaneamente a possibilidade de prorrogar essa suspensão ou de a revogar em caso de necessidade; que, no interesse da segurança jurídica, a validade das transacções deve, no entanto, ser protegida na medida do necessário;

18. Considerando que convém um prazo durante o qual a Comissão deve iniciar o processo relativo a uma operação de concentração notificada, bem como os prazos em que a Comissão se deve pronunciar definitivamente sobre a compatibilidade ou incompatibilidade de tal operação com o mercado comum;

19. Considerando que convém consagrar o direito de as empresas em causa serem ouvidas pela Comissão logo que o processo tenha sido iniciado; que convém igualmente dar aos membros dos órgãos de direcção ou de fiscalização e aos representantes reconhecidos dos trabalhadores das empresas em causa, bem como aos terceiros que provem ter um interesse legítimo, a oportunidade de serem ouvidos;

20. Considerando que convém que a Comissão actue em estreita e constante ligação com as autoridades competentes dos Estado-membros onde recolhe as observações e informações;

21. Considerando que a Comissão, para efeitos de aplicação do presente regulamento e de acordo com a jurisprudência do

Tribunal de Justiça, deve obter a colaboração dos Estados-membros e dispor, além disso, do poder de exigir as informações e de proceder às verificações necessárias à apreciação das operações de concentração;

22. Considerando que o respeito das normas do presente regulamento deve poder ser assegurado por meio de coimas e sanções pecuniárias compulsórias; que é conveniente, a esse respeito, atribuir ao Tribunal de Justiça, nos termos do artigo 172.º do Tratado, competência de plena jurisdição;

23. Considerando que o conceito de concentração deve ser definido de modo a só abranger as operações de que resulte uma alteração duradoura da estrutura das empresas em causa; que é necessário, por conseguinte, excluir do âmbito de aplicação do presente regulamento as operações que têm como objecto ou efeito a coordenação do comportamento concorrencial de empresas que se mantêm independentes, sendo que estas últimas devem ser examinadas à luz das normas adequadas dos regulamentos de execução dos artigos 85.º ou 86.º do Tratado; que importa, nomeadamente, efectuar essa distinção em caso de criação de empresas comuns;

24. Considerando que não se dá coordenação do comportamento concorrencial na acepção do presente regulamento quando duas ou mais empresas acordam em
adquirir em comum o controlo de uma ou mais outras empresas, tendo como objecto e efeito repartir entre si as empresas ou os seus activos;

25. Considerando que não está excluída a aplicação do presente regulamento ao caso de as empresas em causa aceitarem restrições directamente relacionadas e necessárias à realização da operação de concentração;

26. Considerando que é conveniente conferir à Comissão, sob reserva do controlo do Tribunal de Justiça, competência exclusiva para aplicar o presente regulamento;

27. Considerando que os Estados-membros não podem aplicar a sua legislação nacional sobre concorrência às operações de concentração de dimensão comunitária, salvo se o presente regulamento o prever; que é necessário limitar os poderes das autoridades nacionais na matéria aos casos em que, na falta de intervenção da Comissão, exista o risco de ser entravada de forma significativa

uma concorrência efectiva no território de um Estado-membro e em que os interesses desse Estado-membro em matéria de concorrência não possam ser de outro modo suficientemente protegidos pelo presente regulamento; que os Estados-membros interessados devem agir rapidamente nesses casos; que o presente regulamento não pode fixar um prazo único para a adopção das medidas a tomar devido à diversidade das legislações nacionais;

28. Considerando igualmente que a aplicação exclusiva do presente regulamento às operações de concentração de dimensão comunitária não prejudica o artigo 223.º do Tratado e não se opõe a que os Estados-membros tomem as medidas adequadas a fim de garantir a protecção de interesses legítimos para além dos que são tidos em consideração no presente regulamento, desde que tais medidas sejam compatíveis com os princípios gerais e as demais disposições do direito comunitário;

29. Considerando que as operações de concentração que não são objecto do presente regulamento são em princípio da competência dos Estados-membros; que é, todavia, conveniente reservar à Comissão o poder de intervir, a pedido de um Estado-membro interessado, nos casos em que uma concorrência efectiva corre o risco de ser entravada de modo significativo no território desse Estado-membro;

30. Considerando que há que acompanhar as condições em que se realizam em países terceiros as operações de concentração em que participam empresas da Comunidade, bem como prever a possibilidade de a Comissão obter do Conselho um mandato de negociação adequado para o efeito de conseguir um tratamento não discriminatório para as empresas da Comunidade;

31. Considerando que o presente regulamento não prejudica, sob qualquer forma, os direitos colectivos dos trabalhadores reconhecidos pelas empresas em causa,

ADOPTOU O PRESENTE REGULAMENTO:

Artigo 1.º
Âmbito de aplicação

1. O presente regulamento é aplicável a todas as operações de concentração de dimensão comunitária definidas no n.º 2, sem prejuízo do artigo 22.º

2. Para efeitos da aplicação do presente regulamento, uma operação de concentração é de dimensão comunitária:
   a) Quando o volume de negócios total realizado à escala mundial por todas as empresas em causa for superior a 5 mil milhões de ecus; e
   b) Quando o volume de negócios total realizado individualmente na Comunidade por pelo menos duas das empresas em causa for superior a 250 milhões de ecus, a menos que cada uma das empresas em causa realize mais de dois terços do seu volume de negócios total na Comunidade num único Estado-membro.

3. Os limiares definidos no n.º 2 serão revistos pelo Conselho, deliberando por maioria qualificada sob proposta da Comissão, antes do final do quarto ano subsequente à adopção do presente regulamento.

Artigo 2.º
Apreciação das operações de concentração

1. As operações de concentração abrangidas pelo presente regulamento serão apreciadas de acordo com as disposições que se seguem, com vista a estabelecer se são ou não compatíveis com o mercado comum.

Nessa apreciação, a Comissão terá em conta:
   a) A necessidade de preservar e desenvolver uma concorrência efectiva no mercado comum, atendendo, nomeadamente, à estrutura de todos os mercados em causa e à concorrência real ou potencial de empresas situadas no interior ou no exterior da Comunidade;
   b) A posição que as empresas em causa ocupam no mercado e o seu poder económico e financeiro, as possibilidades de escolha de fornecedores e utilizadores, o seu acesso às fontes de abastecimento e aos mercados de escoamento, a existência, de direito ou de facto, de barreiras à entrada no mercado, a evolução da oferta e da procura dos produtos e serviços em questão, os interesses dos consumidores intermédios e finais, bem como a evolução do progresso técnico e económico, desde que tal evolução seja vantajosa para os consumidores e não constitua um obstáculo à concorrência.

2. Devem ser declaradas compatíveis com o mercado comum as operações de concentração que não criem ou não reforcem uma posição dominante de que resultem entraves significativos à concorrência efectiva no mercado comum ou numa parte substancial deste.

3. Devem ser declaradas incompatíveis com o mercado comum as operações de concentração que criem ou reforcem uma posição dominante de que resultem entraves significativos à concorrência efectiva no mercado comum ou numa parte substancial deste.

Artigo 3.º
Definição da concentração

1. Realiza-se uma operação de concentração:
a) Quando uma ou mais empresas anteriormente independentes se fundem; ou
b) Quando:
– uma ou mais pessoas que já detêm o controlo de pelo menos uma empresa, ou
– uma ou mais empresas adquirem directa ou indirectamente, por compra de partes de capital ou de elementos do activo, por via contratual ou por qualquer outro meio, o controlo do conjunto ou de partes de uma ou de várias outras empresas.

2. Uma operação, incluindo a criação de uma empresa comum, que tenha por objecto ou efeito a coordenação do comportamento concorrencial de empresas que se mantêm independentes não constitui uma concentração, na acepção da alínea b) do n.º 1.

A criação de uma empresa comum que desempenhe de forma duradoura todas as funções de uma entidade económica autónoma e que não implique uma coordenação do comportamento concorrencial, quer entre as empresas fundadoras quer entre estas e a empresa comum, constitui uma operação de concentração, na acepção da alínea b) do n.º 1.

3. Para efeitos da aplicação do presente regulamento, o controlo decorre dos direitos, contratos ou outros meios que conferem, isoladamente ou em conjunto e tendo em conta as circunstâncias

de facto e de direito, a possibilidade de exercer uma influência determinante sobre a actividade de uma empresa e, nomeadamente:
   a) Direitos de propriedade ou de usufruto sobre a totalidade ou parte dos activos de uma empresa;
   b) Direitos ou contratos que conferem uma influência determinante na composição, nas deliberações ou nas decisões dos órgãos de uma empresa.

4. O controlo é adquirido pela pessoa ou pessoas ou pelas empresas:
   a) Que sejam titulares desses direitos ou beneficiários desses contratos; ou
   b) Que, não sendo titulares desses direitos ou beneficiários desses contratos, tenham o poder de exercer os direitos deles decorrentes.

5. Não é realizada uma operação de concentração:
   a) Quando quaisquer instituições de crédito, outras instituições financeiras ou companhias de seguros, cuja actividade normal englobe a transacção e negociação de títulos por conta própria ou de outrem, detenham, a título temporário, participações que tenham adquirido numa empresa para fins de revenda, desde que não exerçam os direitos de voto inerentes a essas participações com o objectivo de determinar o comportamento concorrencial da referida empresa ou desde que apenas exerçam tais direitos de voto com o objectivo de preparar a alienação total ou parcial da referida empresa ou do seu activo ou a alienação dessas participações e que tal alienação ocorra no prazo de um ano a contar da data da aquisição; tal prazo pode, a pedido, ser prolongado pela Comissão, sempre que as referidas instituições ou companhias provem que aquela realização não foi razoavelmente possível no prazo concedido;
   b) Quando o controlo for adquirido por uma pessoa mandatada pela autoridade pública por força da legislação de um Estado-membro sobre liquidação, falência, insolvência, cessação de pagamentos, concordata ou qualquer outro processo análogo;

c) Quando as operações referidas na alínea b) do n.º 1 forem realizadas por sociedades de participação financeira referidas no n.º 3 do artigo 5.º da quarta Directiva 78/660/CEE do Conselho, de 25 de Julho de 1978, relativa às contas anuais de certas formas de sociedades, com a última redacção que lhe foi dada pela Directiva 84/569/CEE, sob reserva, no entanto, de que o direito de voto correspondente às partes detidas, exercido designadamente através da nomeação dos membros dos órgãos de direcção e fiscalização das empresas em que detêm participações, o seja exclusivamente para manter o valor integral desses investimentos e não para determinar directa ou indirectamente o comportamento concorrencial dessas empresas.

Artigo 4.º
Notificação prévia das operações de concentração

1. As operações de concentração de dimensão comunitária abrangidas pelo presente regulamento devem ser notificadas à Comissão no prazo de uma semana após a conclusão do acordo ou a publicação da oferta de compra ou de troca ou a aquisição de uma participação de controlo. Esse prazo começa a contar a partir da data em que ocorra o primeiro desses acontecimentos.

2. As operações de concentração que consistam numa fusão na acepção do n.º 1, alínea a), do artigo 3.º ou no estabelecimento de um controlo comum na acepção do n.º 1, alínea b), do artigo 3.º devem ser notificadas conjuntamente pelas partes intervenientes na fusão ou no estabelecimento do controlo comum. Nos restantes casos, a notificação deve ser apresentada pela pessoa ou pela empresa que pretende adquirir o controlo do conjunto ou de partes de uma ou mais empresas.

3. Quando verifique que uma operação de concentração notificada é abrangida pelo presente regulamento, a Comissão publicará imediatamente o facto da notificação, indicando os nomes dos interessados, a natureza da operação de concentração, bem como os sectores económicos envolvidos. A Comissão terá em conta o interesse legítimo das empresas na não divulgação dos seus segredos comerciais.

Artigo 5.º
Cálculo do volume de negócios

1. O volume total de negócios referido no n.º 2 do artigo 1.º inclui os montantes que resultam da venda de produtos e da prestação de serviços realizadas pelas empresas em causa durante o último exercício e correspondentes às suas actividades normais, após a dedução dos descontos sobre vendas, do imposto sobre o valor acrescentado e de outros impostos directamente relacionados com o volume de negócios. O volume total de negócios de uma empresa em causa não tem em conta as transacções ocorridas entre as empresas referidas no n.º 4 do presente artigo.

O volume de negócios realizado, quer na Comunidade quer num Estado-membro, compreende os produtos vendidos e os serviços prestados a empresas ou a consumidores, quer na Comunidade quer nesse Estado-membro.

2. Em derrogação do n.º 1, se a concentração consistir na aquisição de parcelas, com ou sem personalidade jurídica própria, de uma ou mais empresas, só será tomado em consideração, no que se refere ao cedente ou cedentes, o volume de negócios respeitantes às parcelas que foram objecto de transacção.

Todavia, caso entre as mesmas pessoas ou empresas sejam efectuadas num período de dois anos duas ou mais das transacções referidas no primeiro parágrafo, tais operações serão consideradas como uma única operação de concentração efectuada na data daquela que tenha ocorrido em último lugar.

3. O volume de negócios é substituído:
a) No caso das instituições de crédito e de outras instituições financeiras, no que diz respeito ao n.º 2, alínea a), do artigo 1.º, por um décimo do total dos balanços.

No que diz respeito ao n.º 2, alínea b) e última frase, do artigo 1.º, o volume total de negócios realizado na Comunidade é substituído pelo décimo do total dos balanços multiplicado pela relação entre os créditos sobre as instituições de crédito e sobre a clientela resultantes de operações com residentes da Comunidade e o montante total desses créditos.

No que diz respeito ao n.º 2, última frase, do artigo 1.º, o volume total de negócios realizado no interior de um Estado-membro é substituído pelo décimo do total dos balanços multiplicado pela relação entre os créditos sobre as instituições de crédito e sobre a clientela resultantes de operações com residentes desse Estado-membro e o montante total desses créditos;

b) No caso das empresas de seguros, pelo valor dos prémios ilíquidos emitidos, que incluem todos os montantes recebidos e a receber ao abrigo de contratos de seguro efectuados por essas empresas ou por sua conta, incluindo os prémios cedidos às resseguradoras e após dedução dos impostos ou taxas parafiscais cobrados com base no montante dos prémios ou no seu volume total; no que respeita ao n.º 2, alínea b) e última frase, do artigo 1.º, ter-se-ao em conta, respectivamente, os prémios ilíquidos pagos por residentes na Comunidade e por residentes num Estado-membro.

4. Sem prejuízo do n.º 2, o volume de negócios de uma empresa em causa, na acepção do n.º 2 do artigo 1.º, resulta da adição dos volumes de negócios:

a) Da empresa em causa;
b) Das empresas em que a empresa em causa dispõe directa ou indirectamente, seja:
   – de mais de metade do capital ou do capital de exploração, seja
   – do poder de exercer mais de metade dos direitos de voto, seja
   – do poder de designar mais de metade dos membros do conselho geral ou do conselho de administração ou dos órgãos que representam legalmente a empresa, seja
   – do direito de gerir os negócios da empresa;
c) Das empresas que dispõem, numa empresa em causa, dos direitos ou poderes enumerados na alínea b);
d) Das empresas em que uma empresa referida na alínea c) dispõe dos direitos ou poderes enumerados na alínea b);
e) Das empresas em que várias empresas referidas nas alíneas a) a d) dispõem em conjunto dos direitos ou poderes enumerados na alínea b).

5. No caso de várias empresas implicadas na operação de concentração disporem conjuntamente dos direitos ou poderes enumerados na alínea b) do n.º 4, há que, no cálculo do volume de negócios das empresas em causa na acepção do n.º 2 do artigo 1.º:
a) Não tomar em consideração o volume de negócios resultante da venda de produtos e da protecção de serviços realizadas entre a empresa comum e cada uma das empresas em causa ou qualquer outra empresa ligada a uma delas na acepção das alíneas b) e e) do n.º 4;
b) Tomar em consideração o volume de negócios resultante da venda de produtos e da prestação de serviços realizadas entre a empresa comum e qualquer outra empresa terceira. Esse volume de negócios será imputado em partes iguais às empresas em causa.

Artigo 6.º
Análise da notificação e início do processo

1. A Comissão procederá à análise da notificação logo após a sua recepção.
a) Se a Comissão chegar à conclusão de que a operação de concentração notificada não é abrangida pelo presente regulamento fará constar esse facto por via de decisão;
b) Se a Comissão verificar que a operação de concentração notificada, apesar de abrangida pelo presente regulamento, não suscita sérias dúvidas quanto à sua compatibilidade com o mercado comum decidirá não se opor a essa operação de concentração e declará-la-á compatível com o mercado comum;
c) Se, pelo contrário, a Comissão verificar que a operação de concentração notificada é abrangida pelo presente regulamento e suscita sérias dúvidas quanto à sua compatibilidade com o mercado comum decidirá dar início ao processo.

2. A Comissão informará sem demora da sua decisão as empresas em causa e as autoridades competentes dos Estados-membros.

Artigo 7.º
Suspensão da operação de concentração

1. Para efeitos da aplicação do n.º 2 do presente artigo, uma concentração, tal como definida no artigo 1.º, não pode ter lugar nem antes de ser notificada nem no decurso do prazo de três semanas após a sua notificação.

2. Quando o considere necessário, após exame provisório da notificação no prazo fixado no n.º 1, a fim de assegurar plenamente o efeito útil de qualquer decisão a tomar ulteriormente ao abrigo dos n.ºˢ 3 e 4 do artigo 8.º, a Comissão pode decidir por sua própria iniciativa prorrogar a suspensão da realização da concentração, na totalidade ou em parte, até à adopção de uma decisão final, ou pode decidir tomar outras medidas intercalares para esse efeito.

3. Os n.ºˢ 1 e 2 não prejudicam a realização de uma oferta pública de compra ou de troca que tenha sido notificada à Comissão de acordo com o n.º 1 do artigo 4.º, desde que o adquirente não exerça os direitos de voto inerentes às participações em causa ou os exerça apenas tendo em vista proteger o pleno valor do seu investimento com base numa dispensa concedida pela Comissão nos termos do n.º 4.

4. A Comissão pode, a pedido, dispensar das obrigações previstas nos n.ºˢ 1, 2 e 3, com vista a evitar a ocorrência de um prejuízo grave numa ou mais das empresas implicadas numa operação de concentração ou em terceiros. A dispensa pode ser acompanhada de condições e de obrigações destinadas a assegurar condições de concorrência efectiva. A dispensa pode ser pedida e concedida a qualquer momento, quer antes da notificação quer depois da transacção.

5. A validade de qualquer transacção realizada sem que se observem os n.ºˢ 1 e 2 dependerá da decisão tomada ao abrigo do n.º 1, alínea b), do artigo 6.º ou dos n.ºˢ 2 ou 3 do artigo 8.º ou da presunção estabelecida no n.º 6 do artigo 10.º

Todavia, o presente artigo não produz qualquer efeito sobre a validade das transacções de títulos, incluindo os que são convertíveis noutros títulos, admitidos à negociação num mercado regulamentado e controlado pelas autoridades reconhecidas pelos poderes públicos, com funcionamento regular e directa ou indirectamente acessível ao público, salvo se os compradores ou vendedores souberem ou deverem saber que a transacção se realiza sem que sejam observados os n.ᵒˢ 1 e 2.

Artigo 8.º
Poderes de decisão da Comissão

1. Todo o processo iniciado nos termos do n.º 1, alínea c), do artigo 6.º será encerrado por via de decisão, de acordo com os n.ᵒˢ 2 a 5 do presente artigo e sem prejuízo do artigo 9.º

2. Quando verifique que uma operação de concentração notificada, eventualmente depois de lhe terem sido introduzidas alterações pelas empresas em causa, corresponde ao critério definido no n.º 2 do artigo 2.º, a Comissão tomará uma decisão declarando a compatibilidade da concentração com o mercado comum.

A Comissão pode acompanhar a sua decisão de condições e obrigações destinadas a garantir que as empresas em causa respeitem os compromissos assumidos perante a Comissão com vista a alterarem o projecto inicial de concentração. A decisão que declara a concentração compatível abrange igualmente as necessárias restrições directamente relacionadas com a realização da concentração.

3. Quando verifique que uma operação de concentração corresponde ao critério definido no n.º 3 do artigo 2.º, a Comissão tomará uma decisão declarando a concentração incompatível com o mercado comum.

4. Se uma operação de concentração já tiver sido realizada, a Comissão pode ordenar, numa decisão tomada ao abrigo do n.º 3 ou numa decisão distinta, a separação das empresas ou dos activos agrupados ou a cessação do controlo

conjunto ou qualquer outra medida adequada ao restabelecimento de uma concorrência efectiva.

5. A Comissão pode revogar a decisão por ela tomada ao abrigo do n.º 2:

    a) Quando a declaração de compatibilidade tiver sido fundada em informações inexactas, sendo por estas responsável uma das empresas envolvidas, ou quando tiver sido obtida fraudulentamente; ou

b) Se as empresas envolvidas não respeitarem uma das obrigações previstas na sua decisão.

6. Nos casos previstos no n.º 5, a Comissão pode tomar uma decisão ao abrigo do n.º 3, sem ter de se sujeitar ao prazo referido no n.º 3 do artigo 10.º

Artigo 9.º
Remessa às autoridades competentes dos Estados-membros

1. A Comissão pode, por via de decisão, de que informará sem demora as empresas envolvidas e as autoridades competentes dos restantes Estados-membros, remeter às autoridades competentes do Estado-membro em causa um caso de concentração notificada, nas condições que seguem.

2. No prazo de três semanas a contar da data de recepção da cópia da notificação, um Estado-membro pode informar a Comissão, que o comunicará às empresas envolvidas, de que uma operação de concentração corre o risco de criar ou de reforçar uma posição dominante que tenha como consequência a criação de entraves significativos a uma concorrência efectiva num mercado no interior do seu território que apresente todas as características de um mercado distinto, quer se trate ou não de uma parte substancial do mercado comum.

3. Se considerar que, tendo em conta o mercado dos produtos ou serviços em causa e o mercado geográfico de referência na acepção do n.º 7, esse mercado distinto e esse risco existem, a Comissão:

   a) Ocupar-se-á ela própria do caso tendo em vista preservar ou restabelecer uma concorrência efectiva no mercado em causa; ou

   b) Remeterá o caso para as autoridades competentes do Estado-membro em causa com vista à aplicação da legislação nacional sobre a concorrência desse Estado.

Se, ao contrário, considerar que esse mercado distinto ou esse risco não existem, a Comissão tomará uma decisão nesse sentido, que dirigirá ao Estado-membro em causa.

4. As decisões de remessa ou de recusa tomadas de acordo com o n.º 3 terão lugar:
  a) Regra geral, no prazo de seis semanas previsto no n.º 1, segundo parágrafo, do artigo 10.º, quando a Comissão não tenha dado início ao processo nos termos do n.º 1, alínea b), do artigo 6.º; ou
  b) No prazo máximo de três meses a contar da notificação da operação em causa, quando a Comissão tenha dado início ao processo nos termos do n.º 1, alínea c), do artigo 6.º, sem promover as diligências preparatórias da adopção das medidas necessárias ao abrigo do n.º 2, segundo parágrafo, e n.ºs 3 e 4 do artigo 8.º para preservar ou restabelecer uma concorrência efectiva no mercado em causa.

5. Se, no prazo de três meses referido na alínea b) do n.º 4, apesar de o Estado-membro o ter solicitado, a Comissão não tiver tomado as decisões de remessa ou de recusa de remessa previstas no n.º 3, nem promovido as diligências preparatórias referidas na alínea b) do n.º 4, presumir-se-á que decidiu remeter o caso ao Estado-membro em causa em conformidade com a alínea b) do n.º 3.

6. A publicação dos relatórios ou o anúncio das conclusões do exame da operação em causa pelas autoridades competentes do Estado-membro em causa terá lugar, o mais tardar, quatro meses após a remessa pela Comissão.

7. O mercado geográfico de referência é constituído por um território no qual as empresas envolvidas intervêm na oferta e procura de bens e serviços, no qual as condições de concorrência são suficientemente homogéneas e que pode distinguir-se dos territórios vizinhos especialmente devido a condições de concorrência sensivelmente diferentes das que prevalecem nesses territórios. Nessa apreciação, é conveniente tomar em conta, nomeadamente, a natureza e as características dos produtos ou serviços em causa, a existência de barreiras à entrada, as preferências dos consumidores, bem como a existência, entre o território em causa e os territórios vizinhos, de diferenças consideráveis de partes de mercado das empresas ou de diferenças de preços substanciais.

8. Para efeitos da aplicação do presente artigo, o Estado-membro em causa só pode tomar as medidas estritamente necessárias

para preservar ou restabelecer uma concorrência efectiva no mercado em causa.

9. Nos termos das disposições aplicáveis do Tratado, os Estados-membros podem interpor recurso para o Tribunal de Justiça e pedir em especial a aplicação do artigo 186.º, para efeitos da aplicação da sua legislação nacional em matéria de concorrência.

10. O presente artigo será objecto de reanálise o mais tardar antes do final do quarto ano seguinte à data de adopção do presente regulamento.

Artigo 10.º
Prazos para o início do processo e para as decisões

1. As decisões referidas no n.º 1 do artigo 6.º devem ser tomadas no prazo máximo de um mês. Esse prazo começa a correr no dia seguinte ao da recepção da notificação, ou, caso as informações a facultar na notificação estejam incompletas, no dia seguinte ao da recepção das informações completas.

Esse prazo é alargado para seis semanas no caso de ter sido apresentado à Comissão um pedido de um Estado-membro de acordo com o n.º 2 do artigo 9.º

2. As decisões tomadas nos termos do n.º 2 do artigo 8.º relativas a operações de concentração notificadas devem ser tomadas logo que se afigurar que se colocam as dúvidas sérias referidas no n.º 1, alínea c), do artigo 6.º, devido, nomeadamente, a alterações introduzidas pelas empresas em causa, e, o mais tardar, no prazo fixado no n.º 3.

3. Sem prejuízo do n.º 6 do artigo 8.º, as decisões tomadas nos termos do n.º 3 do artigo 8.º, respeitantes a operações de concentração notificadas, devem ser tomadas num prazo máximo de quatro meses a contar da data do início do processo.

4. O prazo fixado no n.º 3 fica excepcionalmente suspenso sempre que a Comissão, devido a circunstâncias pelas quais seja responsável uma das empresas que participa na concentração, tenha tido de solicitar uma informação por via de decisão ao abrigo do artigo 11.º ou de ordenar uma verificação por via de decisão ao abrigo do artigo 13.º

5. Quando o Tribunal de Justiça profira um acórdão que anule no todo ou em parte uma decisão da Comissão tomada ao abrigo do presente regulamento, os prazos fixados no presente regulamento começarão de novo a correr a contar da data em que o acórdão foi proferido.

6. Se a Comissão não tomar qualquer decisão nos termos do n.º 1, alíneas b) ou c), do artigo 6.º, ou nos termos dos n.ºˢ 2 ou 3 do artigo 8.º, nos prazos fixados, respectivamente, nos n.ºˢ 1 e 3 do presente artigo, considera-se que a operação de concentração é declarada compatível com o mercado comum, sem prejuízo do artigo 9.º

Artigo 11.º
Pedido de informações

1. No exercício das competências que lhe são atribuídas pelo presente regulamento, a Comissão pode obter todas as informações necessárias junto dos governos, das autoridades competentes dos Estados-membros, das pessoas referidas no n.º 1, alínea b), do artigo 3.º, bem como das empresas e associações de empresas.

2. Sempre que a Comissão formular um pedido de informações a uma pessoa, empresa ou associação de empresas, enviará simultaneamente cópia do pedido à
autoridade competente do Estado-membro em cujo território se situe o domicílio da pessoa ou a sede da empresa ou da associação de empresas.

3. No seu pedido, a Comissão indicará os fundamentos jurídicos e o objecto do pedido, bem como as sanções previstas no n.º 1, alínea b), do artigo 14.º no caso de serem prestadas informações inexactas.

4. São obrigados a fornecer as informações solicitadas, no que diz respeito às empresas, os seus proprietários ou os seus representantes e, no caso de pessoas colectivas, de sociedades ou de associações sem personalidade jurídica, as pessoas encarregadas de as representar, legal ou estatutariamente.

5. Se uma pessoa, empresa ou associação de empresas não prestar as informações solicitadas no prazo fixado pela Comissão ou se as fornecer de modo incompleto, a Comissão solicitá-las-á

por via de decisão. A decisão especificará as informações exigidas, fixará um prazo adequado para a prestação das informações e indicará as sanções previstas no n.º 1, alínea b), do artigo 14.º e no n.º 1, alínea a), do artigo 15.º, bem como a possibilidade de recurso da decisão para o Tribunal de Justiça.

6. A Comissão enviará simultaneamente cópia da sua decisão à autoridade competente do Estado-membro em cujo território se situe o domicílio da pessoa ou a sede da empresa ou da associação de empresas.

Artigo 12.º
Verificação pelas autoridades dos Estados-membros

1. A pedido da Comissão, as autoridades competentes dos Estados-membros procederão às verificações que a Comissão considere adequadas nos termos do n.º 1 do

artigo 13.º ou que tenha ordenado por decisão tomada nos termos do n.º 3 do artigo 13.º Os agentes das autoridades competentes dos Estados-membros encarregados de proceder a essas verificações exercerão os seus poderes mediante apresentação de mandado escrito emitido pela autoridade competente do Estado-membro em cujo território as verificações devam efectuar-se. O mandado indicará o objecto e a finalidade das verificações.

2. A pedido da Comissão ou da autoridade competente do Estado-membro em cujo território devam efectuar-se as verificações, podem os agentes da Comissão prestar assistência aos agentes da mesma autoridade no desempenho das suas funções.

Artigo 13.º
Poderes da Comissão em matéria de verificação

1. No exercício das competências que lhe são atribuídas pelo presente regulamento, a Comissão pode proceder a todas as verificações necessárias junto das empresas ou associações de empresas,

Para o efeito, os agentes mandatados pela Comissão têm poderes para:
    a) Inspeccionar os livros e outros documentos comerciais;
    b) Copiar ou exigir cópia ou extracto dos livros e documentos comerciais;

c) Solicitar in loco explicações orais;
d) Ter acesso a todas as instalações, terrenos e meios de transporte das empresas.

2. Os agentes mandatados pela Comissão para proceder a essas verificações exercerão os seus poderes mediante apresentação de um mandado escrito que indicará o objecto e a finalidade da verificação, bem como a sanção prevista no n.º 1, alínea c), do artigo 14.º no caso de os livros ou outros documentos comerciais exigidos serem apresentados de maneira incompleta. Em tempo útil antes da verificação, a Comissão informará por escrito a autoridade competente do Estado-membro em cujo território a verificação se deve efectuar da diligência de verificação e da identidade dos agentes mandatados.

3. As empresas e associações de empresas são obrigadas a sujeitar-se às verificações que a Comissão tenha ordenado por via de decisão. A decisão indicará o objecto e a finalidade da verificação, fixará a data em que esta se inicia e indicará as sanções previstas no n.º 1, alínea d), do artigo 14.º e no n.º 1, alínea b), do artigo 15.º, bem como a possibilidade de recurso da decisão para o Tribunal de Justiça.

4. A Comissão avisará por escrito em tempo útil a autoridade competente do Estado-membro em cujo território a verificação deve ser efectuada da sua intenção de tomar uma decisão nos termos do n.º 3. A decisão será tomada depois de ouvida a referida autoridade.

5. Os agentes da autoridade competente do Estado-membro em cujo território deva efectuar-se a verificação podem, a pedido dessa autoridade ou da Comissão, prestar assistência aos agentes da Comissão no desempenho das suas funções.

6. Quando uma empresa ou uma associação de empresas se opuser a uma verificação ordenada nos termos do presente artigo, o Estado-membro interessado prestará aos agentes mandatados pela Comissão a assistência necessária para que possam executar a sua diligência de verificação. Os Estados-membros, após consulta da Comissão, tomarão as medidas necessárias para o efeito no prazo de um ano a contar da data de entrada em vigor do presente regulamento.

Artigo 14.º
Coimas

1. A Comissão pode, por via de decisão, aplicar às pessoas referidas no n.º 1, alínea b), do artigo 3.º, às empresas ou às associações de empresas coimas no montante de 1 000 a 50 000 ecus sempre que aquelas, deliberada e negligentemente:
   a) Por omissão não declarem uma operação de concentração de acordo com o artigo 4.º;
   b) Dêem indicações inexactas ou deturpadas aquando de uma notificação apresentada nos termos do artigo 4.º;
   c) Prestem informações inexactas em resposta a um pedido feito nos termos do artigo 11.º ou não prestem as informações no prazo fixado em decisão tomada ao abrigo do artigo 11.º;
   d) Apresentem de forma incompleta, aquando das verificações efectuadas ao abrigo dos artigos 12.º ou 13.º, os livros ou outros documentos comerciais ou sociais exigidos, ou não se sujeitem às verificações ordenadas por via de decisão tomada nos termos do artigo 13.º

2. A Comissão pode, por via de decisão, aplicar às pessoas ou empresas coimas de um montante máximo de 10 % do volume total de negócios realizado pelas empresas em causa na acepção do artigo 5.º, quando estas, deliberada ou negligentemente:
   a) Não respeitem uma das obrigações impostas por decisão tomada nos termos do n.º 4 do artigo 7.º ou do n.º 2, segundo parágrafo, do artigo 8.º;
   b) Realizem uma operação de concentração sem respeitar o n.º 1 do artigo 7.º ou uma decisão tomada ao abrigo do n.º 2 do artigo 7.º;
   c) Realizem uma operação de concentração declarada incompatível com o mercado comum por decisão tomada ao abrigo do n.º 3 do artigo 8.º ou não tomem as medidas ordenadas por decisão tomada ao abrigo do n.º 4 do artigo 8.º

3. Na determinação do montante da coima, há que tomar em consideração a natureza e a gravidade da infracção.

4. As decisões tomadas nos termos dos nos 1 e 2 não têm carácter penal.

Artigo 15.º
Sanções pecuniárias compulsórias

1. A Comissão pode, por via de decisão, aplicar às pessoas referidas no n.º 1, alínea b), do artigo 3.º, às empresas e às associações de empresas interessadas sanções pecuniárias compulsórias de um montante máximo de 25 000 ecus por dia de atraso, a contar da data fixada na decisão, com o fim de as compelir a;
   a) Fornecer de maneira completa e exacta as informações que tenha solicitado por via de decisão tomada ao abrigo do artigo 11.º;
   b) Sujeitar-se a uma verificação que tenha sido ordenada por via de decisão tomada ao abrigo do artigo 13.º

2. A Comissão pode, por via de decisão, aplicar às pessoas referidas no n.º 1, alínea b), do artigo 3.º ou às empresas sanções pecuniárias compulsórias de um montante máximo de 100 000 ecus por dia de atraso, a contar da data fixada na decisão, para as compelir a:
   a) Executar uma obrigação imposta por decisão tomada ao abrigo do n.º 4 do artigo 7.º ou do n.º 2, segundo parágrafo, do artigo 8.º;
   b) Aplicar as medidas ordenadas por uma decisão tomada ao abrigo do n.º 4 do artigo 8.º

3. Se as pessoas referidas no n.º 1, alínea b), do artigo 3.º, as empresas ou associações de empresas tiverem cumprido a obrigação de cuja anterior inobservância resultara a aplicação da sanção pecuniária compulsória, a Comissão pode fixar o montante definitivo da referida sanção a um nível inferior ao que resultaria da decisão inicial.

Artigo 16.º
Controlo do Tribunal de Justiça

O Tribunal de Justiça conhecerá, no exercício da competência de plena jurisdição na acepção do artigo 172.º do Tratado, os recursos interpostos contra as decisões da Comissão em que tenha sido aplicada uma coima ou uma sanção pecuniária compulsória; o Tribunal pode suprimir, reduzir ou aumentar a coima ou a sanção pecuniária compulsória aplicadas.

Artigo 17.º
Sigilo comercial

1. As informações obtidas nos termos dos artigos 11.º, 12.º, 13.º e 18.º só podem ser utilizadas para efeitos do pedido de informações, de controlo ou de audição.
2. Sem prejuízo do n.º 3 do artigo 4.º e dos artigos 18.º e 20.º, a Comissão e as autoridades competentes dos Estados-membros, bem como os seus funcionários e outros agentes, não podem divulgar as informações obtidas nos termos do presente regulamento que, pela sua natureza, estejam abrangidas pelo sigilo comercial.
3. Os nos 1 e 2 não prejudicam a publicação de informações gerais ou estudos que não contenham informações individualizadas relativas às empresas ou associações de empresas.

Artigo 18.º
Audição dos interessados e de terceiros

1. Antes de tomar as decisões previstas nos nos 2 e 4 do artigo 7.º, no n.º 2, segundo parágrafo, e nos nos 3, 4 e 5 do artigo 8.º e nos artigos 14.º e 15.º, a Comissão dará às pessoas, empresas e associações de empresas interessadas a oportunidade de se pronunciarem, em todas as fases do processo até à consulta do comité consultivo, sobre as objecções contra elas formuladas.
2. Em derrogação do n.º 1, as decisões de prorrogação da suspensão ou de dispensa da suspensão referidas nos nos 2 e 4 do artigo 7.º podem ser tomadas, a título provisório, sem dar às pessoas, empresas e associações de empresas interessadas a oportunidade de se pronunciarem previamente, na condição de a Comissão lhes fornecer essa oportunidade o mais rapidamente possível após a tomada da decião.
3. A Comissão fundamentará as suas decisões exclusivamente em objecções relativamente às quais os interessados tenham podido fazer valer as suas observações. O direito de defesa dos interessados será plenamente garantido durante todo o processo. Pelo menos as partes directamente interessadas terão acesso ao dossier, garantindo-se simultaneamente o legítimo interesse das empresas em que os seus segredos comerciais não sejam divulgados.

4. A Comissão ou as autoridades competentes dos Estados-membros podem também ouvir outras pessoas singulares ou colectivas, na medida em que o considerem necessário. Caso quaisquer pessoas singulares ou colectivas que comprovem ter um interesse suficiente, e nomeadamente os membros dos órgãos de administração ou de direcção das empresas visadas ou os representantes devidamente reconhecidos dos trabalhadores dessas empresas, solicitem ser ouvidos, será dado deferimento ao respectivo pedido.

Artigo 19.º
Ligação com as autoridades dos Estados-membros

1. A Comissão transmitirá no prazo de três dias úteis às autoridades competentes dos Estados-membros cópias das notificações, bem como, no mais breve prazo, os documentos mais importantes que tenha recebido ou que tenha emitido em aplicação do presente regulamento.

2. A Comissão conduzirá os processos referidos no presente regulamento em ligação estreita e constante com as autoridades competentes dos Estados-membros, que estão habilitadas a formular quaisquer observações sobre esses processos. Para efeitos da aplicação do artigo 9.º, a Comissão recolherá as comunicações das autoridades competentes dos Estados-membros referidas no n.º 2 desse artigo e dar-lhes-á a oportunidade de se pronunciarem em todas as fases do processo até à adopção de uma decisão ao abrigo do n.º 3 do mesmo artigo, proporcionando-lhes, para o efeito, o acesso ao dossier.

3. Antes da tomada de qualquer decisão nos termos dos n.º 2 a 5 do artigo 8.º, bem como dos artigos 14.º e 15.º, ou da adopção de normas nos termos do artigo 23.º, será consultado um comité consultivo em matéria de concentração de empresas.

4. O comité consultivo será composto por representantes das autoridades dos Estados-membros. Cada Estado-membro designará um ou dois representantes que podem ser substituídos, em caso de impedimento, por outro representante. Pelo menos um desses representantes deve ter experiência em matéria de acordos e posições dominantes.

5. A consulta realizar-se-á durante uma reunião conjunta, convocada e presidida pela Comissão. À convocatória serão apensos um resumo do processo com indicação dos documentos mais importantes e um anteprojecto de decisão em relação a cada caso a examinar. A reunião não pode realizar-se antes de decorridos catorze dias a contar do envio da convocatória. No entanto, a Comissão pode reduzir a título excepcional e de forma apropriada tal prazo com vista a evitar a ocorrência de um prejuízo grave para uma ou mais empresas envolvidas numa operação de concentração.

6. O comité consultivo formulará o seu parecer sobre o projecto de decisão da Comissão, procedendo para o efeito, se for caso disso, a votação. O comité consultivo pode formular o seu parecer mesmo no caso da ausência de membros e dos respectivos representantes. O parecer formulado será reduzido a escrito e apenso ao projecto de decisão. A Comissão tomará na máxima consideração o parecer do comité. O comité será por ela informado da forma como esse parecer foi tomado em consideração.

7. O comité consultivo pode recomendar a publicação do parecer. A Comissão pode proceder a essa publicação. A decisão de publicação terá em devida conta o legítimo interesse das empresas em que os seus segredos comerciais não sejam divulgados, bem como o interesse das empresas envolvidas em que se proceda a essa publicação.

Artigo 20.º
Publicação das decisões

1. A Comissão publicará no Jornal Oficial das Comunidades Europeias as decisões que tomar nos termos dos nos 2 a 5 do artigo 8.º.

2. A publicação mencionará as partes interessadas e o essencial da decisão; deve ter em conta o legítimo interesse das empresas na protecção dos seus segredos comerciais.

Artigo 21.º
Competência

1. Sob reserva do controlo do Tribunal de Justiça, a Comissão tem competência exclusiva para tomar as decisões previstas no presente regulamento.

2. Os Estados-membros não podem aplicar a sua legislação nacional sobre a concorrência às operações de concentração de dimensão comunitária.

O primeiro parágrafo não prejudica a faculdade dos Estados--membros de proceder às investigações necessárias para a aplicação do n.º 2 do artigo 9.º e de tomar, após remessa, em conformidade com o n.º 3, alínea b), do primeiro parágrafo, ou n.º 5 do artigo 9.º, as medidas estritamente necessárias nos termos do n.º 8 do artigo 9.º.

3. Não obstante os nos 1 e 2, os Estados-membros podem tomar as medidas apropriadas para garantir a protecção de interesses legítimos para além dos contemplados no presente regulamento, desde que esses interesses sejam compatíveis com os princípios gerais e com as demais normas do direito comunitário.

São considerados interesses legítimos na acepção do primeiro parágrafo a segurança pública, a pluralidade dos meios de comunicação social e as regras prudenciais.

Todo e qualquer outro interesse público será comunicado à Comissão pelo Estado-membro em causa e será por ela reconhecido após análise da sua compatibilidade com os princípios gerais e as demais normas do direito comunitário antes de as referidas medidas poderem ser tomadas. A Comissão notificará o Estado-membro interessado da sua decisão no prazo de um mês a contar da referida comunicação.

Artigo 22.º
Âmbito de aplicação do presente regulamento

1. O presente regulamento é exclusivamente aplicável às operações de concentração definidas no artigo 3.º.

2. Os Regulamentos n.º 17, (CEE) n.º 1017/68, (CEE) n.º 4056/86 e (CEE) n.º 3975/87 não são aplicáveis às concentrações definidas no artigo 3.º.

3. Se verificar, a pedido de um Estado-membro, que uma operação de concentração, tal como definida no artigo 3.º mas sem dimensão comunitária na acepção do artigo 1.º, cria ou reforça uma posição dominante, dando assim origem a entraves significativos a uma concorrência efectiva no território do Estado-membro

em questão, a Comissão pode, na medida em que essa concentração afecte o comércio entre Estados-membros, tomar as decisões previstas nos n.º 2, segundo parágrafo, e nos 3 e 4 do artigo 8.º
4. São aplicáveis o n.º 1, alíneas a) e b), do artigo 2.º, bem como os artigos 5.º, 6.º, 8.º e 10.º a 20.º O prazo para o início do processo fixado no n.º 1 do artigo 10.º tem início a partir da data de recepção do pedido do Estado-membro. Esse pedido dever ser feito o mais tardar no prazo de dois meses a contar da data em que a operação de concentração tiver sido comunicada ao Estado-membro ou realizada. Esse prazo começa a contar a partir da data da ocorrência da primeira dessas situações.
5. Em aplicação do n.º 3, a Comissão limitar-se-á a tomar as medidas necessárias para preservar ou restabelecer uma concorrência efectiva no território do Estado-membro a pedido do qual a Comissão interveio.
6. Os n.ºs 3, 4 e 5 continuarão a ser aplicáveis até que sejam revistos os limiares referidos no n.º 2 do artigo 1.º.

Artigo 23.º
Regras de execução

A Comissão é autorizada a adoptar as regras de execução respeitantes à forma, conteúdo e outros aspectos das notificações apresentadas nos termos do artigo 4.º, aos prazos fixados nos termos do artigo 10.º, bem como às audições efectuadas nos termos do artigo 18.º.

Artigo 24.º
Relações com países terceiros

1. Os Estados-membros informarão a Comissão sobre quaisquer dificuldades de ordem geral com que as suas empresas se deparem ao procederem, num país terceiro, às operações de concentração definidas no artigo 3.º.
2. A Comissão elaborará, pela primeira vez o mais tardar um ano após a entradad em vigor do presente regulamento e depois periodicamente, um relatório que analise o tratamento dado às empresas da Comunidade, na acepção dos nos 3 e 4, no que se refere às operações de concentração nos países terceiros. A Comissão

enviará esses relatórios ao Conselho, acompanhando-os eventualmente de recomendações.

3. Sempre que a Comissão verificar, quer com base nos relatórios referidos no n.º 2 quer noutras informações, que um país terceiro não concede às empresas comunitárias um tratamento comparável ao concedido pela Comunidade às empresas desse país terceiro, pode apresentar propostas ao Conselho com vista a obter um mandato de negociação adequado para obter possibilidades de tratamento comparáveis para as empresas da Comunidade.

4. As medidas tomadas ao abrigo do presente artigo estarão em conformidade com as obrigações que incumbem à Comunidade ou aos Estados-membros, sem prejuízo do artigo 234.º do Tratado, por força dos acordos internacionais, tanto bilaterais como multilaterais.

Artigo 25.º
Entrada em vigor

1. O presente regulamento entra em vigor em 21 de Setembro de 1990.

2. O presente regulamento não é aplicável a operações de concentração que tenham sido objecto de um acordo ou de uma publicação ou que tenham sido realizadas por aquisição, na acepção do no1 do artigo 4.º, antes da data de entrada em vigor do presente regulamento e, em qualquer caso, a operações em relação às quais, antes da data acima referida, tenha sido dado início ao respectivo processo por uma autoridade de um Estado-membro competente em matéria de concorrência.

O presente regulamento é obrigatório em todos os seus elementos e directamente aplicável em todos os Estados-membros.

Feito em Bruxelas, em 21 de Dezembro de 1989.

Pelo Conselho
O Presidente
E. CRESSON

ACORDO SOBRE O ESPAÇO ECONÓMICO EUROPEU

PARTE I
Os Objectivos e Princípios

Artigo 1.º

1. O objectivo do presente Acordo de associação é o de promover um reforço permanente e equilibrado das relações comerciais e económicas entre as Partes Contratantes, em iguais condições de concorrência e no respeito por normas idênticas, com vista a criar um Espaço Económico Europeu homogéneo, a seguir designado EEE.

2. A fim de alcançar os objectivos definidos no n.º 1, a associação implica, de acordo com o disposto no presente Acto:
   a) A livre circulação de mercadorias.
   b) A livre circulação de pessoas.
   c) A livre circulação de serviços.
   d) A liberdade dos movimentos de capitais.
   e) O estabelecimento e um sistema que assegure a não distorção da concorrência e o respeito das respectivas regras, bem como.
   f) Uma colaboração mais estreita noutros domínios, tais como, por exemplo, a investigação e o desenvolvimento, o ambiente, a educação e a política social.

[...]

Artigo 4.º

No âmbito de aplicação do presente Acordo, e sem prejuízo das suas disposições especiais, é proibida toda e qualquer discriminação em razão da nacionalidade.

PARTE II
A livre circulação de mercadorias

CAPÍTULO I
Os princípios gerais

Artigo 16.º

1. As Partes Contratantes assegurarão a adaptação de qualquer monopólio estatal de natureza comercial, de modo a evitar qualquer discriminação entre os nacionais dos Estados-Membros das Comunidades Europeias e dos Estados da EFTA quanto às condições de abastecimento e de comercialização.

2 O disposto no presente artigo e aplicável a qualquer organismo através do qual as autoridades competentes das Partes Contratantes, *de jure* ou *de facto,* controlem, dirijam ou influenciem sensivelmente, directa ou indirectamente, as importações ou as exportações entre as Partes Contratantes. Estas disposições são igualmente aplicáveis aos monopólios delegados e a terceiros pelo Estado.

PARTE III
A livre circulação de pessoas, de serviços e de capitais

CAPÍTULO VI
Os transportes

Artigo 47.º

1. Os artigos 48.º a 52.º são aplicáveis ao transporte ferroviário, rodoviário e por via navegável.

2. As disposições específicas aplicáveis a todos os modos de transporte constam do Anexo XIII.

Artigo 49.º

São compatíveis com o presente Acordo os auxílios que vão ao encontro das necessidades de coordenação dos transportes ou correspondam ao reembolso de certas prestações inerentes à noção de serviço público.

Artigo 50.º

1. No que se refere aos transportes no território das Partes Contratantes, é proibida qualquer discriminação que consista na aplicação, por parte de um transportador, a mercadorias idênticas e nas mesmas relações de tráfego, de preços e condições de transporte diferentes, em razão do país de origem ou de destino dos produtos transportados.

2. Em conformidade com a Parte VII, o órgão competente examinará, por iniciativa própria ou a pedido de qualquer Estado--Membro das Comunidades Europeias ou de um Estado da EFTA, os casos de discriminação referidos no presente artigo e tomará as decisões necessárias no âmbito da sua regulamentação interna.

Artigo 51.º

1. No que respeita aos transportes efectuados no território das Partes Contratantes, fica proibido impor preços e condições que impliquem qualquer elemento de apoio ou protecção em benefício de uma ou mais empresas ou indústrias determinadas, salvo autorização do órgão competente referida no n.º 2 do artigo 50.º.

2. O órgão competente, por iniciativa própria ou a pedido de um Estado-Membro das Comunidades Europeias ou de um Estado EFTA, analisará os preços e condições referidos no n.º 1, tomando designadamente em consideração, por um lado, as exigências específicas de uma política económica regional adequada, as necessidades das regiões subdesenvolvidas e os problemas das regiões gravemente afectadas por circunstâncias políticas e, por outro, os efeitos destes preços e condições na concorrência entre os diferentes modos de transporte.

O órgão competente tomará as decisões necessárias no âmbito da sua regulamentação interna.

3. A proibição prevista no n.º 1 não é aplicável às tarifas de concorrência.

PARTE IV
As regras de concorrência e outras regras comuns

CAPÍTULO I
As regras aplicáveis às empresas

Artigo 53.º

1. São incompatíveis com o funcionamento do presente Acordo e proibidos todos os acordos entre empresas, todas as decisões de associações de empresas e todas as práticas concertadas que sejam susceptíveis de afectar o comércio entre as Partes Contratantes e que tenham por objectivo ou efeito impedir, restringir ou falsear a concorrência no território abrangido pelo presente Acordo, designadamente as que consistam em:

   a) Fixar, de forma directa ou indirecta, os preços de compra ou de venda ou quaisquer outras condições de transacção:

   b) Limitar ou controlar a produção, a distribuição, o desenvolvimento técnico ou os investimentos;

   c) Repartir os mercados ou as fontes de abastecimento;

   d) Aplicar, relativamente a parceiros comerciais, condições desiguais no caso de prestações equivalentes, colocando-os, por esse facto, em desvantagem na concorrência;

   e) Subordinar a celebração de contratos à aceitação, por parte dos outros contraentes, de prestações suplementares que, pela sua natureza ou de acordo com os usos comerciais, não têm ligação com o objecto desses contratos.

2. São nulos os acordos ou decisões proibidos pelo presente artigo.

3. As disposições do n.º 1 podem, todavia, ser declaradas inaplicáveis:
- a qualquer acordo, ou categoria de acordos, entre empresas;
- a qualquer decisão, ou categoria de decisões, de associações de empresas; e
- a qualquer prática concertada, ou categoria de práticas concertadas, que contribuam para melhorar a produção ou a distribuição dos produtos ou para promover o progresso técnico ou económico, contanto que aos utilizadores se reserve uma parte equitativa do lucro daí resultante, e que

a) Não imponham às empresas em causa quaisquer restrições que não sejam indispensáveis à consecução desses objectivos;

b) Não dêem a essas empresas a possibilidade de eliminar a concorrência relativamente a uma parte substancial dos produtos em causa.

Artigo 54.º

É incompatível com o funcionamento do presente Acordo e proibido, na medida em que tal seja susceptível de afectar o comércio entre as Partes Contratantes, o facto de uma ou mais empresas explorarem de forma abusiva uma posição dominante no território abrangido pelo presente Acordo ou numa parte substancial do mesmo.

Estas práticas abusivas podem, nomeadamente, consistir em:
a) Impor, de forma directa ou indirecta, preços de compra ou de venda ou outras condições de transacção não equitativas;
b) Limitar a produção, a distribuição ou o desenvolvimento técnico em prejuízo dos consumidores;
c) Aplicar, relativamente a parceiros comerciais, condições desiguais no caso de prestações equivalentes, colocando-os, por esse facto, em desvantagem na concorrência:
d) Subordinar a celebração de contratos à aceitação, por parte dos outros contraentes, de prestações suplementares que, pela sua natureza ou de acordo com os usos comerciais, não têm ligação com o objecto desses contratos.

Artigo 55.º

1. Sem prejuízo das regras de execução dos artigos 53.º e 54.º previstas no Protocolo n.º 21 e no Anexo XIV do presente Acordo, a Comissão das Comunidades Europeias e o Órgão de Fiscalização da EFTA assegurarão a aplicação dos princípios consagrados nos artigos 53.º e 54.º.

O órgão de fiscalização competente previsto no artigo 56.º averiguará os casos de presumível infracção a estes princípios, por iniciativa própria ou a pedido de um Estado que se encontre sob a sua jurisdição ou do outro órgão de fiscalização. O órgão de fiscalização competente procederá a essas investigações em cooperação com as autoridades nacionais competentes no respectivo território, bem como com o outro órgão de fiscalização, que lhe dará toda a assistência necessária em conformidade com o seu regulamento interno.

Se o órgão de fiscalização verificar que houve infracção, proporá as medidas adequadas para lhe pôr termo.

2. Se a infracção não tiver cessado, o órgão de fiscalização competente declarará verificada essa infracção aos princípios em decisão devidamente fundamentada.

O órgão de fiscalização competente pode publicar a sua decisão e autorizar os Estados a tomarem, no respectivo território, as medidas, de que fixará as condições e modalidades, necessárias para sanar a situação. Pode igualmente solicitar ao outro órgão de fiscalização que autorize os Estados a Tomarem tais medidas no respectivo território.

Artigo 56.º

1. Os casos específicos abrangidos pelo artigo 53.º serão decididos pêlos órgãos de fiscalização, em conformidade com as seguintes disposições:
   a) O Órgão de Fiscalização da EFTA decide dos casos específicos em que só seja afectado o comércio entre os Estados da EFTA:
   b) Sem prejuízo do disposto na alínea c) o Órgão de Fiscalização da EFTA tem competência para decidir, tal como previsto no artigo 58.º, no Protocolo n.º 21 e nas suas

regras de execução, no Protocolo n.º 23 e no Anexo XIV, nos casos em que o volume de negócios das empresas em causa no território dos Estados da EFTA seja igual ou superior ao 33% do seu volume de negócios no território abrangido pelo presente Acordo;
c) A Comissão das Comunidades Europeias tem competência para decidir relativamente aos outros casos, bem como os casos previstos na alínea b) sempre que o comércio entre os Estados-Membros das Comunidades Europeias seja afectado, tendo em consideração as disposições previstas no artigo 58.º, no Protocolo n.º 21, no Protocolo n.º 23 e no Anexo XIV.

2. Os casos específicos abrangidos pelo artigo 54.º serão decididos pelo órgão de fiscalização em cujo território se verifique a existência de uma posição dominante. O disposto nas alíneas b) e c) do n.º 1 aplica-se unicamente se a posição dominante existir nos territórios dos dois órgãos de fiscalização.

3. Os casos específicos abrangidos pela alínea c) do n.º 1 que não afectem de modo significativo o comércio entre os Estados-Membros das Comunidades Europeias nem a concorrência nas Comunidades serão decididos pelo Órgão de Fiscalização da EFTA,

4. Os termos "empresa" e "volume de negócios" são, para efeitos do presente artigo, definidos no Protocolo n.º 22.

Artigo 57.º

1. São incompatíveis com o presente Acordo as operações de concentração, cujo controlo se encontra previsto no n.º 2, que criam ou reforçam uma posição dominante de que resulte uma restrição significativa da concorrência no território abrangido pelo presente Acordo ou numa parte substancial do mesmo.

2. O controlo das operações de concentração abrangidas pelo n.º 1 incumbirá:
a) À Comissão das Comunidades Europeias, nos casos abrangidos pelo Regulamento (CEE) n.º 4064/89, em conformidade com as disposições do referido regulamento, e com

os Protocolos n.º 21 e 24 e o Anexo XIV. A Comissão das Comunidades Europeias dispõe de competência exclusiva para adoptar decisões no que se refere a estes casos, sob reserva de verificação efectuada pelo Tribunal de Justiça das Comunidades Europeias;

b) Ao Órgão de Fiscalização da EFTA, nos casos não abrangidos pela alínea a), sempre que no território dos Estados da EFTA sejam atingidos os limiares estabelecidos no Anexo XIV, em conformidade com os Protocolos n.º 21 e 24.º e com o Anexo XIV, e sem prejuízo das competências dos Estados-Membros das Comunidades Europeias.

Artigo 58.º

Com vista a desenvolver e manter uma política de fiscalização uniforme no conjunto do Espaço Económico Europeu no domínio da concorrência e a promover, para o efeito, uma execução, aplicação e interpretação homogéneas das disposições do presente Acordo, os órgãos competentes cooperarão em conformidade com o disposto nos Protocolos n.º 23 e 24.

Artigo 59.º

1. No que respeita às empresas públicas e às empresas a que os Estados-Membros das Comunidades Europeias ou os Estados da EFTA concedam direitos especiais ou exclusivos, as Partes Contratantes assegurarão que não seja tomada nem mantida qualquer medida contrária ao disposto no presente Acordo, designadamente ao disposto nos artigos 4.º e 53.º a 63.º.

2. As empresas encarregadas da gestão de serviços de interesse económico geral ou que tenham a natureza de monopólio fiscal ficam submetidas ao disposto no presente Acordo, designadamente às regras de concorrência, na medida em que a aplicação destas regras não constitua obstáculo ao cumprimento, de direito ou de facto, da missão particular que lhes foi atribuída. O desenvolvimento das trocas comerciais não deve ser afectado de maneira que contrarie os interesses das Partes Contratantes.

3. A Comissão das Comunidades Europeias e o Órgão de Fiscalização das EFTA assegurarão, no âmbito das respectivas com-

petências, a aplicação do disposto no presente artigo e comunicarão, se for caso disso, as medidas adequadas aos Estados sob a respectiva jurisdição.

Artigo 60.º

As disposições específicas de execução dos princípios definidos nos artigos 53.º, 54.º, 57.º e 59.º constam do Anexo XIV.

CAPÍTULO II
Os auxílios estatais

Artigo 61.º

1. Salvo disposições em contrário nele prevista, são incompatíveis com o funcionamento do presente Acordo, na medida em que afectem as trocas comerciais entre as Partes Contratantes, os auxílios concedidos pêlos Estados-Membros das Comunidades Europeias, pêlos Estados da EFTA ou provenientes de recursos estatais, independentemente da forma que assumam, que falseiem ou ameacem falsear a concorrência, favorecendo certas empresas ou certas produções.

2. São compatíveis com o funcionamento do presente Acordo:
   a) Os auxílios de natureza social atribuídos a consumidores individuais com a condição de serem concedidos sem qualquer discriminação relacionada com a origem dos produtos;
   b) Os auxílios destinados a minorar os danos causados por calamidades naturais ou por outros acontecimentos extraordinários;
   c) Os auxílios concedidos à ecónomo de certas zonas da República Federal da Alemanha afectadas pela divisão da Alemanha, na medida em que esses auxílios sejam necessários para compensar os inconvenientes de carácter económico provocados por essa divisão.

3. Podem ser considerados compatíveis com o funcionamento do presente Acordo:

a) Os auxílios destinados a promover o desenvolvimento económico de regiões em que o nível de vida seja anormalmente baixo ou em que exista grave situação de subemprego;
b) Os auxílios destinados a fomentar a realização de um projecto importante de interesse europeu comum ou a sanar uma perturbação grave da economia de um Estado-Membro das Comunidades Europeias ou de um Estado da EFTA;
c) Os auxílios destinados a facilitar o desenvolvimento de certas actividades ou regiões económicas, quando não alterem as condições das trocas comerciais de maneira a que contrariem o interesse comum;
d) Quaisquer outras categorias de auxílios que venham a ser determinados pelo Comité Misto do EEE em conformidade com a Parte Vil.

Artigo 62.º

1. Todos os regimes de auxílios estatal existentes no território das Partes Contratantes, bem como quaisquer planos de concessão ou de alteração dos auxílios estatais, ficam sujeitos a um exame permanente da sua compatibilidade com o disposto no artigo 61.º Este exame será efectuado:
a) No que se refere aos Estados-Membros das Comunidades Europeias, pela Comissão das Comunidades Europeias, em conformidade com o disposto no artigo 93.º do Tratado que institui a Comunidade Económica Europeia;
b) No que se refere aos Estados da EFTA, pelo Órgão de Fiscalização da EFTA, em conformidade com as disposições de um acordo a concluir entre os Estados da EFTA que instituirá o Órgão de Fiscalização da EFTA, ao qual incumbem os poderes e funções previstos no Protocolo n.º 26.

2. A fim de assegurar uma fiscalização uniforme no domínio dos auxílios estatais em todo o território abrangido pelo presente Acordo, a Comissão das (comunidades Europeias e o Órgão de Fiscalização da EFTA cooperarão em conformidade com as disposições previstas no Protocolo n.º 27.

Artigo 63.º

As disposições especificas relativas aos auxílios estatais constam do Anexo XV.

Artigo 64.º

1. Caso um dos órgãos de fiscalização considere que a aplicação dos artigos 61.º e 62.º, bem como do artigo 5.º do Protocolo n.º 14, pelo outro órgão de fiscalização não está em conformidade com a manutenção da igualdade das condições de concorrência no território abrangido pelo presente Acordo, proceder-se-á a uma troca de pontos de vista no prazo de duas semanas, em conformidade com o procedimento previsto na alinha f) do Protocolo n.º 27.

Se, decorrido o prazo de duas semanas acima referido, não se tiver chegado a uma solução aceite por ambas as partes, o órgão competente da Parte Contratante lesada por adoptar imediatamente medidas provisórias com vista a sanar a distorção de concorrência daí resultante.

Realizar-se-ão então consultas no âmbito do Comité Misto do EEE, com vista a encontrar uma solução mutuamente aceitável.

Se, no prazo de três meses, o Comité Misto do EEE não tiver chegado a uma solução e se a prática em questão provocar ou ameaçar provocar uma distorção da concorrência que afecte o comércio entre as Partes Contratantes, as medidas provisórias podem ser substituídas pelas medidas definitivas estritamente necessárias para compensar os efeitos de tal distorção. Serão prioritariamente adoptadas as medidas que menos afectem o funcionamento do EEE.

2. As disposições do presente artigo são igualmente aplicáveis aos monopólios estatais criados após a data da assinatura do presente Acordo.

DECRETO-LEI N.º 2/99
de 4 de Janeiro

O Instituto de Gestão do Crédito Público (IGCP) foi criado pela Lei Orgânica do Ministério das Finanças (Decreto-Lei n.º 158/96, de 3 de Setembro), tendo como objecto, conforme resulta dos seus Estatutos, aprovados pelo Decreto-Lei n.º 160/96, de 4 de Setembro, a gestão da dívida pública directa e do financiamento do Estado, bem como a coordenação do financiamento dos fundos e serviços autónomos.

A identificação das respectivas atribuições com actividades próprias do sector financeiro determinou que o IGCP assumisse uma natureza próxima das instituições financeiras. A atribuição desta capacidade quase empresarial explica-se, em suma, pela necessidade de minimizar o custo do endividamento público numa perspectiva intertemporal, mediante a obtenção de níveis acrescidos de eficiência na gestão da dívida pública, só atingíveis, no contexto actual, com uma estrutura dotada de flexibilidade de gestão e meios técnicos e humanos adequados às exigências advenientes do facto de o financiamento do Estado ser hoje disputado no mercado em concorrência com os demais operadores.

Cumpre sublinhar que a consecução de uma tal eficiência tornar-se-á particularmente premente com a concretização da união económica e monetária e a concomitante generalização do euro.

Com efeito, de entre as transformações que se antevêem por força da moeda única, merece evidência o assegurado desaparecimento do privilégio a que hoje se reconduz o facto de os tesouros nacionais disporem dos respectivos mercados em moeda nacional, onde constituem a principal referência e o melhor risco de crédito, beneficiando, por consequência, face aos demais devedores, de tratamento tendencialmente mais favorável.

Na verdade, o mercado financeiro unificado do euro determinará que cada tesouro concorra, em igualdade de circunstâncias, e em confronto de méritos e capacidades, quer com os demais tesouros, quer com as grandes empresas internacionais, para obtenção dos necessários meios de financiamento.

Impõe-se, assim, neste contexto de adaptação aos desafios carreados pela moeda única, dotar o IGCP de uma estrutura estável de recursos financeiros que, mantendo incólume o princípio da contenção de custos a que se subordina a gestão do Instituto, lhe permita prosseguir, com a eficiência exigida pelo mesmo contexto, as específicas atribuições de que está incumbido.

Com esse propósito estabelecem-se, pelo presente diploma, os valores mínimo e máximo entre os quais poderá variar a comissão de gestão devida ao IGCP pela gestão da carteira de activos do Estado que está a seu cargo, indexando esses valores a um indicador objectivo – o stock da dívida pública directa do Estado apurado a final de cada exercício orçamental.

Precisa-se ademais que tal comissão de gestão será discriminadamente reflectida no apuramento anual dos encargos do Estado com a dívida pública.

Assim:

Nos termos da alínea a) do n.º 1 do artigo 198.º da Constituição, o Governo decreta o seguinte:

Artigo 1.º

O artigo 25.º dos Estatutos do Instituto de Gestão do Crédito Público (IGCP), aprovados pelo Decreto-Lei n.º 160/96, de 4 de Setembro, na versão que lhes foi introduzida pelo Decreto-Lei n.º 28/98, de 11 de Fevereiro, passa a ter a seguinte redacção:

«**Artigo 25.º** – Receitas

1 – Constituem receitas próprias do IGCP:
a) Uma comissão de gestão anual, cujo montante, a ser fixado, em cada ano, por despacho do Ministro das Finanças, não poderá ser inferior ao valor equivalente a 0,1(por mil) do stock da dívida pública directa do Estado existente em 31 de Dezembro do ano anterior, nem superior ao valor correspondente a 0,15(por mil) do mesmo stock;

b) As que resultem da remuneração de serviços prestados a outras entidades públicas;
c) Os saldos apurados no fim de cada gerência que o Ministro das Finanças determine que não sejam deduzidos à receita indicada na anterior alínea a);
d) ...
e) ...
f) ...

2 – A receita indicada na alínea a) do número anterior poderá ser fixada em função do contributo do IGCP para minimização dos encargos com a gestão da dívida pública directa do Estado, a avaliar segundo critérios e padrões a definir por portaria do Ministro das Finanças, com respeito pelos demais objectivos da gestão daquela dívida, e integrará, em cada exercício orçamental, por forma discriminada, o cômputo dos encargos do Estado com a dívida pública.»

Artigo 2.º

É republicado em anexo o texto integral dos Estatutos do IGCP, aprovados pelo Decreto-Lei n.º 160/96, de 4 de Setembro, com as alterações que lhes foram introduzidas pelo Decreto-Lei n.º 28/98, de 11 de Fevereiro, e pelo presente diploma.

Visto e aprovado em Conselho de Ministros de 25 de Novembro de 1998. – António Manuel de Oliveira Guterres – António Luciano Pacheco de Sousa Franco – Jorge Paulo Sacadura Almeida Coelho.

Promulgado em 14 de Dezembro de 1998.
Publique-se.
O Presidente da República, JORGE SAMPAIO.
Referendado em 16 de Dezembro de 1998.
O Primeiro-Ministro, *António Manuel de Oliveira Guterres.*

ESTATUTOS DO INSTITUTO DE GESTÃO DO CRÉDITO PÚBLICO (IGCP)

CAPÍTULO I

Denominação, natureza, regime, sede e objecto

Artigo 1.º

Denominação e natureza

O Instituto de Gestão do Crédito Público (IGCP) é uma pessoa colectiva de direito público, dotada de autonomia administrativa e financeira e património próprio, sujeita à tutela e superintendência do Ministro das Finanças.

Artigo 2.º

Regime

O IGCP rege-se pelos presentes Estatutos e pelos seus regulamentos internos, bem como, no que por aqueles ou por estes não for especialmente regulado, exclusivamente pelo ordenamento jurídico e financeiro aplicável às entidades que revistam a natureza, forma e designação de empresa pública de regime de direito privado, não estando sujeito às normas aplicáveis aos fundos e serviços autónomos.

Artigo 3.º

Sede

O IGCP tem sede em Lisboa.

Artigo 4.º

Objecto

1 – O IGCP tem por objecto a gestão da dívida pública directa e do financiamento do Estado, bem como a coordenação do financiamento dos serviços e fundos dotados de autonomia administrativa e financeira, em obediência às orientações definidas pelo Governo, através do Ministro das Finanças.

2 – O IGCP poderá ainda desenvolver, a título acessório do seu objecto principal, actividades com este conexas, nomeadamente nos domínios da consultadoria e assistência técnicas e da gestão de dívidas de entidades do sector público administrativo.

CAPÍTULO II
Atribuições e competências

Artigo 5.º
Atribuições

1 – Tendo em vista a realização do seu objecto, constituem atribuições do IGCP:
  a) Propor ao Governo as orientações a prosseguir no financiamento do Estado, tendo em conta o Orçamento do Estado, as condições dos mercados e as necessidades de tesouraria;
  b) Propor ao Governo as orientações a que deverá subordinar-se a gestão da dívida pública directa do Estado;
  c) Intervir nos assuntos respeitantes ao funcionamento do mercado financeiro, no que respeita ao mercado de títulos da dívida pública;
  d) Gerir o Fundo de Regularização da Dívida Pública, nos termos da lei;
  e) Administrar o Fundo de Renda Vitalícia;
  f) Velar pela aplicação das leis e seu cumprimento em tudo o que se referir à constituição da dívida pública directa e respectiva gestão;
  g) Acompanhar as operações de dívida pública directa e executar toda a tramitação inerente ao respectivo processamento.

2 – O IGCP poderá prestar ao Estado e a outras entidades públicas serviços de consultadoria e assistência técnicas, bem como gerir dívidas de entidades do sector público administrativo, mediante a celebração de contratos de gestão, desde que tais prestações de serviços não se revelem incompatíveis com o seu objecto.

3 – Os serviços e fundos dotados de autonomia administrativa e financeira deverão comunicar ao IGCP todas as utilizações e

amortizações de empréstimos a que procedam, no prazo de cinco dias úteis após a efectivação das mesmas.

Artigo 6.º
Competências

1 – No desempenho das suas atribuições, compete ao IGCP:
a) Negociar, em nome do Estado e em obediência às orientações do Ministro das Finanças, os empréstimos e as operações financeiras de gestão da dívida pública directa e contratar, por qualquer das formas admitidas na lei para o efeito, esses empréstimos e operações;
b) Assegurar as representações internacionais decorrentes do seu objecto e as que lhe forem atribuídas;
c) Submeter anualmente à tutela o plano de financiamento do Estado, devidamente fundamentado, e que guiará a política de financiamento prevista no Orçamento do Estado;
d) Definir as modalidades de dívida pública, em conformidade com o previsto no Orçamento do Estado, no plano de financiamento anual do Estado e na demais legislação aplicável;
e) Apreciar previamente as operações de financiamento de montante superior a um limite, a fixar anualmente no decreto-lei de execução orçamental, nomeadamente empréstimos, a realizar pelos serviços e fundos dotados de autonomia administrativa e financeira;
f) Publicitar o calendário dos leilões de instrumentos de dívida pública e as respectivas condições, bem como definir as condições de aceitação das propostas, nomeadamente no que diz respeito às taxas de juro ou de rendimento dos títulos;
g) Realizar os leilões referidos na alínea anterior, seleccionando as propostas mais adequadas aos objectivos de gestão da dívida pública, nomeadamente no que diz respeito a taxas de juro ou de rendimento dos títulos;
h) Intervir no mercado da dívida pública, comprando ou vendendo títulos por conta do Fundo de Regularização da Dí-

vida Pública, sempre que tal se afigure conveniente para os objectivos de gestão da dívida ou para a regularização de situações que possam ser percebidas como imperfeições temporárias do mercado;
i) Elaborar relatórios periódicos sobre o financiamento do Estado e a dívida pública e promover a publicação de, pelo menos, um relatório anual;
j) Solicitar a todas as autoridades, serviços públicos ou outras entidades, as informações e diligências necessárias ao desempenho das suas funções;
k) Assessorar o Ministro das Finanças em todas as matérias relacionadas com o seu objecto;
l) Pronunciar-se previamente sobre as condições das operações financeiras a avalizar pelo Estado;
m) Desempenhar as demais funções que lhe forem cometidas por lei.

2 – As operações referidas na alínea e) do n.º 1 só poderão ser realizadas se forem objecto de parecer favorável do IGCP.

CAPÍTULO III
Administração e fiscalização

Artigo 7.º
Órgãos do Instituto de Gestão do Crédito Público

1 – São órgãos do IGCP:
a) O presidente do conselho directivo;
b) O conselho directivo;
c) O conselho consultivo;
d) A comissão de fiscalização.

2 – O presidente e os demais membros do conselho directivo são nomeados por resolução do Conselho de Ministros, sob proposta do Ministro das Finanças, para um mandato de três anos, renovável por iguais períodos.

Artigo 8.º
Estatuto e remuneração do presidente e dos demais membros do conselho directivo

1 – Sem prejuízo do disposto neste diploma, o presidente e os demais membros do conselho directivo ficam sujeitos ao estatuto do gestor público e terão remunerações e regalias equivalentes às mais elevadas legalmente admitidas para os membros dos conselhos de administração das empresas públicas, as quais serão fixadas por despacho do Ministro das Finanças.

2 – Salvo no caso previsto na parte final do n.º 4 do artigo 33.º da Lei Orgânica do Ministério das Finanças, o presidente e os demais membros do conselho directivo não poderão exercer durante o seu mandato qualquer outra função pública ou actividade profissional, com excepção das funções inerentes às desempenhadas no IGCP e da actividade de docência no ensino superior e de investigação, que poderá ser autorizada pelo Ministro das Finanças, desde que exercida em condições que não prejudiquem o adequado desempenho das funções de membro do conselho directivo.

Artigo 9.º
Competências do presidente

1 – Compete ao presidente do conselho directivo:
a) Representar o IGCP, excepto em juízo, sem prejuízo do disposto no n.º 3;
b) Actuar em nome do IGCP junto de instituições nacionais e internacionais;
c) Convocar o conselho directivo e presidir às suas reuniões;
d) Promover, sempre que o entenda conveniente ou o conselho directivo o delibere, a convocação do conselho consultivo e da comissão de fiscalização, bem como reuniões conjuntas destes órgãos ou de qualquer deles com o conselho directivo, presidindo a essas reuniões;
e) Dirigir todas as actividades e departamentos do IGCP, sem prejuízo das delegações de competências previstas no artigo 12.º;
f) Exercer o poder disciplinar, salvo o disposto nos n.ºs 3 e 4 do artigo 27.º;

g) Exercer as competências relacionadas com o objecto do IGCP que lhe venham a ser delegadas pelo Ministro das Finanças;
h) Exercer as demais funções que lhe sejam cometidas por regulamento interno do IGCP ou que o conselho directivo lhe delegue nos termos do artigo 12.º

2 – O presidente tem ainda competência para tomar todas as decisões e praticar todos os actos que, dependendo de deliberação do conselho directivo, não possam, por motivo imperioso de urgência, aguardar a reunião do conselho, devendo tais decisões ou actos ser submetidos a ratificação do conselho directivo na primeira reunião ordinária subsequente.

3 – O presidente pode suspender a eficácia de deliberações do conselho directivo que considere violarem os Estatutos do IGCP ou o interesse público e submetê-las a confirmação do Ministro das Finanças, e poderá ainda requerer a suspensão jurisdicional da eficácia de deliberações que repute ilegais.

4 – Nas suas faltas e impedimentos, o presidente será substituído pelo vogal do conselho directivo para o efeito designado ou, faltando ou estando este impedido, pelo membro do conselho directivo mais antigo ou, em igualdade de circunstâncias, pelo de mais idade.

Artigo 10.º
Composição do conselho directivo

O conselho directivo do IGCP é composto por um presidente e dois vogais.

Artigo 11.º
Competências do conselho directivo

1 – Compete ao conselho directivo desempenhar todas as atribuições e praticar todos os actos cometidos ao IGCP nos termos da lei e que não se compreendam no âmbito da competência exclusiva dos outros órgãos do Instituto, designadamente:
  a) Elaborar os regulamentos internos do IGCP;
  b) Definir a orientação geral e a política de gestão interna do IGCP;

c) Definir, sujeito a aprovação do Ministro das Finanças, a estrutura orgânica do IGCP, as funções dos departamentos que o integram e a política de gestão de pessoal, incluindo as respectivas remunerações;
d) Elaborar o orçamento anual e submetê-lo, com o parecer da comissão de fiscalização, à aprovação do Ministro das Finanças;
e) Elaborar um relatório anual sobre o financiamento do Estado e a gestão da dívida pública;
f) Deliberar sobre a aquisição e alienação, locação financeira ou aluguer de bens móveis e o arrendamento de bens imóveis destinados a instalação, equipamento e funcionamento do IGCP;
g) Deliberar sobre a aquisição ou locação financeira de bens imóveis para os mesmos fins, ou sobre a sua alienação, precedendo autorização do Ministro das Finanças;
h) Contratar com terceiros a prestação de serviços de apoio ao IGCP, com vista ao adequado desempenho das suas atribuições;
i) Gerir os recursos humanos e patrimoniais do IGCP;
j) Elaborar o relatório anual de actividades e a conta de gerência do IGCP e submetê-los, até 31 de Março do ano seguinte, com o parecer da comissão de fiscalização, a aprovação do Ministro das Finanças;
l) Elaborar o relatório anual de gestão do Fundo de Regularização da Dívida Pública e submetê-lo, com os pareceres do conselho consultivo e da comissão de fiscalização, a aprovação do Ministro das Finanças;
m) Arrecadar as receitas e autorizar a realização das despesas do IGCP;
n) Representar o IGCP em juízo, activa e passivamente, podendo transigir, confessar e desistir em quaisquer litígios e comprometer-se em arbitragem;
o) Exercer as demais funções e praticar os demais actos necessários à prossecução das atribuições do IGCP que não sejam da competência dos outros órgãos.

2 – Fica sujeito a aprovação do Ministro das Finanças o regulamento interno do IGCP pelo qual sejam definidos os princípios de organização interna do Instituto e as orientações gerais relativas à política de gestão dos recursos humanos, incluindo a política de remunerações.

Artigo 12.º
Delegações de poderes e distribuição de pelouros

1 – O conselho directivo pode delegar em um ou mais dos seus membros, ou em trabalhadores do IGCP, as competências que lhe estão cometidas.

2 – O conselho directivo pode distribuir entre os seus membros, sob proposta do presidente, a gestão das várias áreas de funcionamento do IGCP.

3 – A distribuição de pelouros prevista no número anterior envolverá a delegação dos poderes correspondentes às competências inerentes às áreas em causa.

4 – O conselho directivo deve, em qualquer caso, fixar expressamente os limites das delegações de poderes e mencionar a existência ou não da faculdade de subdelegação.

5 – O previsto nos números anteriores não prejudica o dever que incumbe a todos os membros do conselho directivo de tomarem conhecimento e acompanharem a generalidade dos assuntos do IGCP e de sobre os mesmos se pronunciarem.

Artigo 13.º
Vinculação do Instituto de Gestão do Crédito Público

1 – O IGCP obriga-se pela assinatura:
a) Do presidente do conselho directivo;
b) De dois membros do mesmo conselho;
c) De quem estiver devidamente habilitado para o efeito nos termos do artigo 12.º.

2 – Os actos de mero expediente, de que não resultem obrigações para o IGCP, poderão ser subscritos por qualquer membro do conselho directivo ou por trabalhadores do IGCP a quem tal poder seja expressamente atribuído.

Artigo 14.º
Reuniões do conselho directivo

O conselho directivo reúne, ordinariamente, uma vez por semana e, extraordinariamente, sempre que o presidente o convoque, de sua iniciativa ou a pedido dos vogais ou da comissão de fiscalização.

Artigo 15.º
Composição do conselho consultivo

O conselho consultivo do IGCP é composto pelo presidente do conselho directivo, que preside, mas sem direito de voto, por um membro do conselho de administração do Banco de Portugal, a indicar por este, e por quatro personalidades de reconhecida competência em matéria económica e financeira, a designar por resolução do Conselho de Ministros, sob proposta do Ministro das Finanças, por um mandato de três anos, renovável por iguais períodos.

Artigo 16.º
Competências do conselho consultivo

1 – Compete ao conselho consultivo pronunciar-se obrigatoriamente sobre:
   a) O plano anual de financiamento do Estado e suas revisões;
   b) O relatório anual sobre o financiamento e a dívida pública;
   c) O relatório da gestão do Fundo de Regularização da Dívida Pública.

2 – Compete ainda ao conselho consultivo pronunciar-se sobre quaisquer assuntos que lhe forem submetidos pelo presidente do conselho directivo ou por este conselho.

Artigo 17.º
Reuniões do conselho consultivo

O conselho consultivo reúne, ordinariamente, uma vez por trimestre e, extraordinariamente, sempre que for convocado pelo respectivo presidente, de sua iniciativa ou a pedido da maioria dos seus membros.

Artigo 18.º
Remunerações

Os membros do conselho consultivo, exceptuando o respectivo presidente, auferirão senhas de presença, de montante a determinar por despacho do Ministro das Finanças, e, no caso de residirem fora de Lisboa, serão reembolsados pelas despesas de deslocação e, se necessário, pelas despesas de estada em Lisboa.

Artigo 19.º
Composição e estatuto da comissão de fiscalização

1 – A comissão de fiscalização é composta por um presidente e dois vogais, nomeados pelo Ministro das Finanças, sendo o presidente indicado pela Inspecção-Geral de Finanças e devendo um dos vogais ser revisor oficial de contas ou sociedade de revisores oficiais de contas.

2 – Os membros da comissão de fiscalização têm um mandato de três anos, renovável por iguais períodos de tempo.

3 – Os membros da comissão de fiscalização são equiparados aos membros dos órgãos de fiscalização das empresas públicas do grupo A1 e têm remuneração equivalente.

Artigo 20.º
Competências da comissão de fiscalização

1 – Compete à comissão de fiscalização:
a) Acompanhar e controlar a gestão financeira do IGCP;
b) Apreciar e emitir parecer sobre o orçamento, o relatório e a conta anuais do IGCP;
c) Apreciar e emitir parecer sobre o relatório de gestão do Fundo de Regularização da Dívida Pública;
d) Fiscalizar a boa execução da contabilidade do IGCP e o cumprimento de todas as disposições aplicáveis em matéria orçamental, contabilística e de tesouraria e informar o conselho directivo de quaisquer anomalias porventura verificadas;
e) Pronunciar-se sobre assuntos da sua competência que lhe sejam submetidos pelo conselho directivo ou pelo respectivo presidente.

2 – Tendo em vista o adequado desempenho das suas funções, a comissão de fiscalização terá a faculdade de:
 a) Solicitar aos outros órgãos e aos vários departamentos do IGCP todas as informações, esclarecimentos ou elementos que considere necessários;
 b) Solicitar ao presidente do conselho directivo reuniões conjuntas dos dois órgãos para apreciação de questões compreendidas no âmbito das suas competências.

Artigo 21.º
Reuniões da comissão de fiscalização

A comissão de fiscalização reúne, ordinariamente, uma vez por mês e, extraordinariamente, sempre que convocada pelo respectivo presidente, por sua iniciativa ou por solicitação dos demais membros da comissão ou do presidente do conselho directivo.

Artigo 22.º
Disposições comuns – Quórum e regras de deliberação

1 – Os órgãos colegiais do IGCP só podem deliberar validamente com a presença da maioria dos seus membros.

2 – As deliberações dos órgãos do IGCP são tomadas por maioria dos votos dos membros presentes nas respectivas reuniões, tendo o presidente, ou quem devidamente o substituir, voto de qualidade, salvo o disposto no artigo 15.º

3 – Os membros dos órgãos do IGCP não podem abster-se de votar nas deliberações tomadas em reuniões em que estejam presentes, considerando-se o seu silêncio ou abstenção como voto favorável à proposta sujeita a votação.

CAPÍTULO IV
Regime patrimonial e financeiro

Artigo 23.º
Património

O património inicial do IGCP é constituído pelos bens do Estado que lhe sejam afectos por despacho do Ministro das Finanças, bem como por uma dotação orçamental de montante a fixar no mesmo despacho, nos termos da lei.

Artigo 24.º
Documentos anuais de contas

1 – O orçamento anual do IGCP depende de aprovação prévia do Ministro das Finanças.

2 – O relatório de actividades e as contas anuais, acompanhados do parecer da comissão de fiscalização, deverão ser submetidos, até 31 de Março do ano seguinte àquele a que respeitem, à aprovação do Ministro das Finanças e ao julgamento do Tribunal de Contas.

3 – O IGCP adoptará para as suas contas o Plano Oficial de Contabilidade.

Artigo 25.º
Receitas

1 – Constituem receitas próprias do IGCP:
a) Uma comissão de gestão anual, cujo montante, a ser fixado, em cada ano, por despacho do Ministro das Finanças, não poderá ser inferior ao valor equivalente a 0,1 (por mil) do stock da dívida pública directa do Estado existente em 31 de Dezembro do ano anterior, nem superior ao valor correspondente a 0,15(por mil) do mesmo stock;
b) As que resultem da remuneração de serviços prestados a outras entidades públicas;
c) Os saldos apurados no fim de cada gerência que o Ministro das Finanças determine que não sejam deduzidos à receita indicada na anterior alínea a);
d) As advenientes da venda de estudos, obras ou outras edições promovidas pelo IGCP;
e) Os subsídios ou donativos que lhe sejam atribuídos por qualquer entidade nacional ou estrangeira;
f) Quaisquer outras receitas que lhe sejam atribuídas nos termos da lei.

2 – A receita indicada na alínea a) do número anterior poderá ser fixada em função do contributo do IGCP para minimização dos

encargos com a gestão da dívida pública directa do Estado, a avaliar segundo critérios e padrões a definir por portaria do Ministro das Finanças, com respeito pelos demais objectivos da gestão daquela dívida, e integrará, em cada exercício orçamental, por forma discriminada, o cômputo dos encargos do Estado com a dívida pública.

CAPÍTULO V
Pessoal

Artigo 26.º
Estatuto

1 – O pessoal do IGCP rege-se, na generalidade, pelas normas aplicáveis ao contrato individual de trabalho e, na especialidade, pelo disposto nos regulamentos internos do IGCP.

2 – As remunerações e regalias do pessoal do IGCP são fixadas pelo conselho directivo do Instituto, de acordo com as orientações constantes do regulamento interno previsto no n.º 2 do artigo 11.º destes Estatutos.

3 – O IGCP pode ser parte em instrumentos de regulamentação colectiva do trabalho.

Artigo 27.º
Mobilidade

1 – Os funcionários do Estado, de institutos públicos e de autarquias locais, bem como os trabalhadores de empresas públicas ou privadas, poderão desempenhar funções no IGCP em regime de requisição, destacamento ou de comissão de serviço, com garantia do seu lugar de origem e dos direitos nele adquiridos, considerando-se, para todos os efeitos, o período de requisição, destacamento ou comissão como tempo de serviço prestado no lugar de origem.

2 – Os trabalhadores do IGCP poderão ser chamados a desempenhar funções no Estado, em institutos públicos ou em autarquias locais, bem como em empresas públicas, em regime de requisição, destacamento ou de comissão de serviço, nos termos da legislação em vigor.

3 – Aos funcionários do Estado, de institutos públicos e de autarquias locais que desempenhem funções no IGCP nos termos do n.º 1 continuará a aplicar-se o regime disciplinar que lhes é próprio, cabendo, todavia, ao conselho directivo exercer o correspondente poder disciplinar enquanto permanecerem ao serviço do Instituto.

4 – Aos trabalhadores de empresas públicas e de empresas privadas na situação referida no precedente n.º 1 sujeitos ao regime do contrato individual de trabalho aplicar-se-á o regime disciplinar que vigorar no IGCP, cabendo ao respectivo conselho directivo exercer o poder disciplinar relativamente a todas as infracções praticadas durante o tempo em que o trabalhador estiver ao serviço do Instituto.

5 – Nos casos previstos nos números anteriores, se os trabalhadores deixarem de prestar serviço ao IGCP antes de proferida decisão sobre o processo disciplinar que lhes tenha sido instaurado, competirá ao IGCP completar a instrução do processo e à entidade em que o trabalhador estiver colocado proferir a decisão.

Artigo 28.º
Segurança social

1 – Os trabalhadores do IGCP que exerçam funções em regime de requisição, de destacamento ou de comissão de serviço manterão o regime de segurança social inerente ao seu quadro de origem, nomeadamente no que se refere a aposentação ou reforma, sobrevivência e apoio na doença.

2 – Os trabalhadores do IGCP que não se encontrem em qualquer das situações referidas no número anterior serão obrigatoriamente inscritos na Caixa Geral de Aposentações e na ADSE, excepto se, estando inscritos em qualquer outro regime de segurança social, quiserem e puderem legalmente optar pela sua manutenção ou se outro regime decorrer da adesão do IGCP a instrumentos de regulamentação colectiva do trabalho.

3 – Para efeitos do número anterior, o IGCP contribuirá para os sistemas da segurança social ou de assistência médica e medicamentosa a que pertencerem os seus funcionários, segundo os regimes previstos nesses sistemas para as entidades empregadoras.

4 – No caso dos trabalhadores inscritos na Caixa Geral de Aposentações, as contribuições a que se refere o número anterior deverão ser de montante igual ao das quotas pagas por esses trabalhadores.

5 – Os membros do conselho directivo ficam sujeitos ao regime de previdência dos trabalhadores independentes, salvo se nomeados em comissão de serviço ou requisição, caso em que se lhes aplicará o disposto no n.º 1.

Artigo 29.º
Disposições comuns – Segredo profissional

1 – Os membros dos órgãos do IGCP, o respectivo pessoal e as pessoas ou entidades, públicas ou privadas, que lhe prestem, a título permanente ou ocasional, quaisquer serviços ficam sujeitos a segredo profissional sobre os factos cujo conhecimento lhes advenha do exercício das suas funções ou da prestação dos serviços referidos e, seja qual for a finalidade, não poderão divulgar, nem utilizar, em proveito próprio ou alheio, directamente ou por interposta pessoa, o conhecimento que tenham desses factos.

2 – O dever de segredo profissional manter-se-á ainda que as pessoas ou entidades a ele sujeitas nos termos do número anterior deixem de prestar serviço ao IGCP.

3 – Sem prejuízo da responsabilidade civil e criminal que dela resulte, a violação do dever de sigilo estabelecido no presente artigo, quando cometida por um membro dos órgãos do IGCP ou pelo seu pessoal, implicará para o infractor as sanções disciplinares correspondentes à sua gravidade, que poderão ir até à destituição ou à rescisão do respectivo contrato de trabalho, e, quando praticada por pessoa ou entidade vinculada ao IGCP por um contrato de prestação de serviços, dará ao conselho directivo o direito de resolver imediatamente esse contrato.

ÍNDICE GERAL

Nota introdutória 11

REGIME JURÍDICO DA CONCORRÊNCIA 15

Direito da Concorrência, contributos para o seu conhecimento 91

Direito da Concorrência – Consagração Constitucional 91

A Concorrência 92
    O Direito da Concorrência e a Economia 92
    O seu significado 94
    As limitações da Concorrência 96
    Concorrência Monopolista 97
    Oligopólio Concorrencial 98
    Os mercados reais e a concorrência 98
    O sentido e alcance do Direito da Concorrência 100

O direito da concorrência e o seu campo de aplicação 102
    A aplicação material 103
    A aplicação no espaço 104
    A aplicação no tempo 104

Direito da concorrência e concorrência desleal 105

Uma visão das regras da concorrência na união europeia 108
    O Tratado de Roma 108
    A aplicação do artigo 85.º do Tratado de Roma (agora 81.º) 112
    A aplicação do artigo 86.º do Tratado de Roma (agora 82.º) 113

LEGISLAÇÃO COMPLEMENTAR	117
Decreto-Lei n.º 10/2003, de 18 de Janeiro – aprova os estatutos da Autoridade da Concorrência	119
Decreto-Lei n.º 298/92, de 31 de Dezembro – aprova o Regime Geral das Instituições de Crédito e Sociedades Financeiras, alterado pelo DL n.º 201/2002, de 26.09.	155
Decreto-Lei n.º 370/93, de 29 de Outubro – proíbe práticas individuais restritivas de comércio	171
Tratado de Roma/CEE, com a redacção decorrente do Tratado da União Europeia/Maastricht	177
Regulamento n.º 17/CEE, de 6 de Fevereiro de 1962	197
Regulamento (CEE) n.º 4064/89 do Conselho, de 21 de Dezembro de 1989, complementado pelo Regulamento (CEE) n.º 2367/90 da Comissão, de 25 de Julho de 1990	213
Acordo sobre o Espaço Económico Europeu	243
Lei n.º 2/1999, de 13.01	255